꿈꾸는 통기타가수 강지민과 팬클럽

엮은이 | 강지민, 강사모

1판 1쇄 펴낸날 | 2013년 3월 1일

펴낸이 | 이주명
편집 | 문나영
출력 | 문형사
종이 | 화인페이퍼
인쇄·제본 | 한영문화사

펴낸곳 | 필맥
출판등록 | 제300-2003-63호
주소 | 서울시 서대문구 충정로2가 184-4 경기빌딩 606호
이메일 | philmac@philmac.co.kr
홈페이지 | www.philmac.co.kr
전화 | 02-392-4491
팩스 | 02-392-4492

ISBN 978-89-97751-20-4 (03800)

* 잘못된 책은 바꾸어 드립니다.
* 값은 뒤표지에 있습니다.

이 도서의 국립중앙도서관 출판시도서목록(CIP)은 e-CIP홈페이지(http://www.nl.go.kr/cip.php)에서 이용하실 수 있습니다. (CIP제어번호: CIP2013000729)

꿈꾸는 통기타 가수 강지민과 팬클럽

강지민 · 강사모 엮음

필맥

프롤로그
뜻밖의 행운을 만나다

자신의 팬클럽에서 강지민의 닉네임은 '뽀로꾸' 다. '뽀로꾸' 는 영어단어 플루크(Fluke)를 일본식으로 발음한 것으로, '뜻밖의 행운' 또는 당구 등에서 '어쩌다 맞은 요행수' 를 뜻한다. 일본식 발음이라도 일반적으로는 '후로꾸', 외래어 표기법으로는 '후롯쿠' 라고 하지만, 이보다는 '뽀로꾸' 가 발음이 더 좋고 귀엽게 여겨져서, 그리고 첫 글자 '뽀' 를 다양하게 활용할 수 있을 듯하여 팬클럽 호적부에 '뽀로꾸' 로 등록했다고 한다.

'강사모' (강지민을 사랑하는 사람들의 모임) 회원들은 강지민을 부를 때 닉네임 '뽀로꾸' 의 첫 글자인 '뽀' 를 따서 '뽀님' 이라 부른다. '후로꾸' 의 첫 글자를 딴 '후님' 보다는 '뽀님' 이 훨씬 예쁘고 귀엽게 들리는 게 분명하다. 팬클럽 회원들에게는 '뽀로꾸' 혹은 '뽀님' 이라는 호칭이 본명인 '강지민' 보다 훨씬 더 익숙하고 자연스럽다. 팬클럽 서포터스의 이름인 '뽀카스' 도 '뽀' 와 '박카스' 의 뒤 두 글자를 합성한 것이다.

가수 강지민의 공식 팬클럽이 생긴 지 어언 4년이 되었다. 회원 수도 무려 18,000명을 넘어섰다. 세상에 잘 알려지지 않은 언더그라운드 가수 강지민의 노래를 통해 그녀를 알게 되고 또 아끼게 된 이들의 만남, 강지민에게 이 만남은 내심 오래도록 기다려온 '뜻밖의 행운' 이었는지도 모른다. 그래서일까? 그녀가 '뜻밖의 행운' 을 뜻하는 '뽀로꾸' 라는 닉네임을 선택한 것은.

팬들에게도 강지민을 만난 것은 '뜻밖의 행운' 일 것이다. 유튜브를 통해 우연히 듣게 된 그녀의 노래는 지친 일상과 아픈 마음을 달래주고 삶에 다시금 활력을 불어넣어 주었으므로.

서로에게 '뜻밖의 행운' 이 된 이 우연한 만남은 이제 새로운 국면으로 접어들고 있다. 적극적인 관심과 부드러운 소통을 통해 서로에게 행복을 주는 '필연적 행운' 의 단계로 들어선 것이다. 강지민은 긴 인고의 시간을 끝내고 2집 앨범과 2.5집 리메이크 앨범을 발표했으며, 2012년부터는 라이브카페를 벗어나 다달이 소극장 콘서트를 진행하고 있다. 기획사 없이 오로지 가수 본인의 노력과 열정, 그리고 팬클럽의 애정과 성원으로 이루어낸 기적 같은 결과다.

강지민은 앞으로 더 큰 도약을 향해 나아갈 것이다. 그리고 그 과정에서도 이 소중한 인연 가꾸기는 계속될 것이다.

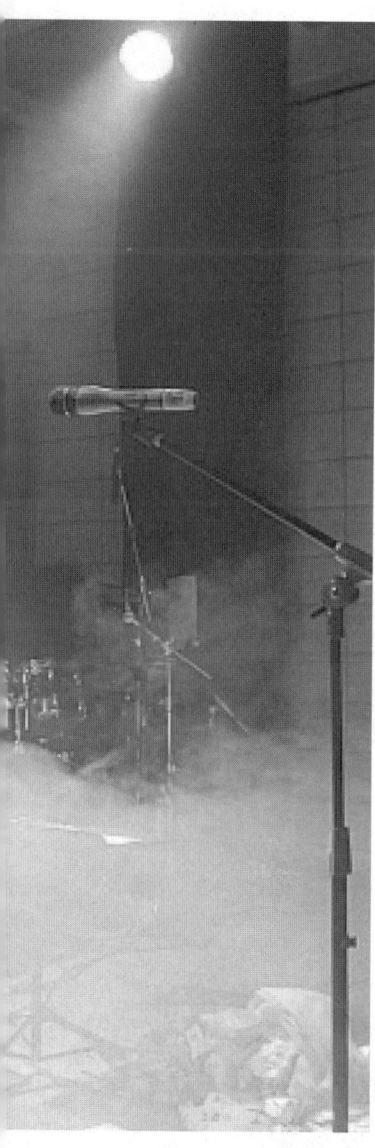

차례

프롤로그 · 뜻밖의 행운을 만나다 · 4

1부 만남 · 9

2부 소통과 공감 · 65

3부 위로와 격려 · 205

4부 환호와 열광 · 247

에필로그 1 · 나의 노래 나의 꿈 · 324

에필로그 2 · 강사모 4년의 기록을 책으로 발간하며 · 327

1부

만남

이제 등불 하나 켜고자 합니다
수호신 | 08.09.29.

경상북도와 강원도 경계 부근에 있는 울진원자력발전소 현장에 온 지 벌써 석 달이 되어가네요. 숙소에서 밤에 창밖을 내다보면 죽변항이 보이고 저 멀리 밤배들이 고기 잡느라고 불을 켜놓은 게 보인답니다. 가끔 일이 늦게 끝나면 해안도로로 퇴근하곤 하는데, 그때도 가끔 이렇게 바다 저 멀리 오징어잡이 배에서 하얗게 비추는 등불을 보며 퇴근하는 행운을 맞기도 한답니다.

어린 시절 엄마 손잡고 주문진 해수욕장에 놀러갔는데, 한여름 늦은 밤바다 저 멀리 비추는 하얀 불빛을 보면서 엄마랑 이런 대화를 나누었죠. "엄마, 저게 뭐야?" "응~ 저건 어두운 바다에서 고기잡이하는 배들을 밝혀주는 등불이란다." "그런데 등불이 왜 저렇게 많아?" "그건 어두운 걸 서로 밝혀주느라고 그런 거야. 혼자 있으면 외로울까봐."

지금은 활동을 거의 안 하지만 '영사운드' 라는 그룹의 가수가 부른 '등불' 이라는 노래를 듣고 싶어 다음을 검색하다가 우연히 어느 라이브카페에서 우수에 찬 모습으로 이 노래를 부르는 가수를 보고서는 색다른 감동을 받았다고 해야 되나요? 그냥 느낌이…. '이 분은 여자인데 남자의 노래를 기타 반주로 어쩌면 이렇게나 잘 부를까?' 하는 생각에 한 번 듣고 또 듣고 반복해서 여러 번 들었더랬죠. 그날 이후 컴퓨터를 켜면 자동으로 검색을 하게 되더라고요. 우습죠? 겨우 17인치 모니터에 비춰지는 작은 동영상 속에서 노래 부르는 가수 보려고 들락날락하는 것이, 그것도 만 원짜리 스피커에서 흘러나오는 노랠 들으려고…. 하지만 흘러나오는 노랫소리는 백만 불짜리 스피커에서 흘러나오는 소리 이상으로 나에게 감명을 주었답니다.

강지민팬클럽에 가입하고 보니 이미 많은 사람들이 활동하고 있더군요. 그동안 눈팅만 했는데, 어떤 글을 읽고는 배꼽 빠져 죽는 줄 알았고, 또 어떤 글을 읽고는 크게 감동을 받기도 했답니다. 혼자가 아닌 여러 사람들이 공유하는 곳에서 운영되고 있는 이 팬카페에서 저는 또 다른 세상을 보는 듯했습니다. 카페 회원님 중 어느 한 분이 "당신의 작은 댓글 하나가 여기 팬카페의 생명수 역할을 한답니다. 용기를 내어 보세요. 느끼는 감정 그 한마디 써보세요. 그 순간 당신은 여기 모인 모든 분들과 다정한 친구가 되는 거랍니다" 라고 쪽지글을 주셨습니다.

'강지민팬클럽' 덕분에 뽀로꾸 님 노래 동영상 너무너무 잘보고 있고요, 잊었던 노래를 흥얼거리며 따라 부르기도 한답니다. 따분한 하루일과 중에도 뽀로꾸 님의 노래를 흥얼거리다 보면 신기할 정도로 힘이 나고 지겹게 느껴졌던 일이 흥겨운 일로 바뀌는 것을 느끼면서 저는 깜짝깜짝 놀란답니다. 단지 어느 라이브카페 여가수의 노래를 따라 부른 것밖에 없는데, '서태지와 아이들' 이 소녀팬들의 마음을 움직였듯이 지금 내가 뽀님 노래에 움직이고 있더라고요. 뽀로꾸 님 노래하는 모습 하루 종일 마음에 담고 있으니 어느덧 뽀로꾸 님의 팬이 되어 있더라고요. ㅎㅎ

뽀로꾸 님이 쓴 '팬들에게 전하는 말' 중에 '좋은 손님 나쁜 손님' 이라는 글을 읽고 또 한번 감동받았습니다. 진솔한 글의 위력 앞에 멈춰버린 나의 눈은 한 치의 오차도 없이 마음속으로 감동의 느낌을 전달했습니다. 노래를 너무 잘해서 항상 남의 부러움을 한껏 받으며 아무 어려움 없이 매일 즐겁게만 지내시는 분이라 여겼던 터라, 글은 나의 감성적인 사고방식을 100% 뒤집어

났다고 보는 게 맞을 것 같습니다. '손에 물 안 묻히고 사실 것 같은 뽀로꾸 님도 사실 나랑 똑같이 어렵고 힘든 일 하며 사는구나'라고 생각하니 과연 나는 일상생활에 충실했던가를 다시금 되돌아보게 됩니다.

    희망과 용기를 가지기보다 포기와 나태의 삶을 살았던 내 지난날을 반성하고, 앞으로는 달콤한 결실을 얻을 수 있도록 더욱 노력해야겠다는 생각이 듭니다. 엄마가 이 글을 보면 "에구~ 우리 훈이 이제 철 들었네"라고 하시겠네요. ㅎㅎ 뽀로꾸 님을 만나 이제 나도 등불 하나 켜고자 합니다. 여기 모이신 회원님들과 같이 뽀로꾸 님의 작은 정원을 밝혀주려고요. 엄마 손잡고 저 멀리 어두운 바다에서 밤배를 이끄는 등불을 처음 본 심정으로….

   └ ♪**뽀로꾸** 08.09.29. 수호신 님의 글이 제겐 정말 가슴이 찡하네요. 이젠 사물 하나하나를 봐도 누군가의 땀과 손길로 이렇게 누릴 수 있구나 싶어요. 에혀~ 우리 훈이 이제야 철들었네. ㅎㅎ

      └ **수호신** 08.09.30. ㅎㅎ~ 철든 건 다 뽀로꾸 님 덕이죠. ㅎㅎ

까치와 뽀님의 운명적인 만남

까치 | 09.06.18.

　수년 전 친구들과의 송년회. 1차, 2차, 마지막으로 조용히 노래를 들으며 올해를 마감하자며 어느 라이브클럽에 자리를 잡았다. 사장님의 색소폰 연주가 끝나고 무대에 오르는 긴 생머리에 모자를 쓴 여가수…. 튜닝을 마친 그녀가 인사를 한다. '강~지~민~' 드디어 '남행열차'로 시작을 한다.

　헉~ 이런 실력파 가수가! 작은(?) 체구에 좌중을 휘어잡는 카리스마 넘치는 노래, 현란한 손놀림과 찰랑거리는 긴 머리, 환한 미소(솔직히 까치는 이거에 뻑~ 감~ㅋㅋ) 클럽 안의 모든 사람들은 그녀가 토해내는 숨소리, 몸놀림 하나하나에 열광을 한다. 대화~? 그런 거 모른다. 나도 반미치광이가 되었으니까. 그렇게 강지민 이름 석 자가 머릿속에 자리를 하며 송년의 밤이 지나갔다. 그 후 아쉽게도 그녀를 다시 볼 수 없었다. 왜? 너무 바쁘게 사느라고.

　2009년 5월 어느 날~ 혹시나 해서 '강지민'으로 인터넷 검색을 해본다. 역시나~ 통기타 가수 '강지민'이 뜬다. 약간 푸짐해진(?) 얼굴에 환한 그 미소 그대로…. "심~ 봤다~!" 역시 실력 있는 그녀는 늘 우리 곁에 있었다. 바로 팬카페에 가입~! 다시금 추억 속의 실력파 가수와 함께 하게 되었다. 이제 와이프 어르고 달래서 뽀님 만나러 갈 날만 기다려본다~~

　ㄴ **뭉게구름 09.06.18.** 헛~! 긴 머리였을 때도 있었군요. 뭔 일 땜시 자르셔서

머스마로 오해를 받으셨을까? ㅡ.ㅡ

ㄴ ♪**뽀로꾸** 09.06.19. 아이고~ 부끄러워라~~ 거봐요 거봐~ 저 진짜 머리 많이 길러 생머리로 찰랑거리며 다녔다니까요.ㅋㅋ 글구 태클 하나 더~! 그때보다 더 푸짐해지지 않았어엿~! 더 빠졌는데…ㅠ.ㅠ 참~! 까치 님 정말 다시 뵈어서 반갑습니다~^^

독수리타법으로 뽀님을 영접하다

청산별곡 | 09.11.16.

며칠 전 강사모에 가입한 닉네임 '청산별곡' 입니다. 나이를 쬐끔 먹어서 컴퓨터에 익숙하지가 않네요. 자판기 타수를 확인했더니 50타 정도 나오네요. 우리 아들이 독수리타법이라고 놀립니다. 님을 알고 사랑하게 된 것도 아들 덕분입니다. 우리 작은 아들이 아버지가 실력 있는, 노래 잘하는 라이브 가수를 좋아하는 걸 알고 인터넷에서 검색, 님을 소개하여 인연을 시작하게 되었네요.

처음 님을 접하고는 경악을 금치 못했습니다. 이렇게 실력 있는 가수가 있다니~ 놀라움 그 자체였습니다. 이런 훌륭한 가수가 왜 일반인들에게는 알려지지 않았을까 의문도 들었고요. 님이 쓰신 글도 보았습니다. 작가를 해도 모자람이 없다는 생각이 드네요. 잠시 님이 힘들어 하셨다는 것도 어렴풋이 알게 되었고요. 님~! 힘내세요! 님을 사랑하는 많은 팬들이 있습니다. 저도 님을 더 많이 알고 더 많이 사랑할 수 있도록 노력할게요.

근데요, 제가 컴맹이라 님을 위해 많은 활동을 하기는 솔직하게 말씀드려서 어렵습니다. 변변하지 못한 글을 올리는 데도 1시간이 넘게 걸리네요. 님이 노래하는 모습을 가까운 거리에서 보고 감동을 느끼고 싶은 마음 간절합니다. 저의 여건상 지금은 여의치 않고요. 빠른 시일에 지근거리에서 님을 보고 님의 기운을 느끼고 싶습니다. 너무 너무 이쁘세요~! 우리 딸래미가 "아부지 정신 차리세요"라고 하네요. 저의 작은 아들이 해병대에서 군복무 중입니다. 군복무 잘 하라고 응원해주세요(님과의 인연이 바로 요 아들 덕에 맺어졌어요).

님은 혼자가 아니십니다. 님을 사랑하고 아끼는 강사모 여러분의 님이십니다. 항상 건강하세요~~ 오래도록 님을 사랑하는 강사모 여러분들에게 좋은 노래 들려주세요. 님의 건강과 행운을 늘 기원 하겠습니다~~

ㄴ ♪ **뽀로꾸** 09.11.28. 고맙습니다~! 청산별곡 님^^ 독수리타법으로 절절히 써주신 마음 감사히 받습니다. 앞으로도 열심히 할 거구요. 해병대 입대한 멋진 아드님도 훌륭히 국방의 의무를 완수하고 돌아오길 기원합니다. ㅎㅎ

뽀님 만난 지 일 년 되는 날~ 부끄러운 연애편지
돌콩 | 09.11.23.

2008년 11월 20일 뽀님을 처음 만났어요. 그때 저는 '목로주점' 이라는 노래를 검색하던 중이었지요. 타고난 음치라서 딱 한 곡만이라도 남들 앞에서 끝까지 할 수 있는 노래가 있으면 좋겠다고 생각하고 타깃으로 잡은 곡이 '목로주점' 입니다. 정하고 보니 쉬운 노래가 아니더라고요. 눈만 높았던 거죠.ㅋㅋ

'목로주점' 동영상을 여러 개 클릭하던 중 제 눈과 귀를 확 사로잡는 어떤 귀여운 여인을 만나게 되었습니다. 귀엽기도, 깜찍하기도, 섹시(?)하기도, 터프하기도 한 참으로 묘한 여인이었지요. 목로주점을 몇 번 돌려 듣다가 이 여인이 궁금해지기 시작했습니다. 그래서 '강지민' 이라는 이름으로 검색하고 나오는 동영상을 거의 모두 본 것 같습니다. 그리고 팬카페가 있다는 걸 알게 되고 가입을 했지요. 그날이 2008년 11월 20일이었네요.

그리고 1년이 지났습니다. 뽀님이 우리를 떠나기도, 제가 뽀님을 떠나기도 하면서 그렇게요. 시간이 흐를수록 뽀님의 사랑스러움의 빛깔은 나날이 짙어지기만 합니다. 1년~! 짧기도 또 길기도 한 시간! 이제 제게 뽀님은 가족이 되었습니다. 몸은 멀리 있지만 마음은 늘 곁에 있는 사랑스러운 그녀와 함께 합니다. 수술 잘 되어 '잼잼' 하는 손으로 복귀하는 그녀가 너무 이쁩니다. 사랑합니다. 뽀님~ ^^*

┗ ♪뽀로꾸 09.11.24. 돌잔치로 돌콩 님을 다시 뵈니 정말 가슴이 짜~안 하네요. 얼마나 기다렸는지 몰라요. 이제 외출도 금지시켜야 하겠습니다~~

　　　┗ 돌콩 09.11.25. 하하~ 돌잔치에 받은 선물로는 최고의 선물인데요. 외출금지!! 언제나 건강하시길.^^*

　　┗ ♪어발 09.11.24. 돌콩 님! 반가우신 분~~ 일단 축하 먼저 드리고요. 언제나 궁금해하면서도 가끔 보이면 얼마나 반가운지 창에 혹시나 닉이 있는지 없는지 찾아보곤 했답니다. (외출하셨던) 1년을 계기로 많은 횐님들 행복의 장으로 이끌어주세요.

　　　┗ 돌콩 09.11.25. 어발 님~^^ 늘 따스한 인사로 정답게 대해 주셔서 고맙습니다. 글은 잘 안 남겼지만 매일 오기는 했답니다. 1년, 2년, 3년… 주~욱 그렇게 여기 있을 거예요. 언제나 늘 그렇게 서로에게 반가운 사람이었으면 좋겠어요.^^

통기타가 맺어준 인연
수길 | 09.12.29.

뽀님과 좀 더 가까운 청주로 사무관 승진 발령 받고 생활한 지 일 년이 되어갑니다. 2010년 1월 부로 청주에서의 소임을 마치고 고향과 가까운 곳으로 발령을 받아 내려가게 되었습니다.

청주 생활 1년간 많은 일이 있었습니다. 첫 출근 날엔 진주에서는 보기 어려운 흰눈이 밤새 내려 저를 반겨주었고, 통기타 학원에 등록하여 통기타를 배우기 시작했고, 뽀님이 없는 카페를 물끄러미 바라보던 때도 있었고, 돌아온 뽀님과 설감 님을 라이브카페에서 만났고, 뽀님 모친의 안타까운 소식, 뽀님 손가락의 아픔, 카페의 발전, 송년회···. 직장에서 통기타연주를 2회 하면서 처음 뽀님을 만났을 때 마음먹은 바를 조금이나마 실현시킨 것 같고, 통기타를 배워서 내려가게 되어 나름 기쁩니다. 뽀님 덕분에 주말부부로 지내면서 느낀 외로움을 많이 달랠 수 있었고 통기타도 열심히 배울 수 있었습니다.

힘든 일은 2009년에 모두 끝내시고 2010년에는 행복으로 가득 찬 한 해가 되기를 기원드리고, 저도 송년회 때 받은 뽀님의 사인을 보면서 행복하게 부산생활을 시작하려고 합니다. 미소천사, 노래천사 뽀님! 포에버~~

┗ ♪ **뽀로꾸 10.01.05.** 드디어 가족에게 가까이 가시게 되었네요~ 기타연주 잊을 수 없을 거예요. ㅎㅎ 올 한해도 잘 부탁드려요. 수길 님~^^

야외공연장에서 뽀님과 처음 만나다
baoro | 10.10.18.

고창 모양성 공연~ 너무나 좋았고 훌륭했습니다. 뽀님과의 첫만남이었네요.
　숨겨놓은 날개를 펴면 금방이라도 더 높은 곳으로 비상할 수 있을 것 같은 님께서 폭발적인 가창력으로 남녀노소를 막론하고 수많은 관객을 사로잡던 모습은 지금도 가슴에 희열을 느끼게 합니다. 뽀님이 공연을 끝낸 후 관객을 헤치고 나올 때 60~70세로 보이는 촌로들께서 즐겁고 행복한 표정으로 너무 잘한다는 칭찬의 말을 하는 걸 보면서 내 마음이 다 뿌듯했습니다.
　미약한 힘이라도 보태어 보자는 심정으로 먼 길 갔다가 이루 말할 수 없는 에너지를 받아왔어요. 넘~ 감동 받았습니다. 그리고 공연 끝나고 많이 힘드셨을 텐데도 풍천장어 식당까지 와서 수십여 명의 회원들을 일일이 챙겨주던 자상함과 배려심! 정말 고맙습니다. 늘 건강하시고 더 많은 이들에게 즐거움과 행복을 전해주시길 바랄게요. 참으로 감사합니다.^^

　ㄴ ♪뽀로꾸 10.10.19. 고맙습니다~ baoro 님.^^ 실은 많이 부족해서 아쉬웠는데, 좋게만 봐주셔서 감사합니다. 앞으로도 열렬한 응원 부탁드립니다.ㅎ
　　ㄴ baoro 10.10.19. 늘 동영상으로 좋아하는 음악을 듣고 뽀님을 뵙다가 직접 뵙게 되어 정말 행복했습니다. 앞으로 열렬한 응원은 기본이고, 울 강사모에도 도움이 되는 사람이 되도록 노력해 볼게요~~

뽀님과 종신계약을 체결하다~!
나무와흙 | 10.10.31.

오늘 청송 공연에 함께 할 수 있어서 나에게는 너무나 큰 행운과 행복이었습니다. 혼자였지만 집으로 돌아오는 내내 입가에 한가득 미소 머금고 내려왔습니다. 지금 이 순간에도요. ㅎㅎ

좋아하는 노래가 무엇인지 물어주실 땐 정말로 고마웠고 감사했고… 뽀님의 그 세심한 배려에 다시금 감사드립니다. 늦은 가을 아주 커다란 추억을 가슴에 품을 수 있게 해주셔서 너무 감사합니다. 그리고 이제 뽀님과의 종신계약 건과 관련된 숙제를 제출합니다. ㅋㅋ

〈종신계약 각서〉

'나무와흙' 본인은 죽을 때까지 강지민 님의 열렬한 팬으로서 열심히 응원하고, 강사모 회원으로서 열심히 활동할 것을 맹세합니다(혹여 지하에 가서라도 열심히 응원하겠습니다). 강지민 님의 아픔은 강사모 회원 모두의 크나큰 불행입니다. 따라서 반드시 건강 잘 챙기시길 바랍니다~ ♡♥

ㄴ ♪**뽀로꾸 10.11.01.** 아하하하~ 숙제 검사 끝~! 참~ 잘했어요~! 저와 공식적으로 종신계약을 체결한 최초의 회원님이 되셨네요. ㅎㅎ 다음에 또 꼭~! 뵙기를 바랍니다~~ 예쁜 꽃 너무 감사해요. ㅎㅎ

시도 때도 없이 등장하는 통기타 여인

chosunkwang | 11.02.07.

　포크송이나 팝송을 즐겨듣는 편이라(특히 흘러간 팝송) 포털에서 검색을 하는 일이 잦아졌다. 근데 포털에서 포크나 팝을 검색을 할 때마다 공교롭게도 원곡을 부른 가수 외에 통기타 치는 여인네가 그림자처럼 같이 등장한다. 누구지? 처음엔 그냥 지나쳤다가 다른 곡 검색할 때도 또 나타나기에 그냥 클릭해봤다. 어라? 필이 오네… 장난이 아닌데?

　처음에 들었던 곡이 'You mean everything to me' 였다(동영상 상단에 박힌 카페 주소는 보지도 못하고). 두 번째 곡은 셀린 디옹의 'The power of love' 였는데 통기타 든 여인이 또 등장했다. 흐미… 워찌 그리 잘 부른데요? 원가수보다 더 잘 부르는디… 깜짝 놀랐시유~ 무엇보다도 팝송 단어 하나하나 발음 보니 기가 질리더군요.

　이후엔 통기타 여인 찾으려고 일부러 아무 노래나 검색하기를 반복하다시피 했어요(여전히 동영상 상단 카페주소는 눈에 안 들어오고…쯔쯔). 그런데 동영상 상단에 적혀있는 강지민이라는 이름이 어느 순간 눈에 들어왔어요. 검색란에 검색했고 카페를 발견했고 요로코롬 들어왔어요. 아, 왜 먼 길을 돌아왔을까요? 역시 머리가 나쁘면 육체가 고생이라는 말이 그냥 생긴 말이 아니군요.ㅋㅋ

　어느 날, 그녀의 동영상 코너에 들어갔다가 꼴딱 밤을 새우고…. 장르를 가리지 않고 소화해내는 멀티뮤지션, 한마디로 신선한 충격이었죠. 요즘은 컴 켜면 여길 먼저 들어오고 컴 끌 때도 여길 들릅니다. 근디… '통기타 여인', 이렇게 비주류로 활동하기에는 아까운 존재 아닌가요? 능력 있는 후원자라도 선뜻 나서면 지상파 접수하는 것은 시간문제일 것 같은데… 아~ 참! 이런 글은 자유게시판에 써야 하는디. 죄송합니다… 뽀님은 보지 마시와요~^^;

　┗ ♪뽀로꾸 11.02.12. 주의 깊게 집중해서 열심히 잘 읽었는데, 맨 마지막 글이 압권이네요. 이미… 봐 버렸습니다.-.-;;;

　　┗ chosunkwang 11.02.12. 뽀로꾸 님이 '통기타 여인'이에요? 몰랐어요. 정말 영광입니다. 열혈팬이 되도록 노력할게요. 쉽지는 않겠지만요.ㅋ 제가 워낙에 공사다망하거든요~^^;

기타에 대해 좀 가르쳐 주세요

강바라기 | 11.03.05.

회원 가입하자마자 벌써 열성팬이 되어버렸습니다. 하루라도 보고 듣지 않으면 잠이 안 온답니다.^^ 이러다 누구(?)한테 테러 당하는 거 아닌지 모르겠네요.ㅎㅎ

　궁금한 것이 있어 글 올립니다. 제가 중상급으로 기타 실력을 올리고 있는데 노래하며 연주를 하고 싶습니다. 사용하시는 기타가 여러 종류이던데 기타의 각자 성격과 제품의 차이점에 대해서 직접 연주하시는 뽀님의 객관적인 의견 꼭 부탁드립니다. 자세하게 알려주시면 감사하겠습니다. 그립감이라든지, 운지했을 때 느낌이라든지, 사용하시는 기타 줄의 연주감이라든지… 꼭 부탁드립니다.^^ 꾸벅~~

　ㄴ ♪**뽀로꾸** 11.03.11. 헉… 예전에 어느 분께 좀 자세히 답해드린 적이 있었는데요, 사실 저는 기타는 잘 못 칩니다.ㅎㅎ 그리고 제 기타는 일반 기타보다 조금 작은 제품들이에요. 여러 제품을 써보니 각기 조금씩 다른 부분은 있지만요, 어차피 한 제품을 사용하게 되면 그 기타에 길들여지고 적응이 되기 때문에 자기 기타와 사랑에 빠지는 게 당연하지 않을까요? 무슨 제품인가보다는 사랑을 주고받는 자신의 기타인가가 중요하겠죠.ㅎㅎ

드디어 온 가족과 함께 뽀님을 만나다

봉황산 | 11.03.15.

저~ 드디어 돌아오는 금요일 강지민 님 (라이브 공연) 보려고 우리 가족과 함께 야탑으로 갑니다. 꼭 초등학교 때 소풍 가기 전날처럼 제 맘이 설레네요. 맛나는 안주에 맥주 한잔~ 아내가 요즘 좋아하는 노래 '거짓말' 을 신청해주고, 그리고 제가 듣고 싶은 박기영의 '그대 때문에' 도…. 훗~ 상상만 해도 참 행복합니다. 그러니까~ 이제 세 밤만 자면 되는군요.ㅎㅎ

…

(드디어 세 밤이 지나고) 가족과 함께 행여 늦을세라 일찍 집을 나섰죠.ㅎㅎ 아들은 군복무 중이라 못 왔지만…. 강지민 님 가까이서 뵈려고 맨앞에 좌석을 정하고 기다렸습니다. 시간이 흘러 10시가 다 되었을 무렵, 강사모 회원인 듯한 분의 환영을 받으며 우리 강지민 님 무대로 입장~ㅎㅎ 정말 가까이에서 노래하시는 모습~ 또 한 번 알듯 말듯 그 묘한 매력이 전해오더군요. 함께한 제 아내는 물론이고 스물넷 딸도 너무나 강지민 님을 좋아하더군요.

그날 밤 왜 우리가 강지민 님을 좋아하게 될까? 그 의문점을 딸과 토론도 해보았답니다. 그날의 그 소중했던 시간 다시 한번 감사드리며 나중에는 조금 더 넓은 객석에서 다양한 팬들과 함께 하는 그날이 오기를 기원합니다~

ㄴ **홍은애 11.03.16.** 기대하신 그 이상의 라이브무대를 보시고 오셨죠?ㅎㅎ 앞으로도

좋은 시간 다시 만드시고 행복하세요~~

ㄴ **썰미** 11.03.19. 여자인 저도 그 알 수 없는 묘한 매력 때문에 자주 간답니다. 가족과 행복한 시간 보내신 것 축하드립니다.

ㄴ **그대그리고나** 11.03.21. 사실은 저도 그때 같이 있었습니다.^^ 두 내외분과 따님 같이 계시고 저희는 맞은편 앞쪽의 남녀 한 쌍~ 기억나시는지? 만나서 반가웠습니다.

독특한 음색이 인상적입니다

작은기다림 | 11.04.11.

얼마 전 인터넷 검색을 하다 강지민 씨의 동영상을 보며 노래를 듣고 난생 처음 팬카페 가입이란 걸 해보았습니다. 노래 실력이 상당히 뛰어나시더군요. 전 노래는 잘 못 부르지만, 처음 듣는 신곡이라도 히트할지 안 할지를 잘 맞추는 편이고, 기존 곡을 누가 부른다 해도 그 가수의 육성을 들으면 성공할지 등을 잘 맞추는 편이라서, 강지민 씨의 라이브 동영상을 여러 번 보았습니다. 특히 락발라드를 부를 때의 호흡은 정말 뭐라 표현하기 힘들 정도로 인상 깊었습니다. 강지민 씨의 노래를 기회가 된다면 꼭 직접 들어 보고 싶군요.

절대 흠집을 내자는 건 아니니 오해마시고… 저음을 부르실 때의 불규칙적인 음색이 조금만 안정된다면 만점이실 것 같습니다. 한번 꼭 직접 노랠 듣고 싶군요. 다시 한번 말씀드리지만, 제가 좋아하기 시작한 한 가수에 대한 짧은 조언이지, 절대 비방의 글이 아니니 오해 없으시길…. 요즘 하도 인터넷상 나쁜 글을 올리는 분들이 많다고 하여 오해 받을까 우려되네요.ㅠㅠ

    ┗ ♪**뽀로꾸** 11.04.13. 흠집이라고 생각하지 않아요.^^ (라이브카페라는) 열악한 환경에서 저음 부분의 작은 목소리를 크게 소리 내기 위해 억지로 큰 소리를 내다보면 녹음실 사운드처럼 속삭이는 듯 예쁘기보단 어색한 소리가 나는 게 맞아요. 이해해 주세요.ㅎㅎ

말이 없어도 열성회원이랍니다
빈의자 | 11.05.10.

'한줄메모장'에 제가 쓴 글에 답글을 달아주신 것 보고 감동했습니다. 사실 전혀 과장 없이 쓴 칭송이었습니다. ㅎㅎ 그리고 제가 말이 없는 건 어떻게 아셨는지? 말이 없어도 매일매일 동영상 보며 미소 짓는 열성회원입니다. 사진 일을 하는 관계로 지금 이태리 피렌체에 있는 알비온호텔에서 오늘 올라온 동영상 보고 글을 쓰고 있지요. 다음은 버퍼링이 너무 오래 걸리는군요.

어제는 영화 '인생은 아름다워'의 무대인 아라쵸에 다녀왔고, 오늘은 영화 'Letters to Juliet'의 마지막 장면에 나오는 시에나를 다녀왔는데 정말 아름다운 도시더군요. 피렌체에서 기차로 가는 중에도 뽀님 노래 들으며 갔습니다. 이태리 사람들도 기차 안에서 무지 시끄럽게 떠듭니다. 저는 그 와중에도 이어폰에서 나오는 부드러운 목소리를 들으며 저절로 잠에 빠져들고….

강사모의 회원분들 모두가 비슷한 경로로 팬카페에 가입하셨겠지만 저도 우연히 유튜브에서 노래를 검색하면 어김없이 뽀님이 나와서 이승철의 '그사람'과 'Blue eyes crying in the rain'을 듣고 푹 빠져들게 되었지요. 'Blue eyes crying in the rain' 댓글에 외국인인 것 같은 사람이 "So beautiful singing and lovely voice… As for this song, you are far better than Shania Twain. Hope to see you singing live~"라는 댓글이 있어 Shania Twain과 비교했더니 정말 뽀님 노래가 더 좋더군요. 정말 좋은 목소리와 타고난 재능이 부럽기만 합니다.

하지만 딱 한 가지 약점은 알려진 뽀님 노래가 없다는 것인데… 엘비스 프레슬리도 남의 노래만 불렀고 천상의 목소리라는 에바 캐시디도 자기 노래 없이 남의 노래를 더 멋지게 불렀지요. 뽀님의 노래를 들으면 음색은 다르지만, 에바 캐시디가 자꾸 생각나더군요. 새 음반 준비를 하시고 있다니 무척 기대가 되는군요~~

가까운 곳에 살면서도 일 때문에 한 번도 라이브를 보지 못 했는데 이번에는 꼭 가볼 생각입니다. 출장 와서 시간이 남으니까 주절주절…. 11일 MBC FM 녹음 올려주시는 분 있으면 곧바로 들어야겠군요. 행복한 하루 되세요!

ㄴ ♪**뽀로꾸 11.05.16.** 아직도 해외출장 중이시겠죠? 정말 다시 가보고 싶은 나라인데…. 일도 열심히 하시고, 틈틈이 많은 걸 보고 듣고 오세요~~ 부러워요.ㅎㅎ 참~! 고맙습니다.

우연한 만남에서 운명적인 인연으로
드류핀베리 | 11.07.09.

우연히 유튜브에서 제가 좋아하는 노래 찾다가 강지민 님의 동영상을 보고 무지 좋아서 하루 종일 동영상노래 들었어요. 평소에 발라드곡 무척 좋아하고 많이 듣고 있어요. 노래방 가면 부르려고 많이 따라 불러요.

  다른 가수들이 불렀던 곡들을 지민 님이 훨씬 감미롭고 애틋하고 가슴 울리게 불러주셔서 하루 만에 팬이 됐어요. 태어나서 처음으로 팬카페에 가입했어요. 가입한 지 한 달 되어가네요. 거의 매일 카페 들어와서 뭉게구름 님이 올려주시는 소중한 노래들, 감사히 잘 듣고 정말 행복한 시간 보냅니다.

  정말 우연한 인연이 이젠 필연적인 운명적 만남, 인연처럼 여겨집니다. 요즘 제가 만나는 모임에서 강지민팬클럽 가입하라고 홍보하고 있어요. 7월 22일 모임도 지민 님 뵈러 분당 라이브카페로 정했답니다. 직접 뵙고 노래 들으러 가려고요. 산본 라이브카페에도 갈 겁니다. 요즘 제가 강사모 홍보대사가 된 것 같네요. 아무도 시키지 않았는데 말이죠.ㅎㅎ

  앞으로 웃는 모습이 너무도 예쁘신 지민 님~ 자주 뵙고 싶네요. 강사모가 많은 분들에게 행복을 주는 소중한 인연이 되길 진심으로 기원합니다.

  ㄴ ♪뽀로꾸 11.07.09. 그럼 잘 부탁드리겠습니다.^^ 오실 때마다 편안하고 행복한 곳 되시길~~ 그런데… 7월 22일은 (공연이 없어서) 함께 할 수 없어 죄송합니다.

참~ 인연이란 것이
유짱 | 11.08.26.

인연이란 게 참 소중한 것 같아요. 며칠 전 양희은 님의 '한계령' 이란 노래가 갑자기 듣고 싶어서 인터넷을 찾다가 뽀님의 동영상을 보고 듣게 되었는데… ㅎㅎ 그게 인연이 되어서 지금 이렇게 팬이 되어버렸네요.

저는 직장에서 하루 종일 TV를 켜두고 지내는데요, 주로 보는 게 YTN이거든요. 물론 저는 가끔 지나가다 보지만요. 근데 중요한 것은 지난번에 YTN 방송에서 봤던, 내가 좋은 인상을 받았던 그 가수가… 바로 '강지민=뽀님' 이었더군요. 참 밝고 맑은 인상과 뛰어난 가창력이 저를 사로잡았는데…. 그 때 그 순간엔 뽀님의 이름이 무엇인지 바빠서 못 보고 지나갔는데, 지금 알고 보니 그때 내가 잃어버린 그 가수, 내가 찾고 싶어 했던 그 가수가 뽀님일 줄이야~~ 잃었던 소중한 뭔가를 찾은 기분이었습니다. 그 기분 알죠?ㅎㅎ 항상 건강하시구요. 언젠가는 뽀님 뵐 날을 기대하면서 이만 저도 퇴근합니다~~

┗ ♪뽀로꾸 11.08.31. 잃어버린 인연을 다시 만나 정말 반갑습니다.ㅎㅎ

　　┗ 유짱 11.08.31. 설마 잃어버렸다고 해서 서운한 건 아니시죠? 그만큼 뽀님을 온라인으로 만났다는 것이 반갑고 고마웠다는 말입니다. 인연은 어쩔 수 없나 봐요. 그래서 더 소중하게 느껴지기도 하고요.^^

우연인지 운명인지 아리송합니다

허주 | 11.09.01.

제가 강지민 님을 처음 알게 된 사연은 이러합니다. '가을 우체국 앞에서' 라는 노래가 너무 좋아 유튜브 동영상을 뒤진 적이 있었습니다. 처음 의도는 윤도현의 뮤직 비디오였었죠. 근데 '강지민' 이라는 난생 처음 듣는 이름의 여자가수 노래가 있는 겁니다. 모자를 눌러쓰고 통기타를 치면서 '가을 우체국 앞에서' 란 노래를 부르는데 순간 숨이 멎는 줄 알았습니다. 풍성하면서도 말간 가을 하늘같은 음색이 노래 분위기와 딱 맞아 떨어지더군요.

호기심에 인터넷을 뒤지기 시작했죠. 그래서 '강사모' 를 알게 됐고, 운명처럼 강지민이라는 가수에게 빠져버렸습니다. 특히 '첨밀밀' 이란 노래(제가 중국어 전공이라서 관심이…)를 들으면서 원곡보다 낫다는 생각도 했죠.

'강사모' 카페에서 님의 노래를 열심히 듣다 보니 강지민 님은 참 소화력이 대단한 가수구나 하는 감탄도 했습니다. 트로트를 부를 때나, 팝송을 부를 때나, 가요를 부를 때나 변함없이 소화해 내는 모습을 보면서 대한민국에 이런 대단한 가수는 다시없을 거라는 확신이 들었습니다. 이런 대단한 가수를 알게 되고 사랑하게 된 것으로 나는 요즘 충분히 행복합니다.

ㄴ 하늘공원 11.09.01. 저도 우연히 유튜브에서 뽀님 노래 듣고 정신이 번쩍~! 울 마눌님+아들 데리고 산본, 감곡, 청계천으로…. 울 마눌님 저보고 스토커래요~ㅋㅋ

꽃님이가 뽀님 늪에 빠지다
꽃님이 | 11.09.02.

　뽀님을 알게 된 지는 몇 달 안 되었지요. 그런데 짧은 시간에 이렇게 뽀님한테 빠져버리다니 저도 놀라워요~! 아마도 뽀님이 제 마음이 찾아 헤매던 걸 해결해주는 분이어서 뽀님에게 이렇게 빠졌나 봐요. 발라드, 트로트, 옛 팝송에 이르기까지 장르를 불문하고 뽀님 노래 다 좋아요. 신날 땐 신나는 뽕짝으로 노래 듣고 좀 우울할 땐 발라드로… 이렇게 노래 듣다 보면 제 맘이 편해지고 뽀님 미소 보면 저도 입가에 미소를 머금곤 해요.

　전 예전부터 노래듣기를 정말 좋아해서 아날로그 시대엔 직접 공 테이프에다가 좋아하는 노래를 녹음해서 듣곤 했어요. 그런데 요즘은 컴 한 대면 모든 걸 해결할 수 있는 좋은 시대에 살고 있네요. 뽀님 노래 듣고 싶으면 휴대폰에 저장해서 언제 어디서나 들을 수 있으니 저로서는 이보다 더 좋을 수 없지요.

　어제 하루 종일 울 회원님들이 뽀님 응원하는 걸 보니까 정말 대단하시던데요~~ 울 회원님들 연령층이 아마도 30대 후반에서 50대가 가장 많은 것 같아요. 그 무서울 것 없다는 줌마부대들이죠. 아저씨 부대들도 대단하시고요~~ 뽀님~! 뽀님 곁에는 늘 함께 하는 회원님들 계시니까 음반 멋지게 마무리하시고, 언제 어디서나 힘과 용기 잃지 마시고, 앞으로 점점 더 바빠지셔도 항상 건강은 챙겨가며 일하세요.

뽀님이 노래하시면서 날려주는 미소에 훅~ 가버리고… 이젠 완전히 뽀님 늪에 빠져서 헤어날 수가 없네요.^.^ 아니지요~ 일부러 뽀님 늪에 오래도록 머물고 싶어요~! 오늘도 울 회원님들! 뽀님 파이팅~ 입니다! 말이 쫌 길어져서 죄송하고 감사합니다~~

┗ ♪뽀로꾸 11.09.16. 열심히 응원해주시고 도와주셔서 감사합니다. 요새 떠오르는 샛별이시네요.ㅋ

　┗ 꽃님이 11.09.19. 뽀님!! 계속 떠오르는 샛별 할게요~~^*^ 날씨가 선선해지니 감기 조심하시고요~~^*^

멀리 미국에서
리리 | 11.09.28.

계속해서 해를 볼 수 없는 흐린 날로 기분마저 우울해 있을 때, 여기저기 돌아다니다가 우연히 강지민 유튜브를 보게 되었습니다. 애꿎은 마우스만 디리눌러대다가 내 손동작과 눈동자는 한 곳에 멈췄습니다. 단아하고 청순한 모습의 아가씨가 통기타를 들고 있는 화면이 나를 멈추게 만들었습니다. '오~ 요즘에 통기타 들고 노래하는 아가씨가 있다니…' 하면서 클릭하고 음악을 들어보기 시작했습니다.

　오마이갓~ 음악을 계속해서 들으면서 모든 것이 궁금했습니다. 나는 이 아가씨가 도대체 누군고 하며 검색해서 이름은 알았고 프로필은 없고… 도대체 강지민이라는 가수는 누군가? 궁금하기 시작했습니다. 카페에 가입도 했습니다. 시간 되는 대로 열심히 이 방 저 방 구경했습니다. 많은 분들의 응원 속에 열심히 노래하는 모습이 너무나 아름다웠습니다. 강지민이라는 별 하나가 이제 막 빛을 발하는 것을 느꼈습니다. 힘들고 모진 일이 있어도 응원하는 모든 분들의 힘과 기를 받아서 씩씩하고 힘차고 당당하게 자기의 색깔을 지키는 멋진 가수가 되시기 바랍니다.

　제가 지금 마음으론 당장 카페에 찾아가서 악수 청하면서 파이팅 하고 싶으나 저는 현재 미국에 살고 있으므로 이렇게 글로 힘내시라고 인사드립니다. 중년여인이 딸 또래의 아름다운 처자 목소리에 반해서 팬이 되고자 결심했습니다. 강지민 파이팅~! 먼 곳에서 외쳐봅니다.

ㄴ ♪**뽀로꾸 11.09.28.** 먼 곳 미국에서 많이 외로우시죠? 이곳에 자주 오셔서 행복과 추억 담아 가시고 쉬어 가세요. 그럼 잘 부탁드립니다. ㅎㅎ

　ㄴ **리리 11.09.28.** 나이가 들수록 한국이 그리워지고 옛 것이 그리워지는데, 이때 뽀님 모습과 노래를 보노라면 옛 생각이 많이 납니다. 청바지 입고 통기타 치면서 돌아다니던 젊은 시절, 명동의 '오비스캐빈', '쎈로즈' 다니면서 생맥주에 음악 듣던 시절…ㅎㅎ 이제 중년의 외로움을 뽀님의 노래로 달래겠습니다. 멋진 노래 부탁드립니다. 얼른 뽀님의 노래가 나오기를 기대하면서~ 파이팅!

아무도 없는 특별한 곳에서 첫 만남

모나리자 | 11.10.10.

뽀님!! 아무도 없는 특별한 곳에서 첫 만남 너무너무 반가웠습니다. 2집 음반 발표회가 있었던 장충동 호연재에서 말이죠. 그리고 어떻게 마음을 표현해야 할지…. 한마디로 너무너무 눈부시게 아름답고 빛났습니다. 깊은 시름과 인고의 시간과 다양한 경험을 거쳐 탄생한 작품을 들으니 가슴이 뭉클하고 눈물겹게 감격스러웠습니다.

 열정과 신념과 소신과 겸손으로 최선을 다했을 뽀님을 느꼈습니다. 이젠 뽀님만의 매력과 색깔로 노래천사가 날개를 달았으니 더 넓게 더 높게 비상하여 대중의 갈채와 사랑 많이 받으시고, 희망과 사랑, 힘과 용기, 감동과 웃음을 전해주는 아름다운 뮤지션 되시길 바랍니다.

 뽀님!! 오늘도 내일도 행복한 비명 지르며 항상 건강 잘 챙기시고, 행운과 행복을 간절히 빕니다. 거듭 축하드리고 수고 많으셨습니다.

  ㄴ ♪**뽀로꾸** 11.10.12. 특별한 만남~ 따뜻한 인사에 저도 반갑고 행복합니다~~ 조용한 분이시라 불편하실까 내심 걱정했는데, 그래도 이렇게 글 올려주시니 다행이네요~~ 행복하세요.ㅎㅎ

가슴 설레 혼났습니다

시어선 | 11.10.10.

지민 님!!! 카페에서 그토록 많이 봐왔는데도 막상 음반 발표기념회에서 대면을 하니 가슴이 설레 혼났습니다.

조그만 가게를 하는데 어제 사인 받아온 시디 듣고 있지만, 점점 마음이 애잔해지는 이유를 모르겠네요. 어릴 때 가수가 꿈이었던 적도 있었어요. ㅎ 노래를 잘해서가 아니라, 노래를 부르면 사람들이 잘했다고 칭찬을 해주는데 그 소리가 듣고 싶었지요. ㅎㅎ

낯가림이 심해서 잘 나서지 못하는 성격이 이제는 정말 싫어지는군요. 뽀 님~! 2집 앨범 대박나길 기원하면서 응원 많이 보내드릴게요. 너무너무 수고 많으셨습니다.

   ㄴ ♪뽀로꾸 11.10.12. 의외의 분들이 찾아주셔서 축하해주시니 정말 행복한 날이었어요~! 이제 질투는 그만 하시는 거죠?ㅎㅎ

      ㄴ 시어선 11.10.14. 그날 제정신이 아니었다니까요?ㅎ 훗날 3집은 사랑에 빠진 뽀님의 음악을 들려주세요. 2집 음악 너무 슬퍼요. 그래도 참 좋아요. 1집에 수록된 곡 '다음 세상에서'도 슬펐는데… '꿈을 찾아' 특히 좋습니다.^*^

뽀님이야말로 진정한 볼매예요

볼매 | 11.10.13.

뽀님~ 안녕하세요! 그저께 우연찮게 뽀님을 알게 되었고 바로 팬클럽에 가입하게 되었답니다. 그러고 보니 우연만은 아닌 것 같네요. 제가 'Help me make it through the night' 라는 곡을 좋아해서 이리저리 찾아 듣다가 뽀님을 만나게 되었고, 그 자리에서 풍덩 빠져버렸으니 우연이 아니라 큰 인연이죠. ㅎㅎ

강사모 식구가 된 지 비록 얼마 안 되지만 뽀님의 많은 노래를 들었고 늘 듣고 있습니다. 한 곡 한 곡 들을 때마다 다가오는 노래의 감동과 볼 때마다 느껴지는 친근함과 꾸밈없이 환하게 웃는 모습에 점점 빠져들어 헤어나지 못하고 있답니다(쫌 오그라들지만 어쩔 수 없네요. 사실이니까요. ㅎㅎ). 노래를 들으면 들을수록 바라보면 바라볼수록 매력을 느낄 수밖에 없으니 뽀님이야말로 진정한 볼매~ 저는 스스로 위안 삼고자 갖다 붙인 짜가 볼매~ㅋㅋ

뽀님을 늦게 알게 되어 그동안 노래를 직접 듣고 박수쳐 드릴 기회가 없었으나, 가까운 서울에(그것도 분당과 가까이) 살고 있으니 앞으로 뽀님이 부르시는 노래도 직접 듣고 공연 모습도 꼭 보며 응원 많이 해드릴 거예요~~

참! 오늘 팬카페 생일을 알게 되었는데… 앗~! 제 생일인 6월 8일과 똑같네요. 거봐요, 제가 큰 인연이라고 했죠! 암튼 2집 앨범을 사서 주위에 선물도 하고, 널리널리 뽀님을 막 자랑할 겁니다~~ㅎㅎ

바쁘고 힘들더라도 계속해서 좋은 노래 많이 들려주세요. 항상 웃는 좋은 나날이 되셨으면 합니다. 거기에 제가, 또 많은 팬들의 성원이 조그만 보탬이 되었으면 좋겠네요. 참~! 그 무엇보다도 늘 건강하셔야 되구요~~

ㄴ♪ **뽀로꾸** 11.10.14. 볼매 님~ 고맙습니다~! 얼마나 보셨다고 벌써 볼매라고 하세요?ㅎㅎ 오래도록 볼매로 남게 해주세요~~

추운 겨울밤, 집으로 가는 길은 훈훈했네요
비실아기 | 11.12.11.

　강사모에 가입한 지 한 달이 채 안 되었네요.^^ 하루 일과를 시작하면서 잠자리에 누울 때까지 뽀님과 늘~ 함께 합니다. 전 노래를 거의 듣지도 부르지도 않았어요. 노래에 관심조차 주질 않았거늘…. 그런데 어느 날 친구가 유튜브에서 뽀님 노래를 듣기에 함께 보게 되었고, 강사모에 가입했습니다.

　가입하고 첨엔 동영상 위주로 보다가 뽀님 일상생활, 게시판 글들, 댓글들, 사진들을 보면서 저도 모르게 뽀님한테 푹~ 빠져 버렸답니다. 회원님들이 뽀님을 얼마나 아끼고 사랑하는지 그 이유를 이제는 좀 알 것 같아요.

　12월 9일 산본에 공연 보러 다녀왔습니다. 늦게까지 잔업을 해서 온몸이 시커멓고 몸은 힘들었지만 부랴부랴 집에 가서 샤워하고, 마땅히 입고갈 옷이 없어서 그나마 젊어 보이려고 깔끔한 옷(가을옷?ㅋ)을 입고, 새 신발 신고, 사인 받으려고 A4용지에 사인펜 준비해서 산본으로 차를 몰고 갔습니다.

　첫사랑을 만나는 사람처럼 심장은 쿵탕쿵탕~ 산본에 도착해서 공연장까지 가는 길이 어찌나 추운지 '두꺼운 겨울옷 걍 입고 올 껄~' 얼마나 후회스럽던지요~^^ 10시 30분에 도착해서 뽀님 올 때까지 얼굴은 화끈거리고, 겉으로는 아무 일 없는 듯 태연한 척은 했지만 연신 물만 들이켜고… 드디어 뽀님이 무대에 오르고 세팅을 하더군요.^^ 주변을 보니 회원 여러분들 계시고 뭉게구름 님은 동영상 찍을 준비 하시고… 딴 분들은 가서 인사도 나누시던

데요, 전 성격이 넘 소심해서 인사도 못 드렸습니다. 죄송합니다.^^

드뎌~ 공연은 시작되고 분위기는 너무 좋았지만 뽀님이 많이 부담스러웠나 봅니다. 아무래도 영업하는 업소이다 보니 부탁의 말씀을 하시더라고요. 트로트는 안 되고 박수 치지 않으셔도 된다고.ㅠㅠ 담배연기 맡아가면서, 술 드시는 분들 비위 맞추어가면서… 뽀님 팬으로서 너무 서글프고 안타까웠습니다. 부르고 싶은 노래 맘껏 부르고 박수 받을 수 있는 열광의 무대 콘서트에서 좋은 모습으로 봤으면 좋겠습니다.

사인을 받아야 할 텐데 언제 받아야 하나… 머릿속이 좀 복잡해졌어요. 나가고 난 다음 따라가서 받을까, 공연 마치고 바로 받을까 이리저리 생각하다 공연 끝나자마자 잽싸게 계산을 하고 저도 모르게 무대를 정리하고 있는 뽀님한테 다가갔습니다. "저~ 사인 좀 받을 수 있을까요?" 절 보시더니 좀 난처한 표정으로, 그러나 정중하게 "지금은 안 되는데요." 그래서 일단 카페에서 나와 엘리베이터 앞에서 사인을 받으려고 잠깐 기다리다가 '아니지~ 콘서트장에 가서 CD 구입해서 사인 받으면 되지' 하는 생각이 떠올랐습니다. 하하하~ 준비해 간 A4용지 제 차에 고이 모셔져 있네요.ㅎㅎ 그럼에도 집으로 돌아오는 차 안은 훈훈했고 제 입가엔 미소가 번졌습니다~^^

ㄴ 뭉게구름 11.12.11. 아~ 기억나네요~! 공연 후 정리할 때 사인 받으시려고 왔던 분이셨군요. 나중에 다시 오실 줄 알았는데…. 암튼 반가웠습니다~^^;

ㄴ ♪뽀로꾸 11.12.12. 아이고, 죄송합니다. 여자는 가끔 튕겨야 한다는 말에 아주 가끔씩 튕기곤 하는데, 그때 딱 걸리셨나 봐요.^^;;; 콘서트 때 꼭 오세요~! 제일 커다랗게 사인해 드릴게요~^^

　ㄴ 리리 11.12.13. 아공~ 저런…ㅉㅉ 다음에 콘서트 가서 냅따 튕기세요.ㅎㅎ

　ㄴ 모나리자 11.12.13. 비실아기 님~ 넘 튕기다가 나가떨어집니다.ㅎㅎ

뽀님 처음 만난 날의 추억
공심채 | 11.12.17.

강지민 님을 처음으로 직접 만난 것이 올해 6월 정모 때네요. 팬카페 가입은 작년 12월에 했는데, 강지민 님 노래 부르는 것 컴퓨터 동영상으로만 보다가 '얼굴이라도 함 보자' 며 쭈뼛거리며 처음 간 모임이었죠. 언제나 카페 행사에 앞장서시는 달삼 님이 그때 제 이름표를 챙겨 주셨어요. 그리고 뭉게구름 님은 역시나 카메라를 들고 이리저리 돌아다니고 계셨고, 걍삿갓 님은 열심히 뭔가를 나르시던 모습이 기억에 남아있습니다. 미미 님, 은교 님, 썰미 님은 음식을 열심히 차리고 계셨던 것 같아요.

   전 이층 자리에 약간은 어색하게 앉아 있었지요. 드디어 시간이 되어 주인공 님이 도착하시고 팬 한분 한분에게 인사를 하시더군요. 멀리서 처음 보며 든 생각은 "오~ 신기, 신기~" 영상에서만 보던 분이라 실제론 어떤 모습일까 되게 궁금했었거든요. 악수를 하고 인사를 하면서 저는 거의 말을 못한 것 같습니다(최근엔 간이 배 밖으로 나왔는지 뽀님 말씀에 대꾸도 잘했지요).

   그 후에 한참을 강지민 님이 노래하시는 곳에 가보지 못했습니다. 그러다 앨범 작업을 마치고 복귀하시던 날 산본에 갔었고, 그 후에는 한 달에 두세 번은 갔던 것 같네요(음… 12월엔 좀 많이 갔군요. ㅋㅋ) 어느 토요일 밤에 그냥 휙~ 하고 찾아 간 산본 라이브 레스토랑에서 혼자 창가에 앉아 뽀님 노래를 듣고 있는 열정가득 님을 발견하고 기뻤던 일도 있군요(쑥스러움을 많이 타

서 과연 라이브 카페에 혼자 앉아 있을 수 있을까라는 고민을 좀 했지요.ㅋㅋ)

　자주 가보진 못했지만, 어느 시간에 어느 곳에 가면 노래하는 강지민을 볼 수 있다는 것은 틀림없는 사실이어서 묘한 안정감이 들더라고요. 언제나 팬님들을 반갑게 맞아 주시는 우리의 주인공 님, 그리고 늘 그 옆을 지키시던 뭉게구름 님… 뭔가 보험 들어놓은 느낌이라고 해야 하나요?ㅎㅎ

　하루도 빠지지 않고 무대에 서서 노래를 한다는 것이 쉽지 않은 일일 것은 짐작은 했지만, 직접 가보니 힘든 일이 정말 많을 것 같더군요. 특히나 팬님들에게 좋은 모습만 보여주고 싶어서 부단히 애쓰시는 우리 주인공 님, 마음고생도 좀 있었을 것입니다.

　제가 아는 강지민 님은 노래 부르는 일을 너무 사랑하는 가수입니다. 그래서 자신을 좋아해주는 팬들 앞에서 얼마나 마음 놓고 자유롭게 노래 부르고 싶어 했을지 상상해봅니다. 강지민 님이 언젠가 말씀하시길 "행복한 가수가 되고 싶다" 하셨는데, 아마 그런 뜻이었을 거라고 제 맘대로 추측해봅니다.

　이제 그분이 자신이 원하던 행복한 가수가 되기 위해 새로운 도전을 하시네요. 아직은 그리 크지 않은 무대지만, 강지민 님의 노래, 강지민 님을 위한 밴드, 강지민 님만 보러 온 관객들… 이 모두가 대략 10만 킬로미터는 한 번에 내딛는 큰 발걸음이지 않을까요? 경애하는 뽀님, 파이팅~ 입니다.^^

　ㄴ 썰미 11.12.17. 꼬부랑 글씨(?) 적응이 안 되는 구만요.ㅎㅎ 정모 때 첨이라 약간은 수줍어하는 모습~ 반가웠어요. 공연장도 자주 오시고 점점 열성팬으로 변해가는 모습이 좋네요. 앞으로도 쭉~ 같이하는 거예요.^^

뽀님과의 인연은 이렇게 시작되었다
운산 | 11.12.21.

강지민이라는 가수를 알게 된 건 '나는 가수다'를 통해서다. 임재범 씨가 나와 환호를 받을 때 임재범 노래를 검색했더니 그 옆에 강지민 동영상이 있었다. '너를 위해' 아니면 '고해' 였을 것이다. 여자가 임재범의 노래를 어떻게 부를까 궁금했는데 내가 좋아하는 스타일로 노래를 부르는 게 너무 좋았다. 그리고 필이 꽂혔다. 마누라한테 놀림도 받았다. 내가 뭘 하든 간섭 많이 안 하고 별 관심도 없는 마누라가 보기에도 좀 심했던가 보다. 날이면 날마다 노래만 듣고 있으니…. 친구들 만나면 강지민 씨 이야기를 꼭 한다.

7월 어느 날 비가 부슬부슬 내리는 저녁, 난 집을 나섰다. 나잇값 하라는 마누라의 조롱을 들으며 산본 라이브레스토랑에 갔다. 사람이 별로 없었다. 덕분에 내가 신청한 노래를 다 들을 수 있는 행운을 얻었다. 거기에선 부르기 어려운 '사랑비' 도 들었다. 강지민 씨 나타나는 곳에 자주 가고 싶지만 좀 망설여진다. 나이 먹은 탓이리라. 그래도 이번 콘서트에는 꼭 간다. 여러분~ 아직 60살 전이니 물 흐려진다고 하지 마세요. ㅎㅎ

　┗ 은교 11.12.21. 60살 전이시면 망설이면 안 되시죠. 호~호 저는 할머니 되어서도 지민 님 팬으로 남아있을 건데요. 콘서트 날 뵈어요~^^

강사모 최연소 회원, 2년 만에 드뎌 뽀님을 만나다

러브미♡ | 12.02.19.

저는 여고생 신분으로 2년 전 강사모 최연소 회원으로 가입하고 어제 처음으로 뽀님 뵈었어요. ㅎㅎ 공연장 입구에서부터 심장이 쿵쾅쿵쾅~ 뛰더라고요. ㅋㅋ '드디어 진짜 뽀님을 만나는구나' '진짜 뽀님 라이브를 듣는구나' 여러 생각이 머릿속을 지나는 순간, 뽀님이 입장하여 노래하시는데 포스가 짱! 뽀님 노래 듣고 너무 좋았어요~~♡

어제 저 잘 찾으셨나요? 왠지 노래 부르시면서 절 찾으셨을 것 같아요. 몇 초 동안 서로 눈을 마주쳤으니까요. 저만 그런가요?ㅎㅎ 2월 콘서트 안 왔으면 정말 후회할 뻔했어요! 뭐라고 표현 못할 정도로 너무 좋았어요! 지금도요~ㅎ 집으로 내려가는 기차 안에서 (한 회원님이 손수 만든) 뽀카스를 마셨는데 잠을 잘 수 없었답니다. 이게 뽀카스의 위력인가 봐요. ㅎㅎ

아참~ 뽀님 따로 노래연습 하세요? 카페 동영상은 그냥 맛보기였나봐요. 마이크를 조사해봐야겠어요. ㅎㅎ 노래 완전 짱이에요! 공연 내내 입이 웃고 있는 줄도 몰랐는데, 나중에 거울 보니깐 팔자주름이 생겼어용~ㅜ.ㅜ 너무 웃었나 봐요. 이거 뽀님이 책임지셔야 돼요!ㅎㅎ 뽀님 킹 왕짱~!!!

┕ ♪**뽀로꾸** 12.02.23. 그 멀리서 (전남 곡성에서) 와놓고, 인사하시지… 손이라도 한번 잡았으면 더 따뜻했을 텐데요. 그래도 잘 들어가셨다니 다행이에요! 예쁜 막내 러브미♡ 님~

강사모, 그리고 기러기 떼의 팀웍

푸푸른하늘 | 12.02.28.

강사모에 가입한 지 1주일도 채 안 되었지만, 여러 사진과 글들을 보고 아프리카 방송을 통해 회원님들을 만나고 난 느낌을 좀 적어보려 합니다. 벅찬 가슴으로요. 사실 이제껏 이런 카페활동은 해보지 못했습니다. 그런데 강사모에 가입하고, 며칠밖에 보지 못했지만 사실 적잖이 놀랐습니다.

우선은 온라인 카페인데 회원님들의 연배에 놀랐고요^^(절대 나쁜 뜻 아닙니다. 사실 온라인에서는 40대인 저도 적지 않은 나이일 거라는 선입견을 가졌었거든요). 죄송스런 말씀이지만, 왜 연세 있으면 우리 사회에서의 통념이 보통 무게 잡고 쉽게 감동하거나 열정을 보이지 않고 무뚝뚝하신 그런 이미지를 막연하게 생각하게 되는데요, 회원님들의 열정에 정말 놀랐습니다.

아무도 강요한 것도 지시한 것도 없는데, 그것도 본인들께서 스스로 즐겁고 행복하게 나름대로 여러 면에서 뽀님과 카페를 위해 하실 수 있는 역할과 기여를 하는 모습이 하나하나 눈에 들어왔습니다. 어느 분 말씀처럼, 무슨 거창한 조직체계나 규율, 시스템 그런 걸 구상하거나 논할 필요가 없는 곳이라는 걸 깨달았습니다. 왜냐하면 이 카페의 목적인, 뽀님을 위하는, 오로지 진실한 한마음으로 서로 눈치 볼 필요도 없고 요구할 필요도 없이, 자기가 뭘 할 수 있을까 고민하고 실천하고, 자신이 행복한 일을 하고, 또 서로를 응원, 격려, 또 감사하는 그 모습….

흔히 기러기 떼의 비행을 가지고 팀웍을 이야기하곤 합니다. 기러기는 V자 대형을 이루고 하늘을 날아가는데, 그렇게 줄지어 날아가면 앞의 기러기 날갯짓이 줄줄이 뒤에서 날아가는 기러기에게 바람의 저항을 줄여줄 수 있어서, 전체적으로 모든 기러기들이 70% 정도 더 날아갈 수 있다고 합니다. 멀고 먼 길을 여행하면서 서로가 서로에게 힘을 주는 것이지요.

그런데 흔히 맨앞에 나는 기러기는 경험이 많은 대장 기러기로 잘못 알고 있는 경우가 많다고 합니다. 엄밀하게는 모두가 순서 없이 돌아가면서 힘든 자리를 자청해서 맡아가면서 비행한다고 합니다. 어느 한 기러기만 맨앞에 날아가면 뒤쪽의 기러기보다 몇 배의 공기저항을 받기 때문에 곧 지쳐서 쓰러지고 먼 길을 날아갈 수 없겠지요.

맨앞의 기러기는 누구나 될 수 있다고 합니다. 선두 기러기가 지치고 힘들 때쯤이면 특별히 순서를 정하지 않고도 누군가 무리 속에서 한 마리가 맨앞으로 가서 힘든 역할을 하고, 또 그 기러기가 지칠 때면 또 다른 기러기가 선두로 가서 힘든 일을 자청한다고 하지요. 우리들 인간이라면 서로 순서와 시간을 정해 가는 것이 공평하다고 생각하고, 법과 규칙도 만들고 계산을 하고 난리겠지요. 그렇지만, 기러기는 그런 복잡한 생각이나 계산은 하지 않나 봅니다. 그저 누군가는 해야 하는 일이고 모두를 위하는 일이니, 그 무리 속에서 정하지 않아도 서로가 짐을 나누면서 멀고먼 여행을 한다고 하지요.

기러기는 함께 떼를 지어 날아가면서 서로 누구라 할 것 없이 때때로 끼룩끼룩 소리를 내는데요. 그게 서로를 응원하고 격려하는 소리라고 합니다. 특히 맨앞에서 모두를 위해 가장 힘들게 날아가는 선두 갈매기에게 가장 큰 응원을 보낸다고 하더군요. 기러기 떼를 보고 있으면 쉴 새 없이 끼룩대는 소리가 들린다고 하는데, 이것도 어떤 규칙이 아니라 서로가 서로를 위해서 한마디씩 응원을 하는 것이지요. 너무나 감동적인 이야기였습니다.

솔직히 제가 언제 어디서 어떠한 존재의 회원이 될지는 저도 잘 모르겠습니다. 그렇게 열정적인 회원이 되겠다는 다짐을 하고자 하는 것도 아닙니다. 그것은 앞으로 살아봐야 알게 되겠지요.^^ 다만 저도 이 카페에서 행복을 찾으리라 확신하는 것은 분명합니다.^^ 하지만 그와는 별개로, 그 아름답고 숭고한 (회원님들의) 노력에 대해서는 박수와 찬사를 보내는 것이 마땅하다고 여겨져서, 감동한 마음을 글로 적어 봤습니다.^^

ㄴ **하늘공원 12.02.28.** 가슴으로 서로를 아끼고 믿는 기러기 떼의 지혜롭고 순수한 동행… 강사모를 적절히 잘 표현한 말이군요. 감동적인 말씀 감사합니다.

ㄴ **늘파란하늘 12.02.28.** 저도 처음엔 울 뽀님 노래실력에 반했고, 그 다음은 울 카페 모든 회원님들의 따뜻함에 푹 빠져버렸지요.ㅎㅎ

ㄴ **리즈 12.03.02.** 푸푸른하늘 님! 따뜻한 마음이 가득 담긴, 좋은 글 잘 읽고 갑니다. 특히 기러기 이야기는 앞으로 강사모가 나아가야 할 방향을 알려주는 것 같았습니다. 감사합니다~♡

마음 씀씀이가 더 예쁜 사람

숙이아빠 | 12.05.12.

저는 전형적인 중년의 대한민국 아저씨로, 증권회사를 25년째 다니고 있는, 세속적인 욕심이 아주 많은 사람입니다.

엊그제 인터넷 서핑 중 우연히 강지민 님께서 부르신 고 백설희 님의 노래 '봄날은 간다'를 듣고, 노래와 표정과 미소에 한눈에 반해서 이곳 팬클럽에 가입했지요. 사이트에서 여러 노래를 들어 보고, 많이 행복했습니다.

언론 기사와 주위에 계신 수많은 열성팬들의 이야기도 읽어 보고, 또 강지민 씨께서 팬들에게 직접 하신 이야기들도 읽어 보았습니다. 강지민 님은 노래도 잘하시지만 마음 씀씀이가 더 예쁜 사람인 것 같습니다. 앞으로 저도 팬으로서 오래오래 강지민 씨 옆에 있고 싶습니다.

ㄴ ♪뽀로꾸 12.05.14. 잘은 모르지만 (증권 관련 일은) 정말 긴장의 연속인 직업이 아닌가요? 항상 좋은 일만 함께 하시고, 이곳이 편히 쉬어가는 행복한 곳이 되었으면 합니다.^^

대전 한밭수목원 공연에서 지민 님을 만나다

한밭골 | 12.05.14.

통기타 라이브 가수 강지민 님을 처음 알게 된 건 바로 1주일 전입니다. 그런데 지금 강지민 님 때문에 행복한 병에 걸려 있습니다. 그래도 음악을 꽤나 좋아 한다고 자부했던 나인데, 이미 4년 전부터 온라인상에서 동영상이 선풍적인 호응을 얻으며 15,000명의 팬클럽 회원을 보유하고 여러 매스컴에서 커다란 관심을 불러일으키고 있는 '강지민' 님을 지방축제행사 공연(2012.5.6, 대전 한밭수목원)에서 겨우 알게 되다니 나의 음악 밑천이 다 드러나고만 셈이죠. ㅎㅎ

그날, 공연 시작 전부터 강지민 님의 응원 플래카드를 준비해 놓고 앞자리에 앉아 기다리던 강사모 팬클럽 회원들을 보면서 '강지민' 이 누굴까 하고 조금 궁금했어요. 하지만 사실 공연장에 앉아 있던 많은 관람객들은 이름 모르는 가수들의 공연을 즐기기 보다는 100대나 걸린 자전거 경품에 더 큰 관심을 가지고 있었고, 저도 그중 하나였죠. ㅋㅋ

그런데 지민 님의 노래를 듣는 순간 가슴이 뭉클해지고 추억, 낭만, 꿈, 사랑 같은 감성이 막 솟구쳐 오르는 것이 아닌가요? 노오란 셔츠와 하얀 바지, 그리고 잿빛 선글라스가 너무 잘 어울리는 뽀얀 피부의 청순한 통기타가수 강지민 님이 부르는 '나는 행복한 사람', '행복한 우리', 'Take me home country road' 를 들으며 너무나 행복했습니다.

그로부터 1주일, 100곡 이상의 동영상을 보면서 지민 님에게 흠뻑 빠져 버렸습니다. 남녀, 나이, 고음과 저음을 넘나들며 트로트에서 아이돌 음악까지 모든 영역을 소화해내는 풍부한 가창력과 폭넓은 음악장르…. 7080 노래와 올드팝을 좋아하지만 이승철과 SG 워너비의 노래도 즐겨 부르고 노래방에 가면 선곡 때문에 고민이 많을 만큼(부르고 싶은 노래가 너무 많아서) 모든 영역의 음악을 좋아하는 나에게 강지민 님은 맞춤형 가수 그 자체였어요. ㅎㅎ

저는 곧장 팬클럽에 가입하여 뽀님의 많은 이야기들을 접하게 되었고, 이제 뽀님의 마음과 생각까지도 이해하게 되었습니다. 지민 님의 친필 사인이 새겨진 2집 앨범을 어루만지며 거기에 수록된 지민 님의 아름다운 노래를 집 안에서도 차안에서도 반복해서 듣고 있습니다. 앞으로 인터넷 곳곳에 깔려 있는 2,000여 곡의 동영상도 샅샅이 찾아 듣고 또 듣겠지요.

이렇게 정신없이 뽀님에 대한 생각의 울타리에 갇혀 1주일을 보냈습니다. 무엇을 해도 뽀님의 노래와 뽀님의 얼굴만 떠오릅니다. 소녀시대에 열광하는 10대, 20대 젊은이들이나 조용필에 환호하는 아줌마 부대의 마음이 이랬을까요? 50살을 훌쩍 넘은 이 나이에 무슨 주책(?)이란 말인가요. ㅎㅎ

영원한 뽀님의 열혈팬이 되겠습니다. 좋은 노래, 예쁜 노래 많이 불러주세요~~ 잡음 섞이지 않은 맑고 깨끗한 뽀님의 목소리만 들을 수 있는 리메이크 음반도 만들어 주시고요. 뽀님을 사랑합니다. 뽀님이 있어 행복합니다.

ㄴ ♪**뽀로꾸** 12.05.14. 제가 대전에서 멋진 분을 한 분 모셔왔군요.^^ 오래도록 함께 해주세요~~ㅎㅎ

ㄴ **한밭골** 12.05.14. 뽀님의 답글을 직접 받다니요. 감격!! 감격!! 영광!! 영광 입니다. ㅎㅎ

강사모는 나에게 무엇일까

미션임파서블 | 12.07.03.

무더운 여름의 시작과 더불어 갈증과 애환이 담긴 소시민들의 사연이 우리에게는 있습니다. 함께하는 강사모 카페를 통해 콘서트 감동이 일상의 피곤함과 스트레스를 해소시켜 주었던 시간들… 순리와 흐름에 따라 변한 것도 있었고, 새로움에 적응하며 지금에 다다르게 되었네요.

    인터넷 문화의 단면으로 개개인의 취미나 관심분야가 다양해져 만들어진 수많은 팬카페 문화. 노래를 좋아한다는 공통분모가 우리들을 이끌어 팬카페가 형성되고 서로 공유하며 마음을 나누는 공간. 본질적 행복감을 느끼기 위하여 참여하고 누구나 응원할 수 있는 우리 강사모 팬카페… 편안하게 노래 듣고 좋은 소식 듣기를 원하는 회원들의 단순한 바람과 마음이 모여 있는 곳 ~ 강사모를 오래도록 많이 그리워하고 기억할 것 같아요….

    ┗ **열정가득 12.07.03.** 오직 뽀님만을 위해 응원하고 열심히 활동해요~^^ 아무것도 신경 쓰지 말고, 오직 최고 가수 뽀님만을 위해 달려나가요~^о^

    ┗ **모나리자 12.07.04.** 미션임파서블 님… 울 뽀님만 위하고 생각하고 응원하면 됩니다… 파이팅~!

사람이 가야 할 길

돛단배168 | 12.08.13.

남양주에 사는 50대 돛단배168입니다. 우연한 기회에 뽀님의 'Green Green Grass of Home'을 듣고 푹 빠져 이제는 동영상 시청이 하루의 마지막 일과가 되었습니다. 즐거운 시간 강사모 회원님들과 함께 하고 싶어 가입했답니다.

군복무 중인 아들 녀석 면회 다녀왔습니다. 부대로 복귀하느라 돌아서서 터벅터벅 걸어가는 뒷모습을 보면서… 불현듯 언젠가 우리를 숙연하게 했던 모나리자 님의 '사람이 가야 할 길' 이라는 글이 생각났습니다.

강지민 님을 생각했습니다. 진정 사람이 가야 할 길을 가시는 분이지요. 많은 사람들의 행복을 위해 (혼자의 힘으로 음반 만드느라) 무더운 오늘도 녹음실에서 비지땀을 흘리고 계시니까요…. 뵌 적도 없고 뵐 날짜도 기약할 수 없지만 님이 계셔서 즐거운 나날 보내고 있답니다.

찌는 듯 무더운 여름입니다. 건강관리 잘 하셔서 우리 곁에서 오랫동안 즐거운 노래 많이 불러주십시오. 미력하지만 열심히 응원하겠습니다.

ㄴ **모나리자** 12.08.14. 복귀하는 어린 자식 뒷모습을 바라보는 부모의 마음… 너무 아프고 힘 드셨겠네요. 무사히 군복무 마치고 제대하기를….

ㄴ ♪**뽀로꾸** 12.08.19. 씩씩한 아드님 덕에 편하게 생활할 수 있었네요.^^ 감사드리고요, 이곳에선 돛단배 님도 언제나 즐거움 가득한 곳 되시길~~

멀리 광양에서 서울까지 간 보람이…

짱구79 | 12.09.24.

카페에 가입한 지 100일이 조금 넘었는데 이제서야 뽀님을 직접 만나다니… 좀 게으르죠? 이번에도 추석이 있어서 못 갈 뻔하다 벌초 날짜 바꿔가면서 5시간 가까이 차에 몸을 싣고 기어이 상상마당에 도착! 휴~ 공연시작 15분 전… 등에 땀이 뽀작 나더군요.^^

다행히 앞자리에 앉아 뽀님을 가까이에서 볼 수 있는 행운도… 조명에 비친 웃는 얼굴이 직접 본 첫 얼굴… 아직은 서먹했지만 1부, 2부 지나면서 익숙해지고… 땀 흘리며 열정적으로 노래 부르는 모습… 너무 아름다웠습니다~ ♥ 팬사인회 줄서서 기다리며 기대만땅~! 제 차례가 오니 헉~ 긴장백배… 반가이 맞아주셔서 고마웠습니다.^^ 대화할 때 목소리가 잘 안 나온 건 공연 때 넘~ 열씨미 따라 부르다 목이 잠겨 그러니 오해하시면 아니~ 아니 되옵니다.^^

좀 더 있고 싶었지만 광양 가는 막차가 동서울터미널 10시 10분이라 어쩔 수 없이 아쉬움을 뒤로 한 채 무거운 발걸음을 뗐네요. 공연 여운에 버스에서 잠도 오지 않더군요. 집에 도착하니 새벽 두시가 훨씬 넘었습니다. 비록 몸은 피곤했지만 기분은 넘~ 가볍고 좋았어요. 저도 음악을 좋아해서 좋아하는 가수는 많았지만 이렇게 팬이 되어 콘서트를 가게 될 거라고는 생각도 못했는데…ㅎ 아마… 뽀님은 사람을 끌어당기는 그런 마력이 있나 봐요.^^

글구… 2.5집, 아니 누드집 맞죠?ㅎㅎ 지금도 들으며 시간가는 줄 모르고 이 글을 쓰고 있습니다. 글쓰기 시작할 때 1번 트랙 '암연' 이었는데, 벌써 14번 트랙 '개여울' 까지 한 바퀴 다 돌고… ♬~ 다시 6번 트랙 '바보' 가 나오네요. 뽀님께서 옆에 같이 있는 듯한 느낌이 드네요~~ 이렇게 알게 되어 넘 ~ 반갑고 감사합니다~^^

ㄴ ♪**뽀로꾸** 12.10.08. 아~ 광양이라서 그동안 그렇게 안타까워하셨던 거군요. 정말 먼 곳에서 오시느라 고생이 많으셨습니다. 오신 보람 가득하셨기를 바랍니다~ 담에 또 오시란 말은 드릴 수 없지만, 그 열정에 감사드려요.ㅎㅎ

ㄴ **짱구79** 12.10.08. 뽀님, 무슨 말씀이세요. 저는 여건이 되는 한 최우선적으로 콘서트에 참석할 겁니다.^^ 뽀님 열정 마~니 받고 와야죠~~♬

소중한 인연,
제 자리에서 할 수 있는 만큼 사랑할게요
은교 | 12.10.09.

사랑하는 뽀님 잘 지내고 계신가요? 일신상의 이유로 9월에도 콘서트도 못 가고 아쉬움이 자리했지요. 가을이 익어가는 이 계절에 뽀님께 몇 자 적는 이 시간… 가슴이 두근거리네요~ 무슨 일일까요?ㅋ 뽀님의 노래를 듣고 있노라면 마음이 움직여지고 또 움직여진답니다. 내 마음 돌려주세요.ㅋㅋ

 (아주 오래전에) 뽀님을 처음 뵙던 날이 생각나네요. 당당함과 넘치는 에너지에… 저는 그날 부족하지만 진정한 뽀님의 팬이 되었는데… 진정한 팬이라고 말씀드리고 나니 부끄럽기도 합니다. 하지만… 제가 있는 이 자리에서 제가 할 수 있는 만큼만 사랑할게요. 그래야 더 오래도록 뽀님과 함께 할 수 있을 것 같아서요….

 아무쪼록 좋은 노래 많이 불러주시고요~ 건강이 최고이니 건강관리 잘 하시길…. 시월 콘서트에서 꼭 뵈어용~! 뿌잉~뿌잉~^^ 사랑해요 울 뽀님~ ♡♥

 ┗ 꽃님이 12.10.09. 전 머리가 나빠서요(ㅋ), 은교님 모습 잊어버릴 것 같았는데… 10월에는 뵙게 되어 넘~ 좋아요.ㅎㅎ

 ┗ ♪뽀로꾸 12.11.06. 얼굴 잊겠어요… 은교님~ 가끔은 이런 소중한 애정표현이 그리워요.^^ 보고 싶어요.

만남의 추억은 사랑보다 아름답습니다

창강 | 12.10.31.

가장 아름다운 그곳! 누구나 가슴 한 곳에 인생에서 가장 행복했던 만남의 순간에 대한 기억이 있습니다. 그리고 그때를 떠올리면 왠지 마음이 푸근해지고 조심과 걱정에서 한 발 물러나 빙그레 미소 짓는 공간이 있습니다. 행복했던 기억들… 함께 미소 지었던 사람들… 지친 일상에서 위안을 받을 수 있는 힐링(healing)의 시간이 있다는 것은 축복입니다.

세상은 느끼는 것만 보이고 보이는 것만 존재합니다. 우리는 너무나 많은 것들을 그냥 지나치고 있습니다. 느끼지 못하고 보지 못하기 때문입니다. 하늘이, 별이, 저녁노을이 날이면 날마다 찬란히 열려있는데도 우리는 그냥 지나쳐 버립니다. 대신 너무 슬픈 것들만 보고 살고 있습니다. 너무 언짢은 것들만 보고 살고 있습니다. 그리고 속이 상하다 못해 좌절하고 자포자기하는 경우도 있습니다.

지난 10월 27일, 속이 꽉 찬 한가운데 가을날이 있었습니다. ♪~ "창밖에 앉은/바람 한 점에도/사랑은 가득한 걸/널 만난 세상 /더는 소원 없어"… 가을이 가져다 준, 아마 '창강'만 느낀 감정만은 아닐 것입니다. 10월의 어느 멋진 날~ 콧수염 바리톤 김동규 님이 부른 노래가 너무 아름다워서가 아닙니다. "눈을 뜨기 힘든/가을보다 높은/저 하늘이 기분 좋아"

뽀님 스스로가 말했듯이 "답답한 사람, 정말 답답한 사람… 후회도 해 본다. (다달이 콘서트 하겠다는) 그 놈의 약속이 무언지…." 비 오듯 쏟아지는 땀방울, 혼신을 다해 노래하는 천사… 2012년 콘서트가 11월, 12월 두 번 남았는데 2013년 콘서트는 지속적으로 이어가기 힘들 거라는… 말하기 어려운 보따리를 풀어 놓을 때 진지하고 따뜻하고 정성스러운 분위기에 마음이 울컥했습니다.

예견된 표현이었습니다. 연예기획사 경험이 있어 조금은 알고 있는데, 곤혹스러운 표정 없이, 콘서트 하면 할수록 손해임에도 불구하고 강사모 님들에게 깊은 사랑의 배려를 음악으로 소통해 주신 고마움… 코끝 찡한 감동으로 다가옵니다. 명색이 경연대회 수상자도 기회조차 주어지지 않는 현실에서 특유의 스타일과 다이내믹한 앙상블로 황홀한 신세계를 경험하게 해주신 고마움… 추억으로 간직하겠습니다.

삶의 외로움도 노래와 해학으로 만들면 행복합니다. 사람의 운명이 한 사람, 한 순간의 계기로 결정된다는 것, 살아가면서 긍정적으로 변화된 삶의 기회를 부여해 주었다는 것은 참으로 의미가 크다 생각합니다. 이제 어쩌면 콘서트에서 뽀님과의 만남은 어려울지도 모릅니다. 눈으로 보고 마음으로 느낀 콘서트의 공간들… 행복한 시간이었다고 감히 말할 수 있을 것입니다.

"추억은 사랑보다 아름답습니다." 뽀님의 말이 떠오릅니다.

ㄴ **빈의자** 12.10.31. 창강 님! 앞으로도 콘서트에서 뽀님 또 만날 수 있을 겁니다. 금년처럼 자주는 아니겠지만 우리 모두의 바람이 있다면….

ㄴ **모나리자** 12.10.31. 창강 님의 절절하고 깊은 마음이 가득 담긴 글에 또 다시 마음이 아프고 저립니다. 이번 기회로 울 뽀님과 강사모를 좀 더 깊이 생각하고, 아름답고, 인간미 넘치고, 활기찬 팬들이 되셨으면 하는 바람입니다. 창강 님의 따뜻한 마음과 깊은 배려심… 고맙고 또 감사드립니다.

2년간의 긴 만남, 그러나 늘 새로운 만남
썰미 | 12.12.02.

뽀님!! 이제 2012년도 한 장의 달력만 남아있네요~

　뽀님을 만난 지가 벌써 2년이 넘었네요. 늦은(?) 나이에 뽀님을 만나 삶이 너무 즐겁고 행복했답니다. 작년에는 보고플 때면 언제나 그곳에서 볼 수 있었고, 올해는 한 달에 한 번 설레는 기다림으로 만날 수 있어 행복했어요.

　어떤 주제로 노래를 들려주실까? 이번에도 섹쉬 율동은 하실까?ㅋ 머리는 예쁘게 잘 하셨나? 어떤 옷을 입고 나오실까? 빈자리는 없을까? 올 일년 내내 걱정 반 기대 반으로 콘서트장으로 향하곤 했네요~~ 이제 계획한 콘서트는 12월 한 차례만 남겨 놓고 있네요. 더 많은 노력과 열정을 쏟아서 준비하시겠지요~~ 너무 부담 갖지 마시고 맘 편하게 지금처럼만 하심 될 것 같아요. 쪼~금(ㅋ) 실수해도 더 귀엽고 기쁘고 즐겁답니다~ㅋㅋ

　언제나 응원할게요. 추운 날씨에 건강 조심하시고 12월 29일 콘서트에서 만나요~! ♥ 사랑해요… ♥

　┗ ♪**뽀로꾸 12.12.31.** 아직도 썰미 님과의 첫 만남은 재미난 이야깃거리인 것 같아요. 그리고 이렇게 시간이 흘러도 변함없이 제 곁에 있어주시니 이젠 오랜 친구를 만난 듯 반갑고 즐겁습니다. 지금까지처럼 앞으로도 서로 사랑 나누며 함께 걸어가요~^^ 사랑합니다.

2부

소통과

공감

강사모 회원의 다짐
설감(未熟柿) | 08.07.29.

강지민 님은 가수로서의 첫 번째 덕목인 가창력이 탁월한 사람으로, 노래로 행복을 전해주는 '노래천사' 입니다. 우리는 강지민 님의 노래가 좋아 강사모(강지민을 사랑하는 사람들의 모임) 회원이 된 사람들로, 회원으로서 최소한의 자율적 규정에 따른 이해와 협조를 구하고자 합니다.

자칫 친숙도와 비례해 예를 소홀히 하거나 느슨해져 결례를 범하기 쉽습니다. 회원이 늘어나면서 개중에는 짐이 되고 누를 끼치는 팬도 있을 수 있습니다. 도움이 되지는 못할망정 강지민 님에게 짐이 되어서는 절대로 안 되겠습니다. 그녀를 성원하고 격려하며 힘이 되는 성숙한 '강사모' 로 발전해야 합니다.

강지민 님이 더 큰 대중적 지지와 인정을 받고 음악적 재능과 가치를 빛낼 수 있도록 우리도 뭔가 도움이 될 수 있는 쪽으로 작용할 수 있어야겠습니다. 그녀가 잠시 기댈 수 있는 언덕의 역할을 이 '강사모' 가 했으면 좋겠습니다. 강지민 님이 자랑스럽듯, 우리도 그녀에게 자랑스러운 팬이 됩시다. 우리 '강사모' 회원은 이렇게 다짐합니다.

★ 우리의 성원과 격려가 강지민 님을 기운 나게 한다는 사실을 잊지 않는다.
★ 우리는 강지민 님에게 짐이 되는 일을 요구하거나 부담되는 일을 하기를

삼간다.

★ 우리는 강지민 님을 위하고 아끼며 보호하는 '사랑의 울타리'가 된다.

└ **고래** 08.08.31. 좋은 말씀입니다. 지민 씨가 좀 더 발전할 수 있도록 저희들이 노력해야겠죠. 정말 지민 씨는 음악적 감각이 탁월한 것 같아요. 그래서 지민 씨 팬이 됐지만 느낌이 너무 좋아요. 아자~ 아자~ 지민 씨 파이팅! 저도 한때는 노래하는 사람이었는데… 그때 그 시절이 너무 좋았는데….

└ ♪ **뽀로꾸** 09.03.19. 덕분에 저도 다시 한번 읽어봅니다. 계약으로 따지면 완전한 차별계약이네요.^^ 그래서 저는 행복합니다. ㅎㅎ

└ **maumnamu** 09.10.31. 그렇지요. 원래 친할수록 서로 예의를 갖추라는 말이 있답니다. 그 기본적인 것만 지키면 되지요. 멀리서 노래하는 모습을 지켜보면서 응원하고, 또 가능하면 무언가 도움이 되는 쪽으로 노력을 해야겠지요. 앞으로 차근차근 찾아보겠습니다. 강지민이라는 이름이 부끄럽지 않도록, 또 팬으로서 자부심을 느끼도록 말입니다.

└ **수지도사** 11.03.26. 회칙을 정해 강제할 수 없는 상황에서 이렇게라도 자율적 기준을 정해 경계를 삼는다면 강사모의 발전에 큰 보탬이 될 것입니다.

└ **권드롱** 11.06.02. 지당하신 말씀에 적극 동감하며, 개인적으로 한 말씀 더 드린다면 언제까지나 변함없이 뽀님을 따랑~ 합시다.^^~~

라이브 가수라는 직업에 대하여
재롱맘 | 08.12.16.

저는 지민이의 언니입니다.
　어릴 적부터, 그러니까 걸음마를 떼기 시작하면서부터 지민이는 사람들 앞에 서서 노래하는 걸 좋아했습니다. 초등학교에 들어가면서부터는 그룹사운드를 만들어 학교 행사 때마다 공식적으로 활동했습니다. 당시 교장선생님은 지민이의 왕팬이셨죠.^^ 이후 학창시절 동안 지민이는 강남 일대에 있는 중고등학교 축제 때 초청을 받아 노래하기도 했습니다.
　지민이가 청소년들 사이에서 알려지다 보니 키워주겠다는 사람도 참 많이 만났습니다. 그러나 운이 따르지 않았지요. 키워주겠다며 접근한 이들은 오로지 돈만을 바랐고, 결국 지민이는 1집 음반을 내고 활동을 중단했습니다. 그 일로 저희 부모님은 상당한 금전적 손실을 입었습니다. 물론 지민이도 큰 상처를 입었습니다. 대학시절 내내 당구랑 컴퓨터게임에 빠진 게 바로 이 때문입니다. 한창 꿈을 키워갈 나이에 꿈을 접어야 했기에 미친 듯이 다른 일에 집착한 것이었지요.
　대학을 졸업할 무렵 지민이는 더 이상 집에서 밀어줄 수 없는 상황이라는 것을 깨닫고는 음반을 내고 대중가요계에서 활동하겠다는 꿈을 접었습니다. 그러나 직장에 다니는 건 적성에 맞지 않는다며 라이브무대에 섰습니다. 지민이는 노래를 할 수 있다는 것만으로 라이브 가수라는 직업을 너무나 사랑했고, 자신의 노래를 들으러 오는 손님들이 점점 늘어나자 정말 열심히 노래했습니다.

물론 장소가 카페이다 보니 술손님이 많겠지요. 때로는 술손님의 술주정도 받아주어야 하고 술을 권하는 손님도 있겠지요. 그래도 지민이는 이해심이 많은 아이입니다. 제가 처녀 때 곤드레만드레 취해서 밤새껏 술주정을 하고 억지를 써도 다 받아주던 아이입니다. 카페에서 노래하는 중에 어떤 곤혹스런 상황이 와도 저는 지민이가 지혜롭게 잘 대처하리라 믿습니다.

지민이는 직업의식이 철저하고 미래에 대해 계획할 줄도 아는 아이입니다. 라이브 가수, 특히 여가수는 생명이 짧다며 노래를 앞으로 얼마나 더 할 수 있을지를 고민하던 지민이는 자동차정비를 배우기도 했답니다. 물론 자신이 모는 차를 직접 돌보겠다는 마음, 무슨 일이든 흥미를 느끼면 몰입하는 지민이의 성격도 한몫했겠지요. 자동차정비자격증(자동차정비기능사, 자동차검사기능사, 카일렉트로닉스 자격증)을 취득해서 낮에는 자동차정비공장에서 일하고 밤에는 라이브카페에서 노래를 불렀지요.

그리고 (초대 카페지기) 설감 님의 활약으로 작으나마 지민이를 위한 팬클럽도 생겼습니다. 요즘은 지민이가 정말 활기 넘쳐 보입니다. 이 카페를 통해 힘을 많이 얻어서인 듯합니다.

라이브 가수라는 직업을 다른 분들은 어떻게 보실지 모르겠습니다. 그렇지만 제가 분명하게 말씀드릴 수 있는 건 지민이에게 라이브 가수라는 직업은 내기를 해서 운 좋게 따낸 것도 아니고 예쁜 외모 덕에 대충 면접보고 얻은 것도 아니라는 겁니다. 십수 년간 치열한 경쟁과 노력을 한 결과로 얻은 신성한 열매와 같은 것이며, 한편으로는 제대로 못하면 바로 다음날 잘려나가는 무서운 일자리이자 보너스도 연금도 퇴직금도 없어서 내일이 보장되지 않는 일자리예요. 때문에 지민이는 무대에 설 때마다 감사하며 또 한편으로는 잠시도 긴장을 늦출 수가 없습니다.

　우리 대부분이 나름대로 노력해서 얻은 직업을 갖고 있습니다. 나이트클럽에서 춤을 추는 일을 하는 한 사람이 있습니다. 어느 누가 그의 직업에 대해 비난할 자격이 있을까요? 우리는 직업댄서만큼 춤을 추지 못합니다. 직업댄서만큼 예쁜 몸매도 갖지 못했고요. 춤을 추는 것은 그 댄서가 그 누구보다도 잘할 수 있는 신성하고 고귀한 일입니다.

　지민이의 노래도 마찬가지입니다. 여러분! 만일 제가 지민이 대신 라이브 가수로 데뷔한다면 지민이를 버리고 저의 팬이 돼 주실는지요? 저는 여러분들이 지민이에게서 얻는 기쁨을 절대로 드릴 수가 없습니다. 노래하는 일은 제 동생에게 목숨보다 더 소중합니다. 그래서 누가 감히 내 동생에게 노래를 버리라고 한다면, 저는 당신의 생명을 먼저 버린다고 해도 내 동생의 노래는 내놓을 수 없다고 말할 겁니다.

　저는 앞으로도 우리 지민이가 자신의 직업에 확고한 믿음과 신념을 가지고 나아가리라 믿습니다. 노래는 그녀의 인생이고 그녀의 전부입니다. 자신의 직업을 존귀하게 여기지 않는다면 자신을 사랑할 자격이 없다고 생각합니다. 당신을 진심으로 사랑하는 사람이라면 당신의 직업까지도 사랑할 것임에 틀림없습니다. 라이브 가수 강지민. 그녀가 라이브 가수라는 직업을 지켜가는 한 그녀의 곁에는 사랑하는 가족들과 그녀를 사랑하는 팬들이 영원히 함께 할 것입니다.

　"지민아, 그래서 너는 죽을 때까지 행복한 사람으로 살게 될 거야!
　절대로 용기를 잃지 마. 언니가 해 줄 수 있는 말은 여기까지야.
　사랑한다~~ 내 동생!"

ㄴ **한이** 09.06.12. 제가 좋아하는 강지민 님이 궁금해서 게시판 검색을 계속하다 재롱맘 님이 쓰신 감동적인 글을 찾아 주변에 보여주기도 했답니다. 조금이나마 우리 뽀님을 이해하고 더 사랑할 수 있길 바라는 마음에서….

ㄴ **라일락세상** 09.06.12. 지민 님이 당구를 잘하시는 것도 그런 이유가 있어서였군요. 지민 님은 무엇과도 바꿀 수 없는 가족과 친지들, 그리고 오로지 지민 님의 노래를 듣기 위해 카페로 오시는 1,400명의 회원님들이 있습니다! 앞으로도 쭈~욱 기하급수적으로 회원수는 늘어날 것이고요. 이제 시작일 뿐입니다! 파이팅! 오늘도 지민 님 노래를 들으러 오는 지방의 한 회원이….

ㄴ **나~가거든** 11.11.22. 재롱맘 님의 글 가운데 특히 감동으로 다가온 부분은 1집 앨범 실패 이후 뽀님이 걸어온 노래 인생입니다. 한편으로는 가슴이 미어지면서도, 그러나 대견스럽게 걸어온 뽀님의 노래 인생에 기쁜 눈물이 스치네요. 실력만으로는 버티기 쉽지 않은 당시 대중가요계의 현실에 크게 좌절하였으나, 노래를 향한 갈망을 거역할 수 없었기에 그리도 작은 몸 이끌고 라이브무대에서 힘들게 노래를 부르셨군요. 그러나 그 어려움 속에서도 참 꿋꿋하고 지혜롭고 바르게 살아오셨군요! 그래서 뽀님에 대한 존경심이 절로 돋아오네요. 오래도록 함께 하겠습니다.

ㄴ **울리미** 11.11.22. 어려울 때 인생의 큰 희망과 용기를 주신 뽀님~! 저 또한 요란하지 않고 묵묵히 그대 곁을 떠나지 않고 소중한 인연으로 남아 있겠습니다. 건강하시고 힘내세요~^^

ㄴ **모나리자** 11.11.23. 한창 활기차게 아름다운 것만 보고 예쁜 꿈만을 꾸며 지낼 나이에 너무 많은 시련과 좌절과 가혹한 일을 겪은 어린 뽀님… 그냥 꼬~옥 안아주고 싶네요. 그래서 뽀님의 음악에 인생의 멋과 맛과 깊이가 있나 봅니다. 강사모에 뽀님을 비롯하여 사랑하고 존경스럽고 눈물나게 고마운 분들이 계심을 항상 느낍니다.

팬들과 짧은 대화, 깊은 즐거움과 행복을 느끼다

♪뽀로꾸 | 08.08.06. 회원 여러분 안녕하세요? 새로 바꾼 기타를 메고 낙원상가에 들렀다 왔어요. 기타가 새삼 너무나 무겁게 느껴지는 더운 날이에요. 휴가는 다녀오셨는지요? (회원 수가 30명이 채 안되지만) 저만을 위한 팬카페가 생겨서 너무 감사하고 책임감이 넘칩니다. 여러분께 다시 한번 감사드려요~
ㄴ 래드김 08.08.07. 전에 ○○기타는 우쨌나여? 맘에 들지 않았던가 보죠? 바꾼 기타는 이름이 뭐에염?
　ㄴ ♪뽀로꾸 08.08.09. 역시 ○○기타고요 약간 업그레이드 했어요.^^;;; 차 수리도 막 끝났습니다. 헤고~ 허리가 휘청….

♪뽀로꾸 | 08.09.02. 내일은 날이 갠다고 하니 오랜만에 파아란 하늘을 보는 기분이 들 것 같네요. 비오는 날은 부를 노래는 많지만 차도 막히고 왠지 기분도 우울해져서… 빨리 날이 개기만을 기다리고 있어요.
ㄴ 설감 08.09.02. 오늘은 하늘이 활짝 웃고 있습니다. ㅎㅎ

♪뽀로꾸 | 08.09.06. 새벽 3시네요. 이제 1시간 30분 취침 후에 공연행사 하러 제천으로 떠나요~~ 시간 참 빠르네요. 날씨가 너무 좋은 9월입니다. 시간 되시면 근처 공원이라도 한 바퀴 돌아보세요.^^

┕ **꽃사슴** 08.09.06. 뽀님! 공연 잘 마치시고 안전운전 하시고 잘 다녀오세요. 제천은 이곳하고 그리 먼 거리는 아닌데, 오늘이 횡성 장날이라 영 시간이 안 나네요. 아쉬움~ 공연 모습 보고 싶은데….

♪ **뽀로꾸** | 08.09.12. 회원여러분~ 모두 즐거운 추석 맞으세요. 저도 오늘까지만 일하면 드디어 3일의 휴가가~! 아자압~!
┕ **래드김** 08.09.12. 추석 쉬고 또 얼굴 부었다고 하지 마시고 미리미리 살 빼고 마니 드셈~ㅎㅎ

♪ **뽀로꾸** | 08.09.18. 추석을 보내고 나니 말씀 없으시던 회원님들도 한마디씩 해주시고… 넘 반갑네요~~ 다행히 다들 명절 잘 치르셨나 보네요~! 이제 본격적으로 일하는 시즌인데, 저도 명절증후군이….
┕ **박민아** 08.09.19. 뽀로꾸 님~ 정말 오랜만에 뵙네요. 좋은 노래 많이많이 들려주세요. 항상 건강하시구요~~

♪ **뽀로꾸** | 08.09.23. 우와~ 거제도 공연 이후 많이 가입해주셨네요. 보람차고 기쁘고…. 거제도 넘 아름다웠어요. 울 회원님들도 언젠가 꼭 한번 다녀오시길~^^ 그리고 창에 회원님들 많이 계시니까 정말 반갑고 좋네요. 한분한분 인사 못하고 여기다가 인사드려요. 잊지 않고 찾아주신, 그리고 창에 계신 회원님들~ 뵙기만 해도 피로가 싸~악 가시는 기분이에요. 근데 기분과 달리 몸은 무거워서 이만 코~ 자~ 하러 갑니다. 좋은 밤 되세요~^^
┕ **송추** 08.09.23. 뽀로꾸 님~ 울 짝찌가 거제도 공연 끝난 후에 사진 한 장 찍자고 했다던데, 언제 떠나버리셨는지…ㅠㅠ
 ┕ ♪ **뽀로꾸** 08.09.25. 잉? 공연 끝날 때까지 잘 대기하다가 왔는데… 몰랐어

요.^^;; 죄송⋯.

♪뽀로꾸 | 08.11.25. 참~ 신기하네요. 활성화되는 방이라곤 '한줄메모장' 과 '동영상' 방밖에 없는 것 같은데⋯ 울 회원님들 방문 회수가 놀라워요~!! 그럴수록 뭔가 새로운 것에 도전해야겠다는 의지가 불끈~~

ㄴ 레드 08.11.25. 저도 오늘은 어떤 동영상이 올라왔을까 궁금해서 방문합니다. 일당백의 회원이 있으니 걱정 말고 도전하세요.^^

ㄴ ♪뽀로꾸 08.11.25. 넵~ 안 그래도 새로운 뭔가를 자꾸 올려볼까 하고 오늘 디카를 신청했어요. 좀 색다른 동영상도 좀 올려볼까 해요. 회원님들 모두에게 감사드려요~~

재롱맘 | 08.12.06. 감기 걸린 김에 걸걸한 목소리로 판소리 한번 해보심 어떨는지요? 예전에 창도 곧잘 하더니 대중 앞에선 한 번도 안 하는 것 같네. 하하~ 언니가 너무하다고⋯ 전화해도 안 받는 것 보니 괜찮은 것 같아서⋯ 아님 그 목소리로 일 나갔나? 제발 약도 좀 먹고 밥도 좀 제대로 먹고 다니세요~ 동생님~! 만날 김밥만 사들고 다니지 말구⋯. 아함~ 근데 나도 김밥 먹고 싶다~~

ㄴ ♪뽀로꾸 08.12.14. 그런 일 없음다~! Never & Never~! 김밥은 요새 많이 줄였어⋯ 언니~^^

ㄴ 재롱맘 08.12.20. 웬만해선 가족들 앞에서는 노래 안 하는데요, 엄마 들려준다고 능숙하게 심청이가 어쩌구 심봉사가 어쩌구 판소리 하는 것 분명히 제가 들었답니다.ㅋㅋ 10년 전 얘기이긴 하지만⋯.

♪뽀로꾸 | 08.12.14. 저도 아주 아주 오랜만에 카페에 들어와 봤어요.^^ 가입

인사를 해주신 새 회원님들 글 몇 개만 읽고 갑니다. 다음 주에는 어떤 글이 올라와 있는지 차분히 보러 올게요.^^ 연말이라 좀 힘드네요. 회원님들께 건강하고 활기찬 연말 되길 바랄게요~!

ㄴ **뭉게구름** 08.12.15. 연말이라 바쁘시군요. 아무쪼록 건강에 유념하셔서 감기 같은 건 걸리지 마시고요… 뽀로꾸 님! 홧~팅~! ^^

ㄴ **Icy119** 08.12.16. 다음 주엔 분당 라이브카페에 지민 씨 보러 갈 거예요. 강지민 팬클럽 너무 좋아요~~ 감기조심 하시고요.^^*

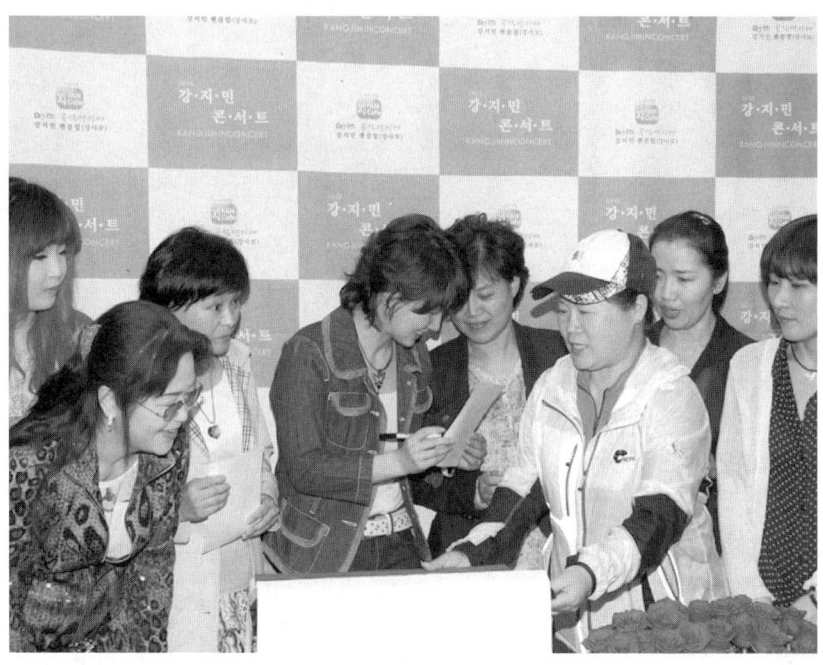

올만에 퀴즈 한번 내볼게요
♪뽀로꾸 | 09.02.06.

누군가가 저에게 해주는 말 중에 제가 가장 좋아하는 말은 무엇일까요?
    힌트 : 설감 님이 자주 해주신 말인데… 아마도 본인은 모르실 겁니다.^^ 근래에는 래드김 님이 가장 비슷하게 근접한 말을 해주셨지요.

  └ **뭉게구름** 09.02.06. 그 속을 어찌 아누~~ㅎㅎ

    └ **♪뽀로꾸** 09.02.08. 관심부족 아닐까여?ㅋ

  └ **돌콩** 09.02.06. 래드김과 설감으로 검색하여 살짝 컨닝하고자 하였건만 별다른 건 못 찾았습니다. 얼굴이 갸름해지고 이뻐졌네~ 요거??

    └ **♪뽀로꾸** 09.02.08. 역시 여자의 직감이란…ㅋㅋ

  └ **bbabbang** 09.02.07. 정답: 얼굴이 수척해 보이네요. 근데 정말 얼굴이 많이 야위어 보이네요.

    └ **♪뽀로꾸** 09.02.08. 여성분들은 정말 예리하시네요.^^

  └ **♪뽀로꾸** 09.02.08. 에고… 이번 문제에는 정답자가 많으시네요. 〈정답〉 말라 보인다, 핼쑥해 보인다, 살 빠졌다 등등 입니다. 하지만 약해 보인다는 말은 별로 안 좋아해요*^^* 돌콩 님, bbabbang 님 등이 맞혀주셨어요. 앞으로 살 좀 쪘다고 해서 얼굴이 좋아졌다는 등의 말은 (삼가시고)… 빠졌을 때만 알은체 해주세여~^_^

일일이 댓글 달지 못하는 것 이해해주세요
♪ 뽀로꾸 | 09.02.10.

작년 12월 (활동중단 선언 이후 복귀까지) 지난 것들부터 주~욱 다 훑어봤습니다. 구석구석 말이죠(동영상 빼고^^;;). 참 많은 글들과 관심과 성원이 저를 힘나게 합니다.

　글 하나에 매번 하나씩 댓글을 달아드리지는 못하네요. 핑계를 대자면, 이젠 낮에 들어오면 창에 보이는 회원님들이 예전과 다르게 많아져서 낮 시간에 들어오면 반가운 마음에 쪽지를 주시는 분들도 많고요. 대답하다 보면 정신도 쬐끔 없고요.^^;; 뭐~ 약간은 신비주의도 괜찮을 듯하기도 하고요.^^;;

　하지만 올려주시는 글들 하나하나 확인은 자~알 하고 있어요. 가끔은 댓글 달린 지난 동영상을 돌아보는 시간도 가지고 있고요. 눈팅만 하시는 회원님이나, 가끔 글 올려주시는 회원님이나, 열심히 활동하시는 회원님이나 누구나 다 제게는 소중한 한분 한분이셔요.

　다만, 자주 보이는 닉네임에 더 정이 가고 왠지 모를 가족 같은 느낌이나 친구 같은 느낌이 드는 건 인지상정이라고 생각합니다. 굳이 제가 다 대답하지 않더라도 대신 답해주시는 회원님들도 계시고, 가끔은 잘못된 유언비어로 웃음이 살짝 나오지만 그것도 좋다 여기고 있어요.

　카페가 있어서, 여러분들의 따뜻한 한마디가 있어서 정말로 감사하고 또 감사합니다. 편안한 휴식의 공간, 가끔은 헤어나지 못할 중독의 공간, 한참을 잊고 지내다가도 언젠가 다시 찾는 그런 카페가 되었으면 합니다. 적어도 여기에 머무는 시간만큼은 언제나 행복하고 편안한 시간이 되시길~~

┗ **스페셜리스트 09.02.11.** 음악의 힘이 위대한 이유는 어떤 약으로도 치유하지 못하는 우리들 마음속의 불치병을 눈 녹이듯이 녹아내리게 한다는 데 있습니다. 요즘처럼 힘들고 어려운 때, 회원님들은 지민 님의 노래 들으면서 마음의 병을 많이 치유받고 있겠죠?

┗ **태수 09.02.11.** 자주 보는 닉에 더 정이 간다니 앞으로는 간간이 댓글 달아야 하겠구만요. 지민 님 방가~ 방가~!*^^*

　┗ **♪뽀로꾸 09.02.12.** 막 저에게 낚이셨어요… 정이 팍팍 가네요.^^

우리 팬카페에선 이러면 어떨까요?
♪ 뽀로꾸 | 09.05.30.

2002년~ 온 나라가 광화문과 거리 곳곳에서 떠들썩할 때, 그렇게도 축구를 열렬하게 응원했음에도 단 한 번도 거리응원을 나가보지 않았습니다.

그런데… 그분이 당선 확정되기 전 저는 처음으로 광화문에 나가서 시민들과 함께 열렬히 응원하고 기뻐도 해보았습니다. 그리고 지금은… 그때 차라리 당선되지 않았더라면 하는, 그때 기뻐하지 않았더라면 하는 후회도 함께 해봅니다. 나이도 어리고, 정치에 그다지 관심을 많이 가져보지도 않은 제가 이런 생각을 해봅니다.

지금 온 나라가 추모의 물결 속에, 그리고 저도 그중 한 사람입니다만, 많은 사람들이 안타까워하고 애도하고 있습니다. 그중엔 정치적 색깔이 다르고 이념이 다를지라도, 국민으로서 또 한 사람의 인간으로서 안타까워하고 애석해 하시는 분들도 많다고 생각합니다. 그리고 이 팬카페에 자리하신 회원님들 각자도 서로 이념과 색깔은 다른 분들이겠지요.

자신의 신념과 정치적 이데올로기 등을 한쪽 방향으로 표현하고 동조를 구하는 것 또는 토론하는 것은 각자 예민해져 있는 이 시점에선 굉장히 불편한 주제라는 생각이 듭니다. 국민의 한 사람으로서 애도하고 추모하되 정치적 색깔이 짙은 발언이나 표현은 서로를 위해, 또 우리 팬카페를 위해 자제해주셨으면 하는 바람입니다.

그리고 덧붙이고 싶네요. 정치와 비슷한 주제인 종교라는 것까지 말이죠. 우리 팬카페는 정치와 종교를 대화하기보단 좋아하는 음악과 회원님들의 사는 이야기 등을 나눔으로써 더욱 편안하고 안락한 자리가 되지 않을까 싶습니다.

┗ 담비 09.05.30. 네, 맞습니다. 우리 카페에서는 정치와 종교는 배제되어야 한다고 생각합니다. 그냥 음악이 좋아서 모인 사람들인 만큼 음악과 일상사만을 이야기했으면 하는 작은 바람입니다.

┗ 뭉게구름 09.05.30. 네~ 그저 국민의 한 사람으로서 대통령을 지낸 분이 스스로 생을 저버리는 시대의 현실을 안타까워할 뿐입니다. 당연한 말씀.^^

┗ 김대섭 09.05.31. 저도 두 편의 글을 올렸으나 이제 뜻을 알았으니 삼가하도록 하겠습니다.

┗ ♪뽀로꾸 09.06.01. 추측과 편향적 시선이 아니라면 어느 정도 자율성은 있어도 되리라 생각해요.^^ 하지만 굳이 정치보다는 지민이 오늘 예쁘다~ 이런 게 좋은 걸요.

┗ 썰렁맨 09.06.22. 밀짚모자가 썩 어울리셨던 그분~ 농부가 좋다며 고향으로 가신 그분~ 생각만 해도 가슴이 저려옵니다. 그분에 대한 그리움을 지민 님 만남을 통해 행복으로 바꾸어 봅니다. 저렇게 깊은 생각이 있으신 분이라 더욱 사랑합니다. 감사합니다.

┗ 질풍노도 11.05.05. 지민 님의 말씀 듣고 다시 한번 감동! 그런데 울컥 그 님이 갑자기 생각나네요! 정말 보고 싶다! 머~ 이 정도 표현은 애교로 봐주세요! 정치적 표현은 아니니까요~~ㅎㅎ

일벌백계
♪ 뽀로꾸 | 09.07.01.

○○님… 어떤 뜻으로 그런 과감한 폭탄발언을 하셨는지는 알고 있습니다만, 저에겐 몇 가지 생각이 있었습니다.

첫째, 누구 한쪽의 '편들어주기' 식 탈퇴 운운 한다는 것은 저에게는 '엄마가 좋아 아빠가 좋아' 하는 물음에 답하라고 하는 것과 같은 난해한 질문… ㅜ.ㅜ 둘째, 운영자가 바빠서 서로 확인이 안 된 상태로 하루가 지났다면, 탈퇴했을지도 모른다는 생각. 누군가가 붙잡아 줄 수도 있겠지만, 이왕 말씀하실 땐 며칠 시간적 여유 좀 주시지… 님 급하셨네요. 셋째, 매일 오시는 분들도 계시지만, 잘 모르시는 분들이 지나다가 한번 읽었을 때의 충격… 눈팅만 하고 가시는 분들 많고, 속사정 잘 안 들여다보고 그냥 대충 보시는 분들도 계실 것이고, 그러다 보면 공격적인 발언은 그리 좋게 보이지 않을 것이라는 생각. 넷째, 너무 주장이 강한 글에 의한 파장… 앞으로도 파장은 길 것입니다. 되도록이면 회원님들이 힘을 모아서 파장을 최소화해주셨으면 합니다.

왜 △△님의 글에는 인신공격적인 댓글이 있음에도 불구하고, ○○님의 글은 옮기고 △△님의 글은 옮기지 않았나 하는 반감에 대한 변… 저도 한때 카페를 떠난 적이 있었고, 다시 돌아왔지만 여러 가지 정황을 알고 싶으신 분들, 또는 새로 오신 분들도 어느 정도 읽고 짐작케 하기 위해 지우고 싶은 글들마저 지우지 않고 있습니다. 한편으론 내뱉은 말 지키기 위해 어이없이 탈퇴해 버릴까봐 하는 배려로 빨리 숨겨드리고 싶기도 했습니다.

△△님… 저는 몇 번이고 감사하다고도 했고 진심으로 거절도 했습니다. 그리고 설감 님은 완곡하게 그 마음 받아드릴 수도 있다고 댓글 달아드렸습니다. △△님께서 그 댓글들도 다 읽으신 것 알고 있습니다. 제가 거절을 했지만 그 마음이 그렇게 크셨다면 저에게 쪽지라도 한번 주셔서 너무너무 돕고 싶으니까 도와주겠다고 강경하게 말씀해 보시지 왜 팬카페에만 드러내놓고 말씀하셨나요? 설감 님은 도움 주시면 감사히 받겠다고 더 노골적으로도 표현해드렸습니다. 그럼 그렇게까지 표현한 설감 님께는 왜 쪽지 한번 안 보내셨나요?

다른 회원님들이 화가 나는 이유는… 그렇게 돕고 싶으면 몰래 쪽지라도 해서 도와주지 왜 그렇게 생색을 내려는 것일까 하는 보기 싫음이 그 이유였다고 생각합니다. 솔직히 다 말씀 드렸잖아요. 후원해주시는 분들도 계시고, 선물 보내주시는 분들도 계시고 그렇다고요. 다만 공론화하기 싫은 것뿐이에요. 서로 돈 얘기 같은 거 꺼내지 않고, 잠시나마 팬카페에서 만큼은 속물근성 같은 것 버리고 순수하고 싶은 거예요. 왜 알고도, 이해하고도 제 뜻을 몰라주시나요? 일부러 저의 속물근성을 드러내 보이길 바라시는 건가요?

주면 감사히 받지만 바라지는 않는다 → 이것이 저의 원칙이에요.

팁을 받는 경우가 많은 직업이니까, 더 자세히 돈 이야기 해 드릴게요. 무대에서 팁을 받을 때는 꼭 인사와 함께 이런 말을 자주 합니다. "한번 주신 팁은 돌려드리지 않습니다.^^ 대신 열심히 노래하고 감사히 잘 쓰겠습니다"라고요. 그렇게 팁을 받고나면 '아자~! 용돈 생겼구나' 하고 기뻐요. 그런데… 가끔은 무대 끝나고 나서 나갈 때 따라 나와 살짝 팁을 쥐어주시는 손님도 계셔요. 그때는 차마 감사하다는 말도 못 드립니다. 그러곤 온종일 그 분의 마음이 제게도 전해져서 가슴이 따뜻하고 앞으로도 항상 열심히 해야지 하고 마음도 다집니다.

언젠가 제가 참 안팎으로 몸과 마음이 힘들었던 때에요. 회원님 중 어느 분이 커다란 초콜릿 두 개를 포장지에 곱게 싸서 제게 주셨습니다. 집에 가서 다음날 선물을 풀어보곤 저는 너무나 놀랐습니다. 초콜릿 두 개 사이에 생각지도 못한 봉투가 들어있었습니다. 아주 큰 돈이 들어있는…. 눈물이 왈칵 쏟아졌어요. 한 세 시간쯤 울다가, 감동하다가, 그 마음만 받아야 한다는 생각에 설감 님께 연락을 드렸고, 다시 돌려드리겠다고 우겼습니다.

이래저래 설감 님과 각본을 짜서 며칠 후 그 회원님을 다시 라이브카페에 오시게 할 수 있었고, 저는 11시 공연이 끝나자마자 봉투를 들고 부리나케 그 라이브카페로 돌아갔습니다. 제가 도착하기 십 분 전쯤 설감 님과 함께 있던 그 회원님은 잠깐 화장실 간다고 하곤 가버리셨습니다. 그 상황을 모르는 저와 설감 님은 왜 이리 오래 걸리시나 하고 화장실 근처에서 기다리며 전화도 걸어봤지만 핸드폰을 꺼두셨더군요. 한 시간 정도 기다리면서 그 회원님이 그냥 가셨다는걸 느끼게 되었습니다.

이후 저는 그 회원님께 쪽지로 몇 번이고 거절도 하고, 엄포도 놓고, 화도 내고… 갖은 방법을 다 동원했지만 그 회원님은 저에게 편지를 주셨습니다. 그 편지를 읽고 저는 지난번보다 더 많이 울어버렸어요. "뽀로꾸 님이 혹시라도 돌아오라고 전화해버리면 안 돌아갈 수 없으니까" 핸드폰을 꺼두었고, "친구에게 술 한잔 사준다 생각하는 마음으로 준거니까 그 돈으로 진탕 술도 마셔보고 힘든 것 다 잊으라"는 내용이었어요.

제 평생 받아본 돈 중에 그렇게 감동적이면서 그렇게 받기 싫은 돈은 처음이었습니다. 한 달 넘게 봉투 그대로 가지고 있다가, 결심을 하고는 반은 어머님께 드리고, 남은 반 중에 얼마는 아버님 생신에, 또 남은 것은 갖고 싶은 악기를 사고, 마지막 3만 원은 술과 안주를 사다가 집에서 혼자 술을 마시고 모든 괴로움마저 떨쳐내 버렸습니다(그 회원님께 죄송하네요. 저 술 못 마시거든요.^^; 그리고 그분께 이제 드디어 어디에 쓰였는지 말씀드릴 수 있어서 나름대로 기쁩니다.^_^).

돈이란 것은… 저항할 수 없는 유혹입니다. 오늘 돈 얘기 꺼낸 김에 솔직하게 제 마음 다 밝힐게요. 우리 카페에선 오늘 이후 또다시 드러내놓고 돈 얘기 꺼내면서 시선을 끌려고 하는 분들이 안 계셨으면 합니다. 주실 때는 몰래 주세요. 몰래 먹는 떡이 더 맛있어요.^^ 저는 필요에 따라 그 경중에 따라 거절도 할 것이고, 받기도 할 거예요. 주시는 분의 마음이 카페에서 크게 자랑하길 원하시는 거라면 다른 회원님들에게 마음의 부담을 주는 것으로 생각하고 받지 않을 것이고, 친구가 잘 되라고 도와주는 마음이라면 굳이 밝히지 않고도 받을 거예요.

후우~ 어렵고 난감한 문제를 얘기하는 것… 정말 힘드네요. 이틀 동안 가슴 아파하며 세심하게 팬카페를 지켜보느라 너무나 피곤하고 힘드네요. 그래서 결단을 내렸습니다. 앞으로 물의를 일으키는 분들에게는 강경한 조치를 취하겠습니다. 이번 사건에 좋든 싫든 두 분을 거론하지 않을 수 없습니다.

○○님과 △△님… 두 분 모두 자중해주시기를 엄숙히 경고 드립니다. 그리고 일벌백계(一罰百戒)의 차원에서 우리 팬카페 회원님들의 자랑, 이파리를 떼어내는 벌을 과감히 제 손으로 진행하겠습니다.

○○님 → 파아란 나무에서, 나뭇가지에 이파리 두개로 강등~!

△△님 → 이제 막 정회원이기에 가지가 하나밖에 없네요. 할 수 없이 정회원 다음 단계인 우등회원까지 등업의 고통을 두 배로~!

팬카페 역사상 처음 치러진 대대적인 크나큰 형벌이기에 두 분에게는 이루 말할 수 없는 상심과 고통이 될 것이라 예상되지만, 모범적인 팬클럽 운영을 위한 '지민 사랑' 의 일환으로 넓게 이해해 주시고 앞으로도 사랑해 주시

기 바랍니다. 이상 카페 운영자 뽀로꾸였습니다(이 글 아래에는 ㅇㅇ님과 △
△님의 변명 어린 기다란 꼬리글을 바라지 않습니다).

┗ **초심** 09.07.01. 후후후~ 솔직하시고 또한 재미있으시네요. 두 분 가혹한 징벌을 받으셨군요. 뽀로꾸 님은 노래할 때와 달리 당차 보이시네요. 저도 색소폰 동호회에서 군기반장을 맡고 있는데 이해 갑니다. 앞으로도 좋은 노래 많이 들려주세요~~

┗ **포세이돈(희주)** 09.07.01. 오늘 오전 내내 뽀님은 어떤 사람일까 생각. 그냥 예쁘고 노래만 잘하는 사람인 줄 알았는데… 이렇게 당차고 생각 깊고 말썽을 한방에 해결할 수 있는 리더십까지 갖춘, 도저히 알 수 없는 지민 님~ 왜 이렇게 글을 잘 쓰세요? 혹시 옆에서 가르쳐 줬나?ㅋ 자기 생각을 정리하며 써 내려간 글이 사람 마음을 차분히 가라앉히고 엄숙하게까지 만드네요.

┗ **엠버** 09.07.02. 뽀님 여러 가지로 마음고생 좀 하셨을 듯…. 하지만 이게 다 카페가 발전해가는 과정이라고 생각하시길….

┗ **pobi** 09.09.18. 카페에 가입한 지 1달여 된 것 같습니다. 그동안 주말만 제외하고 매일 빠지지 않고 카페에 다녀갔는데 오늘처럼 뽀님과 회원님들로부터 큰 감동 받은 건 처음입니다. 뽀님~ 정말 여장부이십니다! 멋져요~~

┗ **석영아빠** 10.08.06. 글을 쓰신 지민 님이나 진심으로 받아들인 두 분이나 아름다운 분들이세요~~

강사모라는 술집 이야기
♪ 뽀로꾸 | 09.07.01.

이러저러한 소란 속에 어떻게 해야 할 것인가 고민도 해보고… 어쩌면 늦장 대응을 한 것에 대한 불만의 소리였다고도 생각합니다. 그럼 운영진에 대한 반감을… 운영진 처벌도 원하시나요? 그 전에 제 얘기 한번 들어봐 주세요. 운영자가 다가 아니에요~! 왜인지를 우리 팬카페를 강사모라는 술집으로 생각하고 예를 들어볼게요.

　업소에서 주인이 손님들 앉혀 놓고, 손님은 돈 많으니까 양주 드시고요, 손님은 예쁘니까 공짜고요, 손님은 맥주 3병만 마시고요, 손님은 별로 장사에 도움 안 되니까 앞으로 오지 마시고요… 하면서 이래라 저래라 할 수는 없잖아요. 주인은요… 손님들 오시기 전에 청소해 두고 밝고 즐겁게 손님을 맞고, 손님들은 와서 각자 취향껏 드시고 편하게 지내는 게 당연한 일이에요. 마지막으로 주인은 오늘 장사 잘 됐나 정리하면서 가게문을 닫는 역할을 해야 한다고 생각합니다. 주인이 나서서 손님들에게 이래라 저래라 하기보다는 손님들이 편하게 드나들 수 있도록 분위기를 만들어가는 것, 그게 우리 팬카페의 운영방침이에요.

　주인도 인간인지라 주인이 원하는 손님의 역할이 몇 가지 있어요. 이왕 오신 손님 즐겁고 행복해서 다음에 또 오셨음 하고, 다음에 또 오시면서 소문도 내주시고, 또 다른 분들한테 자랑 겸 좋은 곳 있다고 하시며 또 다른 친구와 함께 다시 찾아주시는 것… 그런 역할을 해주시는 좋은 손님 말이죠. 하지만 그걸 강요할 수는 없어요. 그래 주었으면 하고 바라는 것일 뿐이지요.

그런데 우리 가게 주인장은 다른 가게 주인장과는 조금 차이점이 있어요. 돈 많은 손님이 어쩌다 한 번 와서 거들먹거리며 양주 시키고 주변사람이 불편하든 말든 큰소리로 떠들어대고 하는 그런 것보다는, 차 한 잔을 마시러 오더라도 직원들에게도 친절하게 인사도 하고 다른 손님들과도 편하게 한두 마디 건넬 줄 아는 손님이라면 그렇게 차 한 잔일지라도 매일매일 자주 와주셨으면 하는 바람을 가진 것이 다른 점인 것 같아요.

그 주인장이 운영하는 가게가 단골도 많아지고 손님들 나름대로 친분도 익혀서 참 분위기가 좋은 가게가 되었다고 가정해 볼게요. 어느 날 새로 온 손님이 있었습니다. 그분은 우리 가게를 어느 술집처럼 여기며 주인장에게 큰소리칩니다. "어이~ 주인장~! 여기 술집 분위기 참 좋은데… 왜 이렇게 차만 마시는 손님이 많아? 어디 이래서 돈 좀 벌겠어? 내가 여기 자주 와서 좀 팔아줄게~" 차를 마시는 손님들은 기분이 나쁘지만 "저런 사람도 있지 뭐" 하고 보통은 참아내지요. 그런데 며칠 간격으로 그 손님이 자주 옵니다. 주인장은 언제나 누구에게나 그러하듯 밝고 반갑게 맞아줍니다. 팔아주겠다는데… 그리고 손님인데… 반갑게 맞아야 하는 건 당연하니까요.

그런데 그 손님은 주변은 아랑곳하지 않고 올 때마다 큰소리로 떠듭니다. 이제 단골손님들은 그 손님에게 화가 치밀어 오르겠죠. 이야기하는 데 방해되고, 자꾸 차만 마시네 장사가 어쩌네 하고 지적하니까 신경질도 나고…. 그래서 주인장에게 따지는 손님도 생깁니다. "저기… 주인어르신, 저 손님 너무 큰소리로 떠들지 않게 좀 해주시면 안 될까요? 이야기하는 데 많이 불편하네요." 주인은 하는 수없이 시끄러운 손님에게 가서 아주 어렵게 양해를 구합니다. 다른 분들도 이야기하시니까 조금만 조용히 해달라고요.

그 손님은 잠시 조용해졌지만, 술이 좀 들어가니 또다시 막 시끄럽게 떠들어댑니다. 젊은 단골손님이 더 이상 못 참겠다며 버럭 화를 냅니다. "아~ 그거 시끄러워서 도저히 차를 마실 수가 없네." 주인은 이럴 때 너무나 난감해져요. 좋든 싫든 양쪽 다 손님이니까요. 이왕이면 서로서로 즐겁게 담소하고 마시고 하는 그런 가게였으면 좋겠는데… 주인이 할 수 있는 거라곤 "참으세요" 하며 웃음 짓고 양 쪽에 서비스 안주 하나쯤 내어드리는 것뿐….

주인이 벌떡 일어나서 주체적으로 행동하는 경우는 딱 한 가지밖에 없습니다. 손님들끼리 싸움이 났을 때예요. 이땐 제일 먼저 주인이 일어나서 가게 밖으로 손님들을 데리고 나가죠. 근데 왜 하필 가게 밖으로 나가는 걸까요? 이유야 어찌됐든 싸우는 모습 보이는 것처럼 추한 게 없으니까요. 우선 밖으로 나가서 어르고 달랩니다. 남들에게 보이지 않게요. 주인도 속으로는 이렇게 생각하기도 하겠죠. "에이~ 싸우려면 나가서 싸우지. 왜 하필 안에서 싸우고 그래…ㅜ.ㅜ" 라고요. 어쨌든… 싸움이 끝나면 주인은 또 걱정합니다. 이런 싸움이 안 생겼으면 참 좋겠다며 한숨을 짓죠.

싸움은요, 가게 안에서 하면 누구나 보기 싫은 거예요. 정말 싸우고 싶다면 밖에서 하는 것이 가게에 대한 배려예요. 안타까운 것은 그렇게 성격 좋아 보이고 분위기 있던 젊은 손님이 마음 상한다고 싸움꾼으로 돌변해버리는 모습입니다. 더 진득하니 참아줄 줄 알았는데…, 신사적으로 다가가서 웃으며 조용히 다른 얘기를 건네기도 하면서 그 큰소리치던 손님을 마침내 가게 분위기에 어울릴 수 있는 또 하나의 손님으로 만들어주실 거라고 믿었는데….

그리고 너무나 안타까운 건… 그런 싸움 때문에 발길을 끊어버리시는 단골손님이 꼭 생긴다는 것. 설감 주인도 지함 지배인도 뽀로꾸 매니저도… 안타깝고 슬퍼요. 큰소리치고 다른 사람 지적하던 그 손님도 이제껏 와주신 단골손님들처럼, 조용하게 그러면서도 즐겁게 함께 이야기할 수 있었으면…,

발길 끊으신 단골손님들이 다시 와주기를 바라고… 어서 예전처럼 조용하면서도 정감 가는 가게가 되었으면….

싫은 소리 해도 돼요. 미운 소리 해도 돼요. 다 참고 넘어갈 필요도 없고 조심스럽게 언쟁을 하셔도 돼요. 하지만 여기 회원님들 대부분이 스트레스를 풀려고 왔지 쌓으려고 온 것은 아니니까 언쟁을 하되 매너 있게 하면 되지요. 대놓고 뭐라고 하기보단 돌려서 재치있게 표현할 방법은 너무나 많잖아요. 그래도 안 되는 경우도 있지만, 그럴 때는 너무 성급해 말고 마음 좀 가라앉힌 후 시간을 두고 기다려보기도 해보세요. 주인장과 지배인이 티 안 나게 중재할 수 있도록 말이죠.

싸우는 건 싫어요. 한번 싸움이 벌어지면 그 여파는 고스란히 팬카페에 전해지거든요. 이젠 정말 못 참겠다 싶을 땐… 최소한… 다른 사람들에게 티도 내지 말고 가게 밖으로 나가서 싸워주세요. ㅜ.ㅜ(탈퇴하라는 게 아니에요^^;;) 그리고 저에게든 설감 님에게든 지함 님에게든 스리슬쩍 그 답답함과 짜증스러움을 토로해 보세요. 주인측이 너무 조용해서 그런 게 아닌가 싶기도 하겠지만 나중에 보면 꼭 해결책을 슬며시 꺼내드렸을 거예요.

여기까지가 요새 인터넷상에서 소리 소문 없이 떠다니고 있다는 강사모라는 술집 이야기였습니다.^^ 한번 글을 쓰면 손이 참지 못하는 성격이라^^;; 나이 어리고 모자람 많은 동생이지만 주인공으로서의 자부심을 쬐금 갖고서^^;; 덧붙일게요.

'모난 돌이 정을 맞는다' 는 속담이 있어요. 너무 눈에 띄게 자신을 드러내지 않으셨으면 해요. 특히 사생활은 밝혀도 되는 선까지만요. 또 강지민이란 사람의 동영상을 보고 발길 하셨으니까 저보다 더 많이 남의 눈에 들려고 하거나 더 많이 칭찬받으려고도 안 하셨으면 해요. 여긴 제 자리라고 자부하고 확~ 질투하고 미워할 거니까요~^^; 마지막으로 인터넷이란 곳에 너무 크게 집착하거나 마음을 두지 않으셨으면 해요. 마음이 너무 상하면 현실생활까지도 힘들어지니까요.

운영진에게 똑 부러지는 무언가를 바라기보다는… 함께 자율적으로 꾸며나가는 아름다운 지민 팬카페 만들기에 동참해주세요. ㅎㅎ

┕ 설감(未熟枾) 09.07.01. 자기만의 방식을 자제해야 모두가 편안한 법입니다. 술집 안에서 단골손님들 사이에 싸움이 벌어지면 들어오던 다른 손님들은 여기 분위기 사납다고 다른 데로 가자고 되돌아가기 마련입니다. 앞으로는 더욱 자중해서 이런 일이 되풀이되기 않기를 바라고, 이제는 아름다운 화음이 들려오길 기대해 봅니다.

┕ 어발 09.07.01. 너무나도 쉽게, 그리고 편하게 읽을 수 있어서 좋았습니다. 적절한 표현 감사하구요. 뽀님의 글 솜씨 기대 이상인걸요. 감탄~! 진심 어린 글이기에 모두 이해하며 동감할 거예요. 뽀님 파이팅~^^

┕ 비와 당신 09.07.01. 한 배에서 나온 형제들도 모이면 다투기도 하잖아요. 지난일은 다 잊으시고 불협화음에서 '불' 자를 확~ 빼버리자고요~! 힘내세요.^^*

┕ 뭉게구름 09.07.02. 두 번 세 번 읽어 봐도 흠잡을 데 없는 글이네요. 나 자신이 혹시 그 술집의 부담되는 손님이 아니었을까 되돌아보게 되고요. 나 아닌 우리의 입장에서 깊이 반성합니다.

뽀님에게 편안함을 주는 팬카페가 되었으면

뭉게구름 | 10.01.20.

오랜만에 카페 이곳저곳 둘러보는 하루였네요. 다 둘러보지는 못했지만 편치 않은 일들이 눈에 띄더군요.

이 공간은 우리 (회원님들) 공간이기 이전에 강지민 님을 성원하는 공간이라 생각되고, 또 그런 공간으로 만들어가야 된다고 생각됩니다. 그러기 위해서는 성원도 중요하겠지만 강지민 님에게 부담되거나 편치 않은 일들은 하지 말아야 하겠죠. 또한 서로 배려하는 일도 중요하구요.

이곳에 지민 님이 들르셨다가 기분 상해서 가신다면 이 공간은 '강지민팬클럽'이라 할 수 없겠지요. 많은 분들이 지민 님 노래로 힘들 때 위로도 받고 감동도 받고 또 추억도 그려내고…. 그런데 지민 님이 이곳에 들렀다가 편치 않은 마음으로 돌아가 노래를 한다면? 앞으로 이곳에서 더 이상 지민 님이 마음 상하거나 짐이 되는 일은 없었으면 하네요. 독수리에 말주변도 없고 글 솜씨도 없어 그냥 지나치려다 안타까워 두서없이 몇 마디 적어봅니다.

┗ ♪**뽀로꾸** 10.01.21. 오랜만에 오셨네요. 구름 님~^^ 이제 정말 일선에 복귀하셨나 봐요. 좋은 글 감사합니다. 이렇게 신경 써주시는 분들이 계셔서 제가 참 복이 많아요. 새해 복 많이 받으세요~~

새봄과 함께 오랜만에 인사드려요
♪ 뽀로꾸 | 10.03.12.

오랜만에 팬카페에 들어와 인사드립니다. ㅎㅎ 새로운 제도와 새 운영자님들 덕에 더 활기차고 예쁜 팬카페가 되어있네요(물론 헌 운영자님들께도 무궁한 감사를^^;).

오프라인으로 찾아주시는 회원님들을 통해 팬카페 소식은 잘 듣고 있었습니다. 좀 시끄럽기도 했었고, 그로 인해 마음 아파하시는 분들도 많았지만… 다시 제자리를 찾았다고요?^^ 아마도 회원님들 모두 한마음으로 팬클럽을 사랑해주시는 마음 때문인 것 같습니다.

가입인사란도 여전히 열심히 반겨주시는 회원님들이 계셔서 참 훈훈하네요. 워낙 밀려서 못 본 부분이 많지만 즐겁고 따듯하게 돌아가는 글들을 읽으며 그 누구보다도 뿌듯하게 활짝 웃고 갑니다.

회원님들의 따뜻한 사랑에 감사드리며, 내일은 좀 더 예쁘고 즐겁게 노래 불러야지 다짐해 봅니다. 늘 편안하고 따뜻한 팬카페가 되길 바랍니다~~

ㄴ **고비울 10.03.16.** 뽀님! 반갑습니다. 늘~ 행복과 건강한 모습으로 우리 곁에 같이 있어주면서 좋은 노래 많이 불러주시길 소망합니다.

ㄴ **미미 10.03.16.** 아름다운 노래, 미소, 훈훈한 마음~ 감사합니다. 늘 행복한 일만 가득하세요, 뽀님!!

┕ 리즈 10.03.16. 와아~ 우리 뽀님이시닷~! 건강하고 예쁜 모습, 언제나 기대하고 있습니다! 힘들 때마다 우리 다정스런 회원님들을 기억하며 힘내주세요~!*^^*

┕ 까치 10.03.16. 오랜만에 흔적 남기셨네요. 환한 미소와 아름다운 노래에 감사와 성원을 보내드려요~~

┕ 겨울태양 10.03.16. 늘 건강하시고 행복하세요~! 중독성 있는 좋은 음악에 감사드립니다. 담에 방문하실 때는 더 자극적인(?) 글 부탁드립니다.ㅎㅎ

┕ 담비 10.03.17. 살인미소로 살인을 일삼는 뽀님~ 지금 그 모습 그대로, 건강한 모습으로 우리 곁에 계실 거죠? 늘 행복하시구요…^^

┕ JM워너비 10.04.16. 힘찬 구호와 함께~~ "우유빛깔 강지민! 노래천사 강지민! 사랑해요 강지민! 아자~아자~아자~"

회원님들 덕분에 생일 잘 치렀어요
♪ 뽀로꾸 | 10.05.04.

안녕하세요, 회원님들~^^

팬카페가 생기고 나서는 해마다 5월이 가까워 오면 마음이 참 부담스럽기도 하고 걱정되기도 했어요. 별것도 아닌 생일일 뿐인데, 많은 회원님들께서 신경 써주시고 찾아주시고 하니까요.^^; 혹여 생일이니까 축하는 하고 싶은데 빈손으로 오기가 부담스러워 불편하실 것을 생각하면 안타깝고 죄송스럽거든요.

팬카페에 자주 드나들고 회원님들과 가까이 지내고 하다 보면 왠지 더 부담 갖고 신경 쓰실까봐 조금이나마 부담을 덜어드리고 싶은 마음에 역시나 4월은 팬카페에 들르는 것을 자제하고 또 자제했는데…(너무 변명 같나요?^^;;)

올 생일은 열심히 일해 줬다는 감사의 뜻으로 분당 라이브카페 사장님께서 푸짐하게도 뷔페까지 차려주셨습니다. 아무도 안 부를 거라고, 몰래 지나가자고 당부를 드렸지만 역시나 통이 크고 마음 넓으신 사장님께서는 상다리가 휘어지게 음식을 차려주셨네요.

입소문을 타고, 또 기억력이 좋으신 눈치 빠른 회원님들이 뜻밖에도 많이 찾아주셔서, 처음 제 의도와는 다르지만 속으로는 너무나 뿌듯하고 기쁘더라고요.^0^ 우리 회원님들 덕분에 한껏 마음이 두둥실 떠버린 날이었습니다.^^

일부러 소중한 연휴의 시간을 저를 위해 써주신 회원님들께 다시 한번 감사드리고요, 예쁜 선물과 꽃다발 한가득 보내주신 것 소중히 그리고 감사히 간직하겠습니다. 그냥 막 이 자리에 찾아와주시는 회원님들께 너무너무 감사드려요~ 행복한 5월 맞으세요~!!!!!!!

ㄴ **겨울태양 10.05.04.** 뽀님의 팬들에 대한 깊으신 배려~ 그래도 예쁜 글 보니 이제 올해는 그냥 버틸 수 있겠습니다. 밀린 숙제 하시느라 힘드셨죠?

ㄴ **소수림 10.05.04.** 얼마 전 저의 지인 누군가에게 들은 말입니다. 어떨 땐 부담 줄 때 주는 것도 상대를 뿌듯하게 하는 것이라고요. '뽀님'이 저를 보고 첫 인사가… (잔뜩 걱정스런 말투로 조그맣게) "아니~ 어떻게 알았어요?" 걱정 마세요. 그날 회원님들은 드린 것보다 행복으로 되돌려 받은 것이 더 많았습니다. 오히려 사정으로 못 오신 분들에게 미안했어요~~

ㄴ **지사 10.05.04.** 뽀님의 부담스럽고 걱정스런 맘 십분 이해합니다. 하지만 강사모 회원님들도 나름대로 뽀님을 위하는 맘이 있을 것입니다. 너무 부담스러워 하지 말고 자연스럽게 받아들이면 될 것 같습니다. 전 참석하지 못했지만 사진과 동영상으로 본 생일 모습은 너무 사랑스럽고 행복해 보였습니다. 다음엔 참석해야징~ㅎㅎ

ㄴ **리즈 10.05.05.** 뽀님의 이런 예쁜 마음도 모르면서 그날 좀 비아냥거렸던 한 사람이 생각나네요. 모든 사람들이 뽀님을 사랑할 수는 없겠죠. 다만, 함부로 생각하고 발언하는 사람들 때문에 상처받지 않으시기만 바랄뿐입니다. 뽀님에겐 우리 강사모님들이 있으시잖아요~^^ 뽀님과 회원들 덕분에 행복했어요, 감사~ 감사~♡

# 2회 정기모임을 마치고
♪ 뽀로꾸 | 10.06.15.

안녕하세요~ 회원님들^^ 이번 2회 정모를 마치고 감사 인사드립니다.

5월 초 생일파티 이후 6월의 정모라는 것에 마음의 부담이 컸었는데, 괜한 걱정이었고 기우였던 것 같네요. 많은 회원님들이 찾아주시고 즐겁게 함께해 주셔서 기쁘고 행복한 하루였습니다. 정모 기념 CD를 한 달 전부터 계획했다가 의외의 감기라는 복병을 맞아 정모 직전 이틀 동안 급하게 녹음한 거라 좀 아쉽긴 하지만 뜻 깊은 선물 되셨길 바랍니다. 특별선물인 퍼즐은 찾아주신 모든 분께 드리지 못해서 죄송해요.^^;;

이번 정모를 위해 재혁 님, 흙피리 님, 어머나 님께서 주축이 되어 열심히 준비를 하셨는데요, 한 달 전부터 몇 번씩이나 모이서 준비하신 그 모든 게 빛을 발하는 날이었습니다. 너무나 놀랍고, 따듯하고, 즐거운 모임을 만들어 주셨어요.ㅎㅎ 뭐라고 감사의 말씀을 전해야 할지 모를 만큼요~~ 그리고 정모 내내 묵묵히 좋은 영상을 위해 더운 2층에서 고생하신 준구 님, 항상 제 옆에서 궂은일 힘든 일 마다하지 않으며 도움 주시는 삐꾸 님 감사합니다. 정모 전날 행사 도움 주시랴 정모 참석하랴 이리 뛰고 저리 뛰신 진수김 님도 계시고, 업소 쉬는 날인데도 불구하고 장소 협찬해주시고 뒤에서 계속 궂은일을 해주신 링고 님께도 감사드려야 하고….

이 모든 게 너무나 많은 분들의 도움으로 이루어진 것이라 한분 한분께 일

일이 인사를 드려야겠지만 글로만 간단히 하지만 감사히~ 인사드립니다. 생업 때문에 참석은 못하셨지만, 마음으로나마 응원해주신 운영자 지함 님, 이 아름다운 팬카페를 만들어주신 설감 님께 진심으로 감사드립니다.

마지막으로 월드컵 응원 후 쉬고 싶은 하루를 반납하고 귀한 시간 내서 찾아주신 모든 회원님께 감사드려요~! 행복했습니다.^^ 즐거웠습니다.^^ 게다가… 저만 회비 안 내고 놀아서 더욱 즐거웠습니다. ㅎㅎ

└ **흙피리** 10.06.15. 뽀님을 위한 마음들은 언제나 변함없이 등대처럼 불을 밝힐 것입니다. 비바람이 몰아치고 거센 파도에 험한 밤이 깊을 때, 하루도 빠짐없이 불 밝히는 강사모 등댓불을 바라보세요. 평안하고 사랑 가득한 강사모 방파제 안으로 들어오세요. 이곳에서 위안 받고 힘내서 끝까지 멋진 가수로 빛나주세요.^^

└ **오락부장** 10.06.15. 즐거운 자리 함께 하지 못해 아쉽고 죄송한 마음뿐입니다. 내년엔 10만 명(?) 돌파 기념으로 잠실구장이나 상암 월드컵구장 대여해서 자리 한번 만들어 보시는 게…. 늘 건강하시고 행복하시고, 많은 응원 하고 있다는 것 잊지 마세요! 멀리 고창에서 외쳐봅니다. 뽀님~ 파이팅~!!

└ **달그림자** 10.06.15. 보이진 않지만 늘 뒤에서나마 응원하겠습니다. 언제나 좋은 음악 들려주시고 항상 건강하시길 바랍니다. 그리고 정모를 위해 고생하신 모든 회원님들께 감사드립니다.

└ **어머나** 10.06.15. 장난꾸러기 뽀님, 열정 뽀님~ 당신이 계시기에 가능한 일들이며… 3회 정모 땐 더 발전하고 규모도 커지지 않을까 조심스레 기대해봅니다.^^*

└ **팔달산샌님** 10.06.16. 뽀님이 주신 CD, 차에서 집에서 사무실에서 너무 많이 들어 벌써 닳았네요? 한 장 더 주세요.ㅋㅋ 뽀님~ 파이팅!!

└ **안득헌** 10.06.16. 감사해요.^^ 작은 몸에서 뿜어 나오는 힘! 그 힘의 원천은 어디일까요? 정모에서의 열정적인 무대 고맙습니다~~

초보 동영상 촬영기
뭉게구름 | 10.07.12.

뽀님과 인연이 된 지도 벌써 2년이나 되어가네요. 세월 참 빠르다.^^ 쉰두 해 살면서 이렇게 열정적으로 누구의 팬이 된다는 것은 상상도 못해봤는데….

그동안 뽀님과 카페 운영진의 노고에 도움은 못 드리고 받기만 한 것 같아 죄송스럽기도 하고, 무엇보다 뽀님이 무명가수처럼 지내신다는 게 안타깝기도 하고 해서 내가 할 수 있는 일이 없을까 생각하던 중에 초보이지만 시간이 가능하니 숙소에서 가까운 산본 공연을 촬영하여 뽀님을 알리는 일에 조금이나 보탬이 되자고 생각하게 되었답니다.

거금(저에게는^^;;)을 들여 카메라도 장만하고 뽀님께 허락도 맡고 그렇게 시작하게 되었지만 그 일이 만만치 않더군요. 전문가도 아니고 카메라를 만져본 일도 없고 컴퓨터에 그리 조예가 깊지도 않고요. 그동안 동영상을 촬영하여 카페에 올려주신 운영진 및 회원님의 노고를 다시 생각해볼 수 있는 계기도 되었고요. 다만 카메라 성능이 좋아 좀 더 깨끗한 영상으로 뽀님 공연모습을 담을 수 있다는 사실에 기분은 좋더군요.

처음에 동영상을 찍어 카페에 올려보니 원래 카메라 영상만큼 화질이 좋지 않아 여러모로 알아보니 좋은 화질에는 그만큼 파일용량이 커져야 하고 업로드 시간도 많이 걸린다는 사실, 그리고 현재 한국 포털사이트에서는 고화질(HD나 Full HD)의 영상을 용량제한으로 업로드할 수 없다는 것도 알게 되었고요. 현재 다음에서 유튜브처럼 동영상을 올릴 수 있는 곳이 다음TV팟이지요. 그곳에 올릴 수 있는 용량의 한계가 100M이더군요. 유일하게 유튜브만 2기가까지 올릴 수 있다는 사실을 알게 되었고요.

보통 Full HD영상으로 한 곡당(3~4분) 1.2~1.7기가로 저장되는데 원본을 다음TV팟이나 카페에 올리려면 확장자와 관계없이 용량을 줄여서 올려야 합니다. 그 과정이 인코딩 과정이고요. 그런데 문제는 그렇게 용량을 줄이게 되면 화질이 떨어진다는 겁니다. 고화질로 촬영할 이유가 없어지는 거지요. 원본 그대로의 화질을 올릴 수 없을까 하고 알아본 게 유튜브를 이용하는 거랍니다.

그런데 거기에도 애로사항은 있더군요. 업로드 시간과 컴퓨터 사양에 따라 재생할 수 있는 화질과 버퍼링의 차이가 생긴다는 것(←요건 알고 있었지만^^;;). 하지만 컴퓨터 사양이 높고 좋은 인터넷 환경을 가진 회원님들은 Full HD 화질의 선명한 영상으로 예쁜 뽀님 공연 모습을 보실 수 있고요, 저처럼 사양이 낮은 컴퓨터를 사용하는 회원님들은 아쉽지만 360p나 480p로 감상하시면 되고요.^^;; 유튜브에 4곡 정도 업로드시켜 놓고 출근했다가 퇴근해서 보면 4곡도 다 업로드가 되지 않을 때도 있더군요. 컴도 업그레이드해야 할까 봅니다.ㅡ.ㅡ

정리하자면, 유튜브에 영상을 올리는 이유는 ① 뽀님 모습과 공연 모습을 선명하고 예쁜 영상으로 100% 전하고 싶어서 ② 유튜브로 뽀님 영상을 보고 가입하시는 회원님도 의외로 많다고 생각하기 때문에 ③ 카페에 바로 업로드(한 곡당 100M: 그나마 좋은 화질의 경우)시킬 경우 얼마 안 가서 카페 계정(100G)이 모자랄 수 있다는 생각(이것은 맞나 확실히 모르지만…^^;;).

그리고 뭉게구름의 애로사항은 ① 시간을 엄청 많이 투자해야 한다는 것ㅋ ② 아직 초보라 그렇지 않아도 힘이 좀 드는데 너무 많은 것을 요구하면 초보자 자존심이 팍팍 상한다는 것 ㅋ(그래도 촬영은 계속될 거지만 ㅎㅎ). 아직 촬영 초보라 영상에 아쉬운 부분은 많겠지만 이해해주시고요. 궁금하신 점이나 개선사항은 주저 마시고 뽀님 동영상 방보다는 이곳에 댓글을 남겨주세요~~ 제가 할 수 있는 일이라면 적극적으로 수용하겠습니다~^^

ㄴ **달그림자** 10.07.12. 뭉게 님의 무한 열정에 절로 고개가 숙여지네요. 저는 가입한 지 갓 이틀 된 신입인데 뭉게 님 덕분에 뽀님의 좋은 영상 잘 보고 있습니다. 늘 감사하고 고맙습니다. 건강관리도 잘 하세요.

ㄴ **설감(未熟柿)** 10.07.13. 뭉게구름 님의 수고가 많다는 것을 누구보다 잘 압니다. 감사드립니다.

ㄴ **♪뽀로꾸** 10.07.19. ㅎㅎㅎㅎㅎㅎㅎ 너무 고마운 뭉게구름 님~~

노래할 때 꼭 모자를 써야 하는지요?
화재없는마을이장 | 10.08.18.

뽀로꾸 님~ 안녕하세요! 산본을 화재 없는 마을로 만들기 위해 밤낮으로 분주하게 움직이고 있는 '화재없는마을이장'입니다. 더구나 산본에는 뽀님께서 출연하시는 라이브카페가 있기 땜에 각별히 많은 신경이 쓰입니다.

'뽀로꾸'란 무슨 뜻인가요? 특별한 뜻이 있는 듯한데…. 느~을 좋은 노래 잘 듣고 있습니다. 동영상 올려주신 회원님들 너무너무 고맙고요. 매번 힘 있게 기타 치며 열창하는 뽀님께도 새삼 감사의 말을 전하고 싶네요!

한데, 한 가지 부탁이랄까… 아쉬움이 있어서 글을 올립니다. 노래 부르실 때 꼭 모자를 써야 하는지요? 야간에 라이브카페에서 통기타를 치며 노래 부르는 분들의 대부분이 청바지에 편안히 움직일 수 있는 티를 걸친 캐주얼한 차림에 모자를 착용한다는 공통된 이미지를 갖고 있긴 한데, 바로 그런 이미지 때문인지요?

하지만 제가 보기에 뽀로꾸 님의 모자 쓴 모습은 조금 어색해 보이는 것 같습니다. 얼굴도 잘생긴 분이 굳이 모자를 깊게 눌러쓰고 다녀야 하는지….^^ 너무나 유명인사라서 그런가?ㅋ 그래서 모자를 벗고 노래하시면 어떨까 하는 바람에서 몇 자 적어 보았습니다.

이번 주 내내 30도를 넘는 무더위가 이어진다고 하네요. 건강 유의하세요. 오랫동안 즐거움을 주고 기억에 남을 노래천사… 파이팅~!

ㄴ ♪ **뽀로꾸 10.08.24.** 결국 모자를 벗고 노래하라는 말씀이신데요…ㅋㅋ 모자 역시 패션이라고 생각해 보세요.ㅎㅎ 그리고 모자를 쓰면 노래할 때 조명에 눈이 안 부셔서 얼마나 편한지 몰라요. 또 고개를 조금만 숙여도 사람들의 뜨거운 시선을 차단해주는 효과가 크고요. 사실은… 머리 감지 않은 날 모자 쓰는 경우도 많습니다. 죄쏭~ㅜㅜ

ㄴ **화재없는마을이장 10.08.25.** 새벽같이 일하시고, 늦은 시간에 답글 감사함다.^^ 산본 라이브카페 사장님이 노래 잘하는 라이브 가수가 출연한다기에 와이프와 몇 번 가본 기억이 있는데, 지금 생각해보면 그때 모자 쓰고 캐쥬얼 차림에 통기타를 팅기며 노래하셨고, '마이웨이(My Way)'를 신청했는데 멋들어지게 불러주셔서 기억에 남습니다.^^ 그 당시 모자를 쓰지 않고 노래를 불러주셨다면 지금 뽀님이었구나 하고 바로 알 수가 있었을 텐데 하는 마음에서 사견으로 글을 올렸습니다. 작은 덩치에 힘 있게 팅기는 기타 소리, 흥 있는 목소리 좋슴다.^^

ㄴ ♪ **뽀로꾸 10.08.26.** 그런데… 실은 모자 벗고 노래할 때가 더 많아요~^^

동영상 소음과 라이브카페 분위기에 대하여

뭉게구름 | 10.08.30.

동영상을 감상하다 보면 자주 듣기 싫은 잡음이 들리시죠? 회원님들 중에 라이브공연을 보았던 분들은 알고 계시겠지만 아직 보지 못한 분들은 동영상을 보는 중에 귀에 거슬리는 소음이 들려 불만스럽거나 기분이 좀 언짢을 수도 있을 듯하여 몇 자 적어봅니다.

뽀님이 공연하는 라이브카페에는 뽀님 공연을 보러오는 손님들도, 그렇지 않은 손님들도 계십니다. 가령 술 한잔 하러 오신 분들, 혹은 대화의 장소로 택해서 오신 분들도 계시지요. 안타깝지만 그분들(일부 손님. 다른 대부분의 손님은 뽀님 공연이 시작되면 집중해주시고 호응해주신답니다)에게는 뽀님의 공연에 집중해달라는 기대는 전혀 못 한답니다. 그분들은 손님으로 와서 돈을 내고 음주 또는 대화를 하는 것이니 공연에 집중하지 않는 것을 잘못이라고 할 수도 없고요.

저도 라이브를 직접 보기 전에는 동영상을 보다가 너무 큰 소리로 대화를 하거나 소음을 내는 손님을 보면 참 매너 없다고 생각했는데 막상 라이브공연을 보고 나니 그 생각이 바뀌게 되었답니다. 특히 손님이 많은 날에는 손님이 있는 바로 옆 테이블에서 촬영하는 경우도 있어 소음이 심하게 들어가기도 하고요.

촬영할 자리가 없어 뽀님 대기석에서 촬영하기도 한답니다(뽀님 옆모습으로 촬영한 동영상의 경우, 예쁜 뽀님 얼굴을 제대로 보여드리지 못해서 죄송~^^;;). 그런 일은 아직 없었지만 만약에 손님이 카메라 때문에 안 보인다며 카메라 치워달라고 요구한다면 촬영도 할 수 없겠구나 하는 생각도 든답니다.

사실 동영상을 촬영하는 입장에서는 라이브카페 사장님이 동영상을 찍을 수 있게 허락해준 것만으로도 고마운 일이랍니다. 뽀님의 공연이지만 손님을 위한 공연이라는 사실이 한편으로는 안타깝기도 하고요. 그러니 동영상을 보시다가 다소 시끄러운 소음이나 말소리가 들리더라도 이해해주시길 바랍니다. 하루빨리 뽀님의 '공연을 위한 공연'을 하는 날이 와서 촬영기술을 가진 분이 제대로 된 영상을 만들어야 할 텐데요.^^

이번에는 뽀님 출연업소인 분당과 산본 두 라이브카페의 공연 분위기에 관해 제가 알고 있는 대로 말씀드릴까 합니다(라이브공연을 보러 오실 회원님께서는 참고하세요).

분당 라이브카페에는 저도 4~5번밖에 가보지 못해서(시간이 도저히 안 맞네요) 자세히는 모르지만, 뽀님이 부를 수 있는 곡은 거의 제약이 없이 손님과 호응하며 공연하시는 걸로 알고 있습니다. 처음 가시거나, 혼자 가시더라도 강사모 회원이라고 말씀하시면 항상 가족처럼 따뜻하게 맞이해주셔서 어색한 일은 없을 거라 생각됩니다. 또 뽀님 공연이 끝나면 회원님이 직접 노래를 할 수 있는 자리도 마련해주고요. 간혹 분위기가 업~ 되면 가무도 하실 수 있답니다. ㅎㅎ 즐거운 시간 보내실 분들께는 강추입니다. 주차공간도 넉넉해서 편리하기도 하고요.

산본의 라이브레스토랑에서는 뽀님이 부르는 노래에 어느 정도 제한이 있습니다. 일단 트로트는 안 되고요, 너무 시끄러운 곡도 안 된답니다. 주로 조용한 곡이나 팝송 위주로 공연하신답니다. 아쉽지만 영업방침이 그런가봅니다. 그래도 조용히 공연을 볼 수 있어 나름 괜찮더군요. 이곳에서는 너무 과도한 호응은 하지 않는 것이 좋습니다. 한번은 50대쯤 돼 보이는 남녀 손님 6~7명이 와서 가요를 신청했는데 마침 그 곡이 조용한 곡이라 뽀님이 이 정도 곡이면 괜찮겠다 싶어 부르기 시작했어요. 그런데 노래를 신청하신 분들이 중간에 느닷없이 코러스에, 함성에, 박수소리까지 너무 떠들썩하게 반응을 하더군요. 그 노래가 끝나자마자 동시에 세 테이블이 나가버렸어요. 저까지 뻘쭘했던 기억이…ㅠㅠ 그래도 소음내시는 손님을 너무 미워하지 마시고요~~^^;;

ㄴ **여유남 10.08.30.** 라이브카페 분위기가 궁금했었는데 감사히 잘 읽었습니다. 근데 저도 다른 라이브카페에 몇 번 가본 적이 있는데, 가수의 공연시간에는 떠들거나 딴짓을 못하겠더라고요. 예의가 아닌 것 같아서….

ㄴ **그이뻬 10.08.31.** 저는 그것도 모르고 뭉게구름 님 옆에서 자꾸 무엇을 물어봤으니… 죄송합니다. 그런 사연이 있었음을 그날 밤 뽀님 영상 올려주신 것을 보고 알게 되었답니다. 다음엔 아주 소곤소곤하게 물어볼게요.^^

ㄴ **청개구락지 10.09.03.** 동영상을 보면서 소음도 뽀님 노래에 하나의 열정을 더해준다고 생각하고 감상했습니다. 가끔은 뽀님 노래하실 때 손님들 또는 회원님들의 반응도 엿볼 수 있고요. 그 소음도 또 한편의 반응을 표현한다고 봅니다. 저는 이제까지 전혀 개의치 않고 봤는데, 그런 부분이 또 있었네요. 너무 신경 쓰지 말고 계속 그대로 해주셔도 좋다고 봅니다.

즐거운 추석명절 보내세요
♪뽀로꾸 | 10.09.17.

거의 매일처럼 비가 오는 날들이었는데, 어느새 하늘이 개어버렸네요. 하필이면 비 안 오고 엄청나게 더운 여름날 사랑하는 회원님들 놀래켜드리려고 몰래 자전거 번개도 나가보고요, 일요일이면 하늘을 원망하면서 비 맞아가며 낚시도 해보고요, 팬카페가 어수선하다고 여기저기서 걱정하시는 소리에 남몰래 마음도 아파해 보고요.

　급작스런 하루짜리 공지였음에도 불구하고 〈우먼 라이프〉와의 첫 인터뷰를 응원하기 위해 찾아주신 회원님들을 보며 '나는 정말 행복한 사람이구나!' 라고 가슴 깊이 느꼈어요. 어느덧 추석이 얼마 남지 않았네요. 항상 저 잘되라고 아껴주시고 사랑해주시는 우리 회원님들~ 모두 무사하고 즐거운 귀성길 되세요~^^

　추신: 작은 기원 담아 드립니다.^^ 귀성길, 성묘길은 우리 회원님들 앞에서는 시원시원하게 뚫리고, 만드는 음식마다 차리는 손길마다 고운 손 수고했다 하는 진심어린 고마움 받으시고, 혹시라도 고스톱에 건강을 해칠 만큼 너무 열 올리지 마시고, 기왕 치시게 되면 죽어야 할 땐 꼭! 광 파시고, 살아서 칠 땐 싹쓸이하시는 즐거움 누리시길 기원합니다. ㅎㅎ 즐거운 추석명절 보내세요~!!

ㄴ **고운섬** 10.09.17. 뽀님도 명절 잘 보내시고 싹쓸이하셔서 추석 끝난 후 한참 동안 얼굴에 함박웃음만 있길 바랍니다. 노래하는 모습 가서 보고픈데 사정상 가보진 못하고 늘 동영상으로만 그리워하는, 시골 사는 팬입니다.^^

ㄴ **민들레37** 10.09.17. 뽀님이 정말 곳곳을 다 둘러 보셨네요. 글쓴 지 한참 되어 밑으로 밀린 것도 읽어 보시고 댓글을 달아주셨네요. 우리 뽀님은 참 자상하고 마음씨도 고우셔~~

ㄴ **육추리이장** 10.09.18. 뽀님! 미국에도 위문공연 오시면 안 되나요? 어린 시절의 추석이 그립습니다. 아~ 가고 싶다, 내 고향~~

ㄴ **달그림자** 10.09.20. 오랜만에 글 올리네요. 지민 님을 알고 지민 님 노래에 빠져 지낸지도 139일이 되었네요~! 좋은 음악들 늘 감사한 마음으로 잘 듣고 있습니다. 보이진 않아도 변함없이 뒤에서 열심히 응원하겠습니다. 항상 좋은 노래 많이 들려주시고 건강하시길 기원합니다. 즐거운 추석 명절, 풍성한 한가위 되시길요~! 저도 물 맑고 공기 좋은 저의 고향 강원도로 출발합니다. 앞으로 더 좋은 일들이 가득 하길 기원하며… 뽀님 파이팅~^^*

ㄴ ♪**뽀로꾸** 10.09.27. 그동안 열심히, 예쁘게 활동해주신 달그림자 님께 감사드립니다. 여기 저기 님의 흔적들을 보면서 참 고운 분이라 생각했어요.ㅎ 추석에 고향은 잘 다녀오셨겠죠? 그럼 앞으로도 자~알 부탁드립니다.ㅎㅎ

ㄴ **영원한조연** 10.09.22. 뽀님 노래만 잘 하시는 줄 알았는데 글 솜씨도 대단하시네요. 한가위 넉넉하게 보내세요.

눈을 감고 노래를 듣습니다
침향목 | 10.11.04.

　가수는 악기로 영혼을 부르는 연주자가 아니라 온 몸으로, 온 마음으로 영혼을 부르는 연주자가 아닐까요? 오랫동안 닦아 온 기교가 아닌, 오랫동안 가슴 앓이 한 영혼으로 말입니다. 그래서 우리는 눈을 감고 노래를 듣습니다, 그녀의 목소리를. 가슴으로 말입니다.
　　세상에는 수많은 가수가 있고, 그 가운데 자신의 가슴과 맞닿는 가수가 있습니다. 그때 그 사람은 그 가수의 팬이 되는 것이지요. 마치 첫눈에 사랑에 빠지는 것처럼 말입니다.
　　진정한 가수는 어느 한 사람이 원한다면 그 어떤 시련에도 끝까지 노래를 부르고자 노력합니다. 어쩌면 가수는 그 한 사람을 위해서 노래하는지도 모릅니다. 세상 모든 사람들이 온갖 비난과 비방을 해도 그 한 사람을 만족시키기 위해서 시련을 이겨내고 노래를 부릅니다. 바로 자기 자신을 위해서….

　ㄴ **샤론 11.09.22.** 침향목 님… 감동입니다… 그리고 공감입니다.^^*

2010년 한 해가 다 가고 있네요

♪ 뽀로꾸 | 10.12.27.

몸과 마음이 바쁜 연말이 드디어 끝나가네요. 연말의 절정인 크리스마스도 드디어 해치워버렸습니다. ㅋㅋ

오랜만에 좀 긴 글을 쓰려고 하니 어색하기도 하고 부끄럽기도 하네요. 왜 이렇게 팬카페에 자주 안 오나 궁금하셨죠? 음~ 우선 비공개 행사도 많았고요, 당연히 개인적인 일도 조금은 있었고요, 밀려만 가는 숙제를 생각하며 아휴~ 하다 보니 그렇게 되었어요. 몰래 눈팅만 하고 지나간 날들도 많았고요. ^^;

언제나 힘들고 지치는 12월이 가려고 하니, 이젠 또 스리슬쩍 잡아보고 싶은 마음이 듭니다. 한 해를 돌아볼 틈도 없이 어느새 시간이 다 지나버린 것만 같아 아쉽기만 해요.

올해는 저에게 있어 그동안의 라이브 가수로서의 시간과는 또 다른 특별한 시간들이었습니다. 많은 회원님들의 따듯한 격려와 배려로 인해 참 많은 것을 얻은 한 해였습니다. 특히 저로 하여금 오랜 침묵을 끝내고 강지민만의 앨범을 만들어야겠다는 의지와 결심을 다지게 해주신 여러분의 깊은 사랑에 감사드립니다. ^^

사랑받는다는 건 참 좋은 것 같아요. 이제 그 사랑받는 걸 당연시하기 보단, 사랑받는 데 걸맞은 사람이 되어야 하겠습니다. 회원님들도 사랑 일발장

전하시고 내년을 맞을 준비하시길…. 그리고 따듯하고 행복한 연말 보내세요. ㅎㅎ

ㄴ 너나들이 10.12.27. 시계 선물 받으셨죠? 앞으로 그 시계 보면서 우리 강사모와 함께 즐겁고 행복한 시간 더 많이 가지시면 되겠네요. 저도 이곳을 알게 되어 기쁘고 행복합니다. 건강하세요~~

ㄴ 안득헌 10.12.27. 참으로 오래 기다렸습니다! 올 한 해 강지민이란 가수 때문에 행복했습니다. 무더운 여름날 잔치모임도 나오시고 팬들과 가까이 하려는 모습~ 꾸밈없는 모습이 넘~ 좋습니다. 새해에도 건강하고 행복하시고, 옆에는 항시 뽀님을 사랑하는 팬들이 있다는 걸 잊지 말아주세요.^^

ㄴ 어머나 10.12.27. 12월이 되면 스리슬쩍 잡고 싶은 마음이 생기는 건 뽀님도 마찬가지이시군요.ㅎ 올 한 해도 감사드립니다. 내년에도 홧팅~하시고, 늘 건강이 최고입니다. 다복한 한 해 맞이하시길~

ㄴ 김정임 10.12.27. 올해 12월 마무리 잘 하시고, 새해에는 더욱더 좋은 일만 가득하세요. 그리고 늘 건강하세요~~

ㄴ 동천 10.12.28. 사랑 일발장전(으잉~ 뽀님이 여군 출신이신가?ㅋ) 슈~웅~ 과연 어느 흰님이 맞을까요?ㅎㅎ 새해에는 뽀님도 흰님들도 모두 좋은 일들로 가득하시길…

ㄴ 미미 10.12.28. 많이 기다렸습니다. 좀 더 가까이 하고 싶어서…. 뽀님으로 인해 생활에 활력소, 행복충전, 즐거움까지 함께 누릴 수 있는 한 해가 되었습니다. 고마움 전하구요, 비상하는 그날 기다립니다. 언제나 행복하소서~!

ㄴ jmgoodluck 11.01.02. 지민 님, 하루하루 미친 듯(?) 자신을 토해내고, 한 해 마지막 날엔 이러지 말아야지 하면서도 또 되풀이되는 열정, 그게 젊음이고 지민 님의 강점입니다. 올해 얼마나 많은 사람을 행복하게 해주셨는지 감사할 따름입니다.

ㄴ **별빛마을** 11.01.08. 지난해 우연히 카페를 알고 뽀님의 노래에 중독되고 말았네요! 눈빛에서 느껴지는 열정과 뭔가 모를 내 누이 같은 포근함까지… 올 한 해도 절 행복하게 해주는 그 노래에 여전히 중독된 채 하루하루 열심히 살 것이고요~! 늘 건강하세요~~

우황청심원과 함께 첫 생방송을 마치고

♪ 뽀로꾸 | 11.04.22.

우선 우황청심원 준비해주신 회원님께 감사드립니다.^^ 아마도 안 먹었으면 심장이 터져버렸을지 몰라요. 집에 오는 내내 무슨 정신으로 왔는지 생각도 안 났는데, 약 4시간이 지나고 나니 마음이 좀 가라앉았네요. 수명이 3년은 단축된 듯한 기분이에요. ㅋㅋ

첫 TV(YTN) 출연. 그것도 생방송으로…. 인터뷰와 노래를 병행하면서도 틀려도 되돌릴 수 없는 생방송이라 엄청난 부담감에 정신이 아득하고 눈은 뜨고 있지만 보이지 않고…. 시작 10분 전까지 아무렇지 않았는데, 갑자기 시작되는 심장의 요동… 두근두근~ 콩닥콩닥~ 쿵쾅쿵쾅~ 우당탕쿵쾅~~ 입이 왜 이렇게 마르는지… 너무 떨려서, 빨리 노래만 하자 노래만… 노래만 하면 가라앉을 거야라고….

후우~ 'Evergreen'에게 감사해요.^^ 방송에는 완전 생초짜인데도 믿고서 초대해주신 YTN 관계자 여러분에게도 넘 감사하고요, 그리고 응원해주신 팬님들께 감사드려요~~ 저보다 더 열심히 떨어주시고 지켜봐주신 팬님들~ 사랑해요~~ 오늘 정신줄 놓아버린 '지미니' 였습니다. ㅎㅎ

ㄴ 리즈 11.04.22. 정신줄 놓으셨다는 걸 믿을 수 없을 만큼 잘 해내셨어요! 역시 뽀님은 그릇이 달라요~! 자랑스러운 마음과 기대감이 나날이 커져만 갑니다~~♡

ㄴ **입장곤란** 11.04.22. 오늘 방송 보니깐 방송 오래 해보신 분처럼~ㅎ 또 하셔도 될 듯~ 자주 하셔야 하는데 말입니다. 생방인데도 그렇게 여유 있게 하시는 것 보니깐 아마도 조만간에 다른 방송사에서 급초빙 들어올 듯~ 뽀님 파이팅 하세요. 오늘 조퇴해서 방송 본 보람이 있네요.ㅎㅎ

ㄴ **초원의집2** 11.04.23. 살짝 웃는 모습이 아름다워요~ TV를 보는 내내 마음 뭉클~ 참 잘했어요! 카나리아 새처럼 말솜씨 감동~ 밝은 주홍빛 와이셔츠~ 캐스팅 준비 하셔야죠. 이제 시작입니다.

ㄴ **자기야** 11.04.24. 삶의 고단함에 찌들려 노래에 별로 관심조차 갖지 못했던, 40대 중반을 갓 넘긴 남성입니다. 어제 새벽 노래가 듣고 싶어 인터넷 검색창에 '홀로 가는 길'을 검색하던 중 강지민 님의 동영상이 있어서 무심코 클릭… 클릭과 동시에 나의 젊은 날(지금도 젊다고 생각하지만ㅋ)을 보았습니다. 청바지에 모자 눌러쓰고 안경 쓰고 통기타를 치면서 노래하는 모습과 아름다운 미소는 나를 10대 후반으로 돌려놓고 나의 마음을 울렸습니다. 강지민 님 좋은 노래 늘 감사합니다.

  ㄴ **♪뽀로꾸** 11.05.01. 반갑습니다, 자기야 님~^^ 이미 여기저기 남기신 흔적 보고 더 반갑게 맞아드립니다. 고맙습니다.ㅎㅎ

ㄴ **겨울태양** 11.04.26. 회원 8,000명 때 음반 준비하셨어야 했습니다. 한 곡쯤은 내 노래로… 아주 아쉬웠습니다. 개인적으로 오랫동안 기다려 놓고 가슴 조여 TV도 제대로 못 봤습니다. 그러나 참 이뻤습니다. 2집 준비와 함께 MC, 연기연습도 틈틈이 장난 삼아(?) 해두셔용~!ㅎㅎ

눈물의 미역국
♪ 뽀로꾸 | 11.05.06.

축하해주신 회원 여러분~ 모두 정말 정말 고맙습니다. 감동의 생일선물을 받았네요. 정말 잊지 못할 생일이었어요. 아직도 회원님들께 무언가를 받는다는 게 어색하고 부끄럽기만 한데… 이젠 그 마음도 받을 줄 알아야 한다는 걸 알게 되었어요. 그리고 생각지도 못한 선물들을 받아버려서…ㅜ.ㅜ

제가 생각하는 저의 생일이란 부담스러운 것투성이였어요. 회원님들께서 생일날 축하하러 오고 싶어도 생일이기 때문에 빈손으로 올 수는 없고… 그런 것들이 얼마나 부담스럽고 고민스러우실까? 항상 그런 마음이었기 때문에 작년에는 팬카페에서 생일이야기 나오는 것조차 막아달라고 조르곤 했죠.

사실 작년 생일날엔 분당 라이브카페 사장님께서 출장뷔페까지 예약해주셨는데, 제가 아무에게도 말씀드리지 않아서 음식을 거의 다 버리기까지^^;; 이후에 그 사실을 알고 나서 오히려 저에게 미안해하던 회원님들…. 또 뷔페까지 차려주셨는데 자랑 한마디 안 했으니 사장님도 얼마나 서운하셨을까?

팬카페 주인공으로서 그저 거절하고 겸손하기만 해서는 안 된다는 걸 배우게 되었습니다. 가끔은 받을 줄도 알고 자랑도 해야 주시는 회원님들도 기쁘고 행복하다는 걸 알게 되었습니다.

특히~ 임서방 님, 나무와흙 님, 별구늪 님, 수길 님, 박운기 님, 달삼 님, 붕붕차 님, 안득헌 님, 너나들이 님, 은교 님, 허스키 님, 청개구락지 님, 썰미 님, 대니 님, 공심채 님, 풍전 님, 장닭 님, 초원의집2 님, 홍은애 님, 삼공주아빠 님, 관솔 님, 오락부장 님, 재혁 님, 강바라기 님, baoro 님, 준구 님, 진수김 님, 어머나 님, 람보 님, 걍삿갓 님, 미미 님께 더 많은 감사를 드립니다.^^

덧붙이자면… 평일이라는 시간에도 불구하고 마다 않고 참여해주신 회원님들, 눈물 쏟아지게 만들었던 산본에서의 또 다른 깜짝 파티까지 함께해주신 회원님들, 잊지 않고 멋진 썬글라스를 선물해주신 동급최강 님과 새로 산 기타에 달라고 스트랩을 선물해주신 미미 님, 멋진 자체제작 조각품을 선물해주신 박운기 님, 선물 외에도 멋진 3단 케이크를 준비해주신 초원의집2 님, 대형 맞춤케이크와 꽃다발 준비해주신 붕붕차 님, 하루 종일 집에서 음식을 장만해 음식보따리 가득 들고 미역국 먹게 해주신 은교 님, 이 비밀파티의 주동자이셨던 달삼 님과 어머나 님, 모든 분들께 다시 한번 감사드려요.

회원님들께서 처음으로 대대적으로 선물해주셨던 시계를 기억하시죠? 크리스마스 선물로 받고선 그 이후 단 하루도 다른 시계를 찬 적이 없어요. 이번엔 평생 처음 갖게 된 명품가방이라 아까워서 가방을 모시고 다닙니다.^^ 잘 쓰겠습니다. 정말 고맙습니다. ㅎㅎ

┗ jmgoodluck 11.05.07. 생일, 축복받은 날 아닙니까? 마음껏 행복해 하셔야 해요. 선물, 축복의 선물 아닙니까? 마음껏 자랑하고 다니셔야 해요. 가방이 나에게 서비스하는 거지 내가 그 물건을 모셔두고 서비스하는 것 아니거든요. Jimin~ Good Luck!

┗ 첫느낌 11.05.10. 뽀님은 참 마음이 따뜻하고 배려심이 누구보다 넓고 깊어 보이십니다. 그리고 강사모님들 한분 한분의 따뜻한 마음도 팍팍 전해져 옵니다. 며칠 안 되지만 여기서 힘도 얻고 많이 배워 갑니다. 모든 분들이 뽀님과 더불어 행복하고 건강했으면 합니다.

┗ **관솔 11.05.10.** "손잡고 가보자 저 광야로 우리들 모여서 말~해보자 새 희망을 ~" 님~ 어설픈 표현이지만 삶이란 것은 장거리 경주 아닐까요? 내내 좋은 날 되입시다~~

┗ **겨울태양 11.05.13.** 회원님들의 사랑 느끼셨다면, 정말 명품 음반 준비하셔야 해요~ 그것만이 회원님들의 사랑에 보답하는 길이랍니다. 부담 천만 배….ㅋㅋ

최고의 생일선물~ 회원 1만 명 돌파!

별구늪 | 11.05.09.

며칠 안에 회원 1만 명을 돌파하게 될 것 같습니다. 뽀님~! 바쁘시더라도 1만 번째 회원님을 반드시 축하해주세요~! 그날 멋진 축하 메시지 부탁드립니다. ㅎㅎ

ㄴ ♪**뽀로꾸** 11.05.09. 믿어지지가 않네요. 여러 사연들도 떠오르고요. ㅎㅎ 숫자도 숫자지만 지금 이 따뜻한 곳이 참 좋아요~~

ㄴ **자유123** 11.05.10. 드디어 회원 1만 명을 넘었네요!! 먼저 축하드려요. 뽀님~~ 한말씀 하셔야 하지 않나요?

　ㄴ ♪**뽀로꾸** 11.05.16. 하고 싶은 말은 보고서로 써야 될 정도로 많아요. ㅎ 하지만 간단히 말해야겠죠? 정말 뿌듯하고 가슴 벅차지만 부담스럽기도 하네요. 더 잘해야겠어요. ㅎㅎ

ㄴ **살라망드르** 11.05.12. 회원수 1만 명!! 대단하세요. 모두 뽀님의 노력과 열정, 그리고 복인 듯하네요. 항상 밝은 웃음이 가득한 뽀님~ 그 웃음 언제나 계속되길 바라고요, 좋은 노래 계속 부탁드립니다. 홧팅~^^

　ㄴ ♪**뽀로꾸** 11.05.16. 고맙습니다. 살라망드르 님^^ 숫자가 중요한 것은 아니지만, 숫자의 의미는 분명 중요하네요. ㅎ 오래도록 응원해주세요~~

정모~ 오랜만에 사람 사는 세상을 보다
동우 | 11.06.12.

강사모 3주년 정기모임… 갈수록 메말라가는 세상에 오랜만에 사람 사는 세상을 본 것 같습니다. 처음 보는 좀 낯선 닉네임만 보고 반갑게 인사하며 정감 나누는 모습들, 일일이 찾아다니면서 인사하고 기념촬영 모델이 되어주신 뽀님, 참 보기 좋은 모습들을 보니, 음악을 하던 옛 생각이 나서 마음이 찡~~ 선배의 음악무대, 음향 봐주고 충주에 오니 아침이네요. 일일이 인사 마무리 못하고 살짝 퇴장했는데… 죄송하고요. 수고들 많으셨고요, 휴일 편안히 쉬시길~~

ㄴ ♪뽀로꾸 11.06.13. 뭐라 말씀드릴 수 없을 만큼 감사합니다.^^ 덕분에 잔치도 이런 성대한 잔치가 없었습니다. 마을잔치를 푸짐하게 한 듯이 자리가 빛났습니다. 너무나 뜬금없는 동우 님의 제안에 다들 많이 놀라고 걱정도 했는데, 이렇게 진수성찬 차려주셔서 정말 좋았습니다.^^ 제가 카페에 들어섰을 때 제일 먼저 소식과 감동을 전해들은 게 동우 님 얘기였어요. 도와주셔서 정말 고맙습니다.ㅎㅎ

ㄴ 리즈 11.06.13. 처음 뵈었지만, 동우 님의 따뜻한 미소와 맛깔스런 음식들에 반해 버렸습니다. 다들 음식 차리시느라 분주하신데, 저만 혼자 집어먹느라 젤루 분주했어요.ㅎㅎ 감사합니다~!^^

3주년 정모 당일, 이렇게 준비했습니다
리즈 | 11.06.13.

정모(2011.6.11) 시간은 저녁 7시였지만, 5시가 되기도 전부터 한분 두분 오시더니, 그리고 미리 오시겠다던 말씀 한마디 없으셨던 분들이 한분 두분 오시더니 알아서 척~척~! 정모를 준비해주셨습니다.

'나 일하고 있어요~!'라는 내색 한번 비추지 않으시고, 웃으시면서 인사하시면서 즐거운 정모 준비시간 만들어주셨네요. 제3회 강지민팬클럽 정기모임은 사실상 5시부터 시작했다고 봐야겠네요. ㅎㅎ

운영진의 한 사람으로서 소중하고 고마우신 분들~ 사랑합니다~~♡

ㄴ **뚜벅뚜벅** 11.06.13. 강사모의 움직임이 행복입니다. 수고가 아니라 마음이고 정성이지요. 그냥 행복해집니다. 감사를 전하시는 마음이나 받아주시는 마음이나~^^

ㄴ **늘~처음처럼** 11.06.13. 회원님들 고생 많이 하셨구만요. 산뜻해진 무대, 음식도 진수성찬… 쩝~ 소중하고 행복한 순간 함께 하지 못해 아쉽습니다. 4주년에는 함께 할 수 있지 않을까요? 노력하렵니다.

ㄴ **♪뽀로꾸** 11.06.13. 아무래도 저는 정모 자체보다는 준비 쪽에 더 걱정과 마음이 갈 수밖에 없는 것 같아요. 되도록이면 '간소하게, 간략하게'라는 말을 할 수밖에 없었던 것은… 기대만큼 엄청난 정모는 할 수가 없으니까요. 그런데 의외로 이번 정모는 우리 회원님들 티 한 번 내지 않고, 미리 온다간다 말도 없이, 때가 되자 마치 약속

이나 한 듯이 일찍 모여 솔선수범 도와주셔서 굉장히 편하고 행복했던 최고의 정모였습니다.ㅎㅎ 일찍 와서 도와주신 분들이 엄청 오래된 회원님들이라고들 쉽게 생각할 수 있지만, 거의 대부분 정모가 처음인 분들이었죠? 정말 고맙습니다.ㅎㅎ

└ **위영찬 11.06.13.** 어제 정모 준비하시느라 수고하신, 그리고 멀리서 찾아주신 강사모를 아끼고 사랑하시는 회원님들께 감사의 마음을 전합니다. 정모 진행에 누가 될까봐 많은 분들과 인사는 나누지 못했지만 훈훈한 분위기와 합창소리에 한마음을 느끼며~~ 뽀님 모습이 선명하게 새겨진 머그잔 오래오래~ 간직할게요~!

└ **♪뽀로꾸 11.06.13.** 저도 많이는 이야기를 못해서 죄송했지만 한 가지는 분명히 기억나요~! 위영찬 님 얼굴 보고 닉네임 보고 계속 헷갈려하기도 하고…. 하지만 가입하신 지 몇 개월된 것은 기억했어요. 고맙습니다.ㅎㅎ

└ **나무와흙 11.06.14.** 울산에서 무박2일 일정으로 다녀온 3주년 정모~ 그곳의 모든 것이 나에겐 행복이었습니다. 먼 거리였지만 즐거움을 안고 다녀왔네요. 반겨주시고 수고하신 모든 님들~ 감사했습니다. 한분 한분 손잡고 인사드리지 못해 죄송하구요, 다음엔 더 큰 반가움으로 뵙겠습니다.

└ **오배이션 11.06.15.** 3주년 정기모임에 처음과 똑같은 설레는 마음으로 참석하였습니다. 항상 즐겁게 맞아주시는 울 형님들과 이쁜 누님들~ 정말 감사합니다.ㅎㅎ 다음부터는 휴가 내어 맘 편히 정모에 갈까 합니다. 암튼 정말 재미있었고 좋았습니다. 특히 이번 정모에는 뽀님 바로 옆에 자리를 잡아서 너무 좋았답니다.ㅎㅎ 노래도 잘하시고 기타도 잘 치시고…. 정모 후 부대로 돌아와 다음날부터 훈련하느라 이제야 글을 올립니다. 내년 정모에도 꼭 가도록 할게요. 이것으로 막내 후기를 마치도록 하겠습니다.

'다음(Daum) 공식 팬카페 응원하기'에 대하여
뭉게구름 | 11.07.27.

다음 공식 팬카페 응원순위는 뽀님의 인지도를 높이는 데 중요한 역할을 할 수 있습니다. 다음에서는 매일 오전에 전일 회원방문 수와 신입회원 가입 수, 새 글 수, 응원하기 버튼을 누른 횟수를 합산하여 순위를 정해서 올립니다.

이 점수는 다음 공식 팬카페로 남을 것인지 탈락될 것인지를 가늠할 수 있는 중요한 점수입니다. 또한 다음 측은 응원순위에 따라 일정 금액을 팬카페에 적립해주고 팬카페는 이 돈을 다시 사회에 기부하는 내용의 이벤트이기도 합니다. 다음에서 이러한 행사를 하는 이유는 회원들의 참여를 유도해 카페를 보다 더 활성화시키기 위함입니다. 그러므로 순위를 정하는 점수산정 방법에 문제점이 있다 하더라도 그것은 크게 중요한 사안이 아니라고 판단할 수 있습니다.

어제 회원님들의 열정으로 우리 카페의 회원방문 수가 크게 늘었습니다. 이것이 무슨 의미가 있겠냐고 생각하는 분도 계실 테지만, 이는 분명 자랑스러운 일입니다. 강사모가 상위권에 진입하면 그만큼 뽀님의 인지도를 높일 수 있으며, 사회공헌에도 참여할 수 있게 됩니다.

그럼 우리 카페에서는 어떻게 해야 할까요? 놓쳐서는 안 될 기회겠지요? 열심히 응원에 참여합시다~! 응원하는 방법은 다음과 같습니다.

① 카페에 들어오시면 하루 한 번은 꼭 메뉴 위에 위치한 응원위젯의 응원

하기 버튼 누르기(이것은 상징적인 의미가 매우 큽니다. 꼭 눌러주세요.^^) ② 글 많이 올리기 ③ 댓글 많이 쓰기 ④ 방문 많이 하기. 특히 타 카페의 운영자이신 회원님들과 개인 블로그를 가지고 계신 회원님들은 응원위젯 퍼가기를 이용하여 카페나 블로그에 달아 놓으시면 뽀님을 알리고 응원점수를 높이는데 많은 도움이 되리라 생각됩니다.

응원 많이 해주세요. 뽀님! 강사모! 파이팅~!!! ^^

ㄴ **리즈** 11.07.27. 막상 순위가 올라가니, 생각보다 훨씬 신나더라고요. ㅎㅎ 뽀님도 알리고, 팬님들도 저처럼 신나고, 또 사회에 보탬도 될 수 있는 좋은 기회인 것 같습니다. 이런 기회 자체가 아무에게나 주어지지 않는다는 것도 정말 자랑스럽습니다!!^^

ㄴ **너나들이** 11.07.27. 다른 건 모르겠고… 카페 주인공 알리는 것과 카페 이름으로 사회에 기부하는 것이라면 응원전을 부정적으로 볼 수는 없는 것… 그래서 난 하던 대로 그렇게 열심히 응원하며 놀래요. ㅎㅎ

ㄴ **jmgoodluck** 11.07.28. 자신이 좋아하는 사람의 성공을 위해 두 손 놓고 마냥 기다리기 보다는 적절한 기회의 순간, 즉 카이로스(Kairos: 결정적인 찰나의 시각, 즉 놓치면 다시 붙잡을 수 없는 기회의 시간)를 이용할 수 있어야 하지 않나 싶습니다. 지민 님이 팬들의 득달같은 성화(?)에 큰 용기 내어 혼신을 담아내는 음반작업에 돌입하신 것도 어쩌면 카이로스라 함이? 다음 카페의 응원, 회원님들이 우리 님을 위해 할 수 있는 오늘의 카이로스입니다. 변덕스런 날씨에 무탈하시길….

응원전 4위~ 응원해주셔서 고맙습니다
♪ 뽀로꾸 | 11.07.27.

안녕하세요~ 회원님들~! 저는 아주 잘 지내고 있습니다.^^ 시간이 평소보다 몇 배로 빨리 지나가 버리는 듯해서 더 열심히 살고 있습니다.^^ '좋은 음반, 명품 음반을 만들어야 하는데…' 라는 부담감을 떨치고, 최선을 다해 저의 노래를 담는 작업을 하고 있습니다. 음반 얘기는 여기까지 하구요.^^;;;

며칠 전 응원위젯이란 것이 카페에 생겼지요? 64위로 시작했고, 그곳에 어깨를 나란히 한 저는 참 고맙고 기뻤습니다. 다음날부터 등수가 조금씩 떨어졌지만 응원위젯을 달 수 있는 다음 공식 팬카페라는 것 하나만으로도 어깨가 들썩여지는 일이라고 생각했어요. 그런데 그 후부터 방문수가 평소보다 몇 배로 늘어난 것을 보면서 처음에는 부끄럽기도 하고, 좀 아닌데 싶기도 했었죠.

하지만 생각해 보았습니다. 많은 사람들이 함께 박수를 치는데, 남들보다 박수를 크게 친다고 흠이 되는 건 아니라고요. 누구 한 명이 열심히 박수를 치면 그 주변까지도 더 열심히 치게 되고, 그러다 보면 분위기는 더 뜨거워지고, 더 즐거워진다는 생각이 들더군요. 아~ 이게 바로 팬심이란 거구나~!

과장하고 포장하는 것을 늘 부끄러워하는 저는 또 다시 느끼고 결심했습니다. 그래 참… 받을 줄도 알아야 한다고 했었지…. 팬들은 내가 그냥 이쁘고 좋기도 하지만, 내가 잘되는 게 정말 보고 싶으신 것이고, 내가 잘되는 거라면 힘들여 애쓰는 것도 기쁘게 여기시는구나~! 그래도 제 마음속엔 여전히 '근데~ 손가락이 많이 아프실 텐데… 그냥 대충하셔도 되는데…'

오늘 응원순위 4위라는 소식이 날아들었습니다. 소식을 전해 듣는 순간 부끄러움은 온데간데없이 사라지고, 기쁘고 고맙기만 했습니다. 참~ 느끼기 어려운 독특한 감정이에요.^^;; 수많은 아이돌 스타들의 어린 열성팬들을 다~ 제치고 강사모가, 나이드신 우리 회원님들이 이 엄청난 일을 해냈다는 게 믿을 수가 없었습니다.

카페에 접속해서 방문수를 확인하고는 그 어이없는(?) 숫자에 눈물이 살짝 나네요.ㅜ.ㅜ 더 하라고, 또는 덜 하라고 말씀드리지는 않겠습니다. 하지만 그 어떤 결과든… 오늘의 이 마음 하나만으로 저는 충분히 행복하고 즐겁고 감동받았어요. 사랑합니다~~ 회원님들… 진정한 팬님들~!ㅎㅎ

　　└ **하늘공원 11.07.27.** 손가락에 쥐가 나려고 해요.^^ 아저씨 아줌마들 대단하지요?^^ 건강하시길~~

　　└ **★콩지 11.07.27.** 덥고 지치는 날씨지만 기쁜 소식입니다. 그래요~ 받을 줄도 알아야 해요. 마음껏 기뻐하세요. 파이팅입니다~^^

　　└ **붕붕차 11.08.01.** 뽀님 응원하는 데 집중하다 보니 이제야 봤네요.ㅋㅋ 뽀님~! 응원은 쭉~ 할랑께요! 건강 잘 챙기시고 활짝 웃는 모습으로 보고 싶습니다~~

　　└ **♪뽀로꾸 11.08.25.** 저도 부끄러움을 무릅쓰고 가수 강지민을 응원하기 위해(?) 직접 방문 수 올리기에 참여해보니 올라가는 숫자가 엄청나네요.ㅋ 창에 계신 회원님들~ 정말 열심히 응원해 주시네요. 내일은 왠지 (더 좋은 색깔의 메달을 걸 것 같은) 좋은 예감이… 고맙습니다. 사랑합니다. ♡♥~

　　└ **포세이돈(희주) 11.08.26.** 와우~ 결국 2위~! 누군 직업병이 있다더니 난 카페병에 걸렸나 봐요. 눈이 다 얼얼하고 손목도 시큰거리고…ㅋㅋ 안 되겠다, 병 고치러

뽀님 뵈러 가야지. 뽀님 뵈면 눈이 정화될 것이고, 노래 들으면 마음이 따뜻해질 것이고, 맥주 한잔 들이켜면 손이 시원할 것이니….

┗ **연화그랑 11.09.02.** 꿈은 이루어진다~! 이것이 꿈인가 생시인가? 1등만 기억하는 세상에서 드디어 우리도 응원전 1위를 해버렸어요!! 이젠 세상이 아름답게 보이려 하네요.^^ 음반녹음 하느라 고생하시는 우리 뽀님이 이 소식을 전해 들으면 (눈물 글썽이며) 이럴 것 같아요. "미쳤어~ 미쳤어~~ 우리 회원님들 미쳤어~^^" 말씀은 그렇게 하실지 몰라도 아마 힘이 절로 나실 듯~ 우리 회원님들의 소중한 추석 선물이 될 것 같아 기분이 좋아집니다. 우리 강사모의 저력이 실로 대단하다고 봅니다. 우리 뽀님 파이팅!!! 강사모 회원님들 파이팅!!!

┗ **박운기 11.09.02.** 울어야 할지, 웃어야 할지… '후다닭'은 좋은 일 났네. 엊저녁 술김에 1등하면 닭 다 사준다고 큰소리 탕탕 치고 왔는디….

┗ **카르페디엠 11.09.02.** '진인사대천명'이라는 말이 생각나는군요. 하늘이 이제야 우리 회원님들 마음을 알아주었네요. 응원에 참여하신 모든 회원님들께 감사의 말씀 드립니다.

┗ ♪**뽀로꾸 11.09.03.** 어제 금메달 소식 듣고 달려오고 싶었지만 (음반녹음 작업 때문에) 그럴 수가 없었네요. 멋지고 즐거운 글로 감사의 표현을 하고 싶지만, 왜 이렇게 안 써질까요? 마음 표현이 잘 안 돼요.ㅠㅠ 오늘은 예전 동영상들도 보며 아무것도 아닌, 라이브 가수일 뿐인 저를 이렇게 응원해 주시고, 스타로 대접해 주시고, 게다가 한참 아랫사람을 이토록 존칭을 써가며 사랑해 주시는 회원님들의 마음을 느껴봅니다. 무엇이 이렇게 만든 것일까? 과연 내가 이런 과분한 사랑을 받아도 되는 걸까? 사실… 제 동영상을 아무리 봐도 이유는 잘 모르겠어요…. 모자란 모습까지도 아껴주시는 회원 여러분~ 고맙습니다. 그리고 정말 사랑합니다. ♡♥~

뽀님은 우리 모두에게 고귀한 선물입니다

강두석 | 11.08.10.

　뽀님을 향한 회원님들의 따뜻한 마음을 보면서 뽀님이 우리에게 얼마나 소중한 사람인가를 확인하곤 합니다.

　음악을 즐기고 사랑하는 아름다운 마음들이 모여서 서로에게 기쁨을 나누어주는 모습…. 이는 보는 이로 하여금 깊은 감명을 갖게 하며, 자신도 모르게 이곳 분들을 오랫동안 알고 지내온 듯 착각하게 할 만큼 흐뭇함을 전해줍니다.

　이 아름다운 공간~ 누구든지 편히 와서 고단하고 지친 삶의 무게들 다 내려놓고, 우리 지민 님 음악세계를 함께 공유하며 휴식을 얻을 수 있는 안식처가 되기를 소망해 봅니다. 뽀님을 사랑하는 우리 회원님들이 있기에 당신은 정말 '행복한 사람' 입니다. 또한 뽀님은 우리 모두에게 '고귀한 선물' 입니다. 오늘도 파이팅~ 하시길.^^

　└ ♪**뽀로꾸** 11.08.14. 좋게만 봐주시고, 함께 즐겨주셔서 제가 더 영광입니다.ㅎㅎ 오래도록 즐거운 마음으로 들르세요~~

팬들의 격려와 사랑 속에서 2집 음반을 준비하다

수지도사 | 11.05.17. 나날이 회원 수가 늘어나고 여러 방송과 신문, 잡지에 오르는 뽀님의 소식에 기쁘기 그지없습니다. 그런 한편 뛰어난 실력과 다양한 매력에도 불구하고 뽀님만의 노래가 없음에 늘 아쉬웠습니다. 그래서 더욱 뽀님의 2집 앨범이 기다려집니다. 강사모는 희망봉의 정상을 향해 오르는 뽀님의 든든한 베이스캠프이자 언제라도 내편인 어머니입니다. 요즘 음반 준비로 노심초사 하실 텐데 힘내시길 바랍니다. 건강도 잘 챙기시구요…

ㄴ ♪**뽀로꾸** 11.05.22. 부담감과 걱정을 뒤로하기가 쉽지는 않지만요^^;; 열심히 하겠습니다. ㅎㅎ

관솔 | 11.05.20. 님! 안부를 묻기가 쫌~ 그렇네요. 이럴 때 용기가 님을 도울 수 있겠지요. 말씀은 그렇게 하시고 생각은 또 그렇게 많으신 건 아니신지… 지혜로운 이는 자신이 원하는 대로 살 순 없어도 스스로 할 수 있는 대로는 살 수 있다지요. 님의 의지는 어떤 이보다 강하니 맘을 가벼이 잡수시고 천천히 고개를 넘어가세요~! 강지민! 이젠 익숙해진 이름입니다. 힘~ 내시고 님의 미래 모습을 확신하면서 오늘을 이겨 보세요~~

ㄴ ♪**뽀로꾸** 11.05.22. 안부가 어때서요? 물어주시니 감사할 따름이지요. 관솔 님도 안녕하시죠? 사모님 눈은 괜찮아지셨고요? ㅎ 저는 언제나 오뚜기처럼 벌떡벌떡 일어

나요~~ㅎㅎ

　　ㄴ **관솔** 11.05.23. 고마우신 말씀입니다. 님의 미소가 느껴질 만큼요. 늘 그렇게 씩씩하게 잘 지내셔야 해요. 정모 때 뵐 수 있도록 애쓰겠습니다.

교외선 | 11.06.07. 언젠가 강지민 1집 앨범의 '간직해줘'라는 노래를 아픈 기억이라고 하셨던 글이 생각납니다. 이상하게 그 말이 계속 떠오르더군요. 우리들 누구나에겐 그렇게 남은 마음의 조각들이 있지요. 좋든 싫든 지워지지도 않고요. 그럼에도 불구하고 저는 뽀님의 많은 레퍼토리 중에서 그 노래가 가장 기억에 남습니다(혹시 그만 언급하기를 바라시지는 않을지 걱정됩니다만… 불구하고…ㅎ).

또한 요즘처럼 뽀님이 대세로 떠오르는 때에는 다시금 그 노래가 날개를 달고 날아오르게 되지 않을까 내심 기대하게 됩니다. 꼭 그리되길 바랍니다. 저도 그런 일들이 있겠지요. '간직해줘'가 훨훨 높이 날아오르고, 저의 일들도 뒤늦게나마 기지개를 켤 수 있으면 좋겠습니다. 오늘도 그런 마음으로 뽀님의 '간직해줘'를 듣습니다. 건강하십시오.

　　ㄴ ♪**뽀로꾸** 11.06.08. 새 음반이 나오면 '간직해줘'보다 더 사랑해주세요. 어린 난 후회가 깊은 곡보다는, 앞으로의 희망을 담은 곡에 더 애착이 가요.ㅎㅎ

　　　　ㄴ **교외선** 11.06.09. 옳으신 말씀입니다. 새 음반 기대하고 있습니다. 파이팅 하세요~!ㅎㅎ

찢어진우산 | 11.06.10. 뽀님! 안녕하시지요? 오늘도 반나절 이곳에서 보내고 있네요. 일도 해야 되는데… 음반 녹음했다는 글 보고 반갑더군요. 그렇게 한발 한발 내딛는 모습에 회원님들 모두가 환영하며 기대 또한 크리라 봅니다.

옛말에 고여 있는 물은 썩는다고 하잖아요? 한 자리에 고여 있을 생각일

랑은 가방에 넣어두시고 드넓은 망망대해를 향해 쉴 새 없이 흘러가는 물줄기가 될 수 있었으면 좋겠습니다. 그러기 위해서는 건강은 필수겠지요. 얼마 전 TV에서 박칼린 뮤지컬감독이 "노래하는 것은 중노동이라 잘 먹어야 한다"고 하더라고요.

　모쪼록 식사 잘 챙겨 드시고 너무 무리하지 마시고 이번에 음반 나오면 대박나길 바라며, 매일 매일이 행복에 겨운 뽀님 되길 항상 응원합니다. 언제 한번 자식, 며느리 데리고 라이브카페에 쳐들어가렵니다. 행운을 빕니다.

　┗ ♪뽀로꾸 11.06.16. 왠지 닉네임부터 맘이 짠한걸요. 곧 장마철인데 우산 찢어진 것 수선 좀 하시길 바랍니다.ㅎㅎ 열심히 하겠습니다~!

동우 | 11.07.03. 새벽녘부터 강하게 장맛비가 내리는 오후 시간입니다. 우산을 받쳐 들고 동네 자그마한 예배당에 목사님을 만나러 가는 길에 '블루문'이라는 절친한 형님이 운영하는 카페에서 잠시 글(저의 창작곡 '흐린 날에 쓰는 편지' 와 함께)을 올려 봅니다.

　앨범작업 하시느라고 쏟는 많은 신경… 참으로 어려운 작업이지요. 후회 없는 앨범을 위해서는 어쩔 수 없는 과정이구요. 그렇다고 회원님들 성원에 마음 급해 시간 정해 작업할 일도 아니고요. 1년이나 2년이 걸려도 지민 님이 담고 싶은 음악을 담아냈으면 좋겠습니다.

　요즘은 복고음악 등 여러 시험적인 것들도 많이들 하잖아요? 25년 전에 유재하 선배가 장조, 단조, 메이저 코드를 변화무쌍하게… 그 당시 남들이 생각지 못한 클래식을 접목시켜 불후의 명곡 '사랑했기 때문에'를 만들었잖아요. 우리 지민 님도 마음 편히 많은 생각들을 담아 좋은 음악이 나온다면, 여러 회원님들이 1년이고 10년이고 기다릴 거예요. 내공이 깊으니까 걱정은 안 합니다.

빗길 운전 조심 하시구요. 어제 가로수 받아 혼줄 났습니다.

   ㄴ ♪**뽀로꾸** 11.07.03. 후우~ 마음과 다르게 시간은 총알처럼 흘러만 가네요… 그럴 때마다 조급해지는 마음 잡느라 애쓰고 있습니다.ㅎㅎ

   ㄴ **은교** 11.07.04. 뽀님을 위해 많은 이들이 함께 기도해 준다면… 근디 가만히 있는 가로수는 왜 들이받으시고…ㅋ 가로수가 뭐래요? 늘 조심하셔요.^^

   ㄴ **동우** 11.07.05. 나는 멀쩡히 제대로 가는데 가로수가 나를 부르네요.ㅋ 사실은 산사태 피하다가…. 가로수가 생명의 은인이지요. 강으로 들어갈 뻔했어요.ㅎㅎ

양경모 | 11.09.02. 그 덥던 여름날, 아니 그 비만 오던 여름날도 이제 이번 주를 고비로 선선해 진다네요. 다행히도 잠깐이나마 강한 햇빛이 비쳐 나락이 여물게 되어서 다행입니다. 밀운필우(密雲必雨, 구름이 빽빽이 모이면 반드시 비가 온다)라는 말이 어떻게 보면 안 좋은 뜻인지는 모르나, 저는 뜻하는 바를 기다리고 기원하면 조만간 이뤄진다는 뜻으로 해석하고 싶네요.

힘든 하루하루를 보내지만 님의 흘러간 노래를 들으며 내 주위를 둘러봅니다. 밝게 웃는 모습을 닮고 싶고, 또 매사에 정성을 다하는 님의 모습을 배우고 싶습니다. 님도 뜻하신 바 꼭 이루시길 바랍니다. 항상 건승하세요. 처음이자 마지막으로… 일면식 없긴 하지만, 고마움을 전합니다. 감사!!!

   ㄴ ♪**뽀로꾸** 11.09.16. 처음인 것에는 감사드리고요, 마지막이란 말은 거두어 주시길. ㅎㅎ 저도 고맙습니다.

7월의 어느 날 받은 소중한 선물~♡♥
♪ 뽀로꾸 | 11.08.08.

녹음실 가는 날에 왜 이렇게 비가 쏟아지는지… 하루 빼곤 내내 비가 쏟아지네요. 오늘은 열심히 노래하다가 중간에 목이 쉬어버리는 바람에 일찍 끝내고 들어왔어요. 덕분에 내일은 푹 쉬어야겠네요.

 7월의 어느 날, 두 회원님이 찾아오셔서 주고가신 선물. 혼자만 간직하려 했지만, 요새 맘 아프신 회원님들에게도 효과가 있으리라 생각이 들어 살짝 나눠드립니다.^^ 편지 내용은 아래와 같습니다.

 뽀님! 안녕하세요~! (편지지가 오래됐죠?)
뜨거운 태양을 가린 장맛비에 마음이 차분해지는 것 같습니다. 기쁜 소식이 여기저기 들려오네요. 함께 기뻐하셨으면 좋겠습니다. 또한 축하드립니다. 늘 곁에 계시는 뭉게구름 님을 지켜드리지 못함을…. 뽀님께 웃음을 드릴 수 있는 것이 무엇이 있을까? 곰곰이 생각하다 오호라~ 이것이다 생각이 났습니다.
뽀님의 귀한 손에 상처가 나면, 상처 없이 낫는 '마데카솔' 과 '뽀로로밴드'를 붙이시고 호~ 하시면 됩니다. 바쁜 일정 너무 피곤해 입병이 나시면 '오라메디' 연고를 바르시고 푹 주무시고요. 나쁜 모기, 벌레가 울 뽀님을 아프게 해서 붓고 가려울 때 '써버쿨'을 발라주세요. ~시원하게 나으실 겁니다~ 운동하시다가 결리거나 아프실 때에는 '파스'를 붙여주세요. 빨리 안 아프게 해줄 거예요.^^*

관절을 무리하게 쓰셨을 때에는 탄력붕대로 고정하시고 쉬어주세요~~
혹~ 신경을 너무 많이 쓰셔서 머리가 아프시다면, 카페인 없는 '타이레놀'을 추천합니다. 지방공연 때문에 급하게 드셔서 속이 아니 좋으실 때에는 '큐자임' 소화제를, 속이 쓰리실 때에는 '라니몬'을 추천해 드립니다. 혹~ 세상의 돌부리에 걸려 넘어져 상처가 나면, 툭툭 털고 일어나셔서 소독용 '에탄올'로 소독하고 상처 없이 낫는 '마데카솔'과 살균거즈 & 붕대로 드레싱한 후 반창고를 붙이고 호~ 해 주시면 됩니다.
이렇게 하니까 약에 의존하시라고 하는 것 같죠? 아니에요~!! 뽀님은 스스로 잘 하시리라는 것을 알고 있어요. 그래서 더 서글퍼요. 짐을 혼자 지고 가야 하시잖아요. 대신 져 드릴 수도 없고… 조금만 나누어 주세요. 우리가 함께 해드릴게요. 함께 하면 용기가 납니다. 세상의 잘못된 것에 당당히 맞서서 절대로 굽히지 않으시기를… 이거 너무 거창하네요.^^*
매일 매일 건강 챙기세요. '레모나' ㅋㅋ 이 편지를 읽으시는 동안 잠시라도 웃으시라고 너스레 떨어보았습니다. 뽀님 사랑합니다~~♡♥
2011년 7월 9일 강사모 올림~

손 편지와 함께 주신 약상자에는 괜찮은 약들이 가득하답니다.^^ 오늘은 우리 회원님들 머리 아픈 데는 타이레놀을, 멍든 가슴에는 마데카솔을 처방해드리고 싶네요. ㅎㅎ (선물 열자마자 저보다 더 기뻐하는 우리 냥이 두 녀석들 서비스로 인증샷 올려요~! 챠챠와 슈슈~~ㅎㅎ)

ㄴ 카네기 11.08.08. 우아~! 머리 아플 땐 뽀레놀 또는 뽀뽀잘~ 놀랬을 땐 뽀심환~ 멍든 데는 뽀빠스~ 속 아플 땐 뽀포스~ 다친 데는 뽀카솔~ 종합영양음료 뽀카스~! 우리는 딴딴한 뽀로꾸 칭구~! 유사품 주의하세요~~ㅋ

└ **오락부장** 11.08.08. 첨 보는 약들도 참 많네요. 암튼 뽀님 생각하는 회원님 맘 헤아리시되… 저거 다 드시면 안 되는데?ㅋㅋ 저건 장식품이다 생각하시고 아프지 마시길… 챠챠와 슈슈가 사진 찍는 게 쑥스러운가 봐요. 둘 다 고개를 못 드네요. 뽀님께 선물해주신 회원님들 감사해요~~

└ **리즈** 11.08.08. 다정한 마음 전해주신 강사모 회원님, 그리고 그 마음 소중히 여겨 살포시 자랑(?)하시는 뽀님, 아름답네요~♡ 그래도 뽀카스가 최고인 것 같아요~

└ **미미** 11.08.08. 사랑과 정성이 가득한 귀한 선물도, 뽀님이 공개하신 그 깊은 맘도~ 흐뭇한 순간입니다. 울 강사모 파이팅~!

└ **포스돌이** 11.08.25. 정말 센스 있는 분이시군요. 아픈 곳이나 결린 곳은 여기에 있는 약으로 치유되거나 치료될 수는 있겠지만, 마음속 답답함은 뽀님의 노래가 저에게는 만병통치약입니다. 다치지 않게 조심하셔서 항상 밝고 건강한 노래 불러주세요. 고양이 너무 귀엽다.^^*

아름다운 선물 이야기
강삿갓 | 11.09.15.

2011년 9월 14일, 2집 앨범 작업을 마무리하고 뽀님의 복귀공연이 있던 날…. 전 두 개의 아름다운 선물을 보았습니다. 지난 한 달여간 회원님들이 정성들여 만든 8월의 사랑, 갖가지 사연과 염원과 기도가 담긴 작은 후원 예금통장, 통장 안의 이름들이 쌓았을 뽀님 향한 사랑. 뽀님의 눈물도 박수로 환호하는 회원님들도 정말 아름다웠습니다. 감사와 위로와 사랑으로 드리는 선물에 눈물로 답하신 뽀님! 우리 강사모가 앞으로도 잊지 말고 영원히 간직해야 할 감동이었습니다.

마음을 추스른 뽀님이 무대에 오르고 오랜만에 서신 무대가 약간은 어색한 듯 잠시 준비시간이 길어졌지만 곧 본격적인 공연이 시작되었습니다. 두 곡째인가 정신없이 뽀님의 노래에 빠져 있을 때 누군가 내 어깨를 두드리며 무대 위의 뽀님을 손으로 가리켰습니다. 열혈청년, 순수청년, 열정청년, 열정가득 님! 그를 돌아 봤을 때 그의 눈에서는 흥분과 감동의 빛이 쏟아졌습니다. 그의 손가락이 가리킨 곳은 뽀님의 얼굴이 아니라 무대 바닥이었습니다. "저기요. 삿갓 님! 저… 저… 저기요" 말까지 더듬었지만 순간 난 열정가득 님이 무엇을 말하려는지 곧바로 가슴으로 알아들었습니다. 덜컥 심장이 떨어지는 듯한 소리를 들으며 난 그의 머리를 두 손으로 감싸 쥐고 그의 이마에 입을 맞추었습니다. "축하해! 가득 님! 정말 축하해~"

이야기는 몇 달 전, 유난히도 햇살 뜨겁던 봄날로 돌아가야 합니다. 첫 월급을 타면 뽀님에게 선물을 하고 싶다고, 무엇이 좋겠냐고 전화로 물어보던 가득 님! "내복!ㅋㅋ" 짤막하게 대답해 놓고도 웃음을 참을 수 없었던 건, '뽀님과 내복' 함께 할 수 없는 두 단어 때문이었습니다.ㅋ 함께 좀 더 생각해 보기로 하고 전화를 끊었습니다.

뽀님의 공연이 막바지를 향하던 빗속의 7월 어느 날. 산본 공연 후 뽀님을 배웅하던 중 어둠 속에서도 제 눈길을 확 잡아끄는 것. 오래전 카페 사진 속에서 보았던 "새 신을 신고 뛰어보자 폴짝~!"의 그 운동화! 그러고 보니 뽀님은 무대에서 항상 단화 아니면, 이 노란끈이 달린 운동화를 신었던 게 기억났습니다. "뽀님! 이 운동화 오래 됐죠? 카페에서 오래전에 올라온 사진에도 신고 계시던데요."

"아~ 그 사진요? 오래 됐죠. 제일 아끼는 하나밖에 없는 운동화예요."
"발이 작으신가 봐요? 몇… 신으세요?" "아주 작은 건 아니에요. 240인가? 여자들 보통 그 정도 신지 않나요?"

다음날 아침 전 바로 가득 님과 통화를 하고 사이즈를 알려 주었습니다. 가득 님은 쾌재를 불렀고 꼭 예쁜 운동화로 고르겠노라 장담하며 메이커가 무엇인지까지 세심하게 물었습니다. 부담스럽지 않겠냐고 물었지만 뜬금없이 더 열심히 일하겠노라고만 대답했습니다. 며칠 후 가득 님이 전화를 걸어 왔습니다. 들뜬 목소리로 운동화를 샀다고 하더군요. 보라색의 예쁜, 정말 예쁜 운동화로, 매장 아가씨들에게 물어보고 골랐다고. 요즘 뜨는 디자인인데, 정말 예쁘다고. 뽀님 감곡 공연에서 드릴 거라고….

그러나 더 열심히 일하겠다던 가득 님은 어떤 선배에게 이용만 당한 채 사회에서의 첫 직장을 잃게 됩니다. 배신감과 상실감… 그 어두운 터널 속에서 가득 님이 아파할 때도 시간은 여지없이 흘러갔습니다. 많은 회원님들의 격정과 위로가 있었지만, 상처는 어쩔 수 없이 그만의 것이었을 겁니다.

"가득 님! 감곡 공연에 가자. 뽀님 뵈러… 가서 선물도 드리고…" 나는 가득 님에게 감곡 공연에 같이 가자고 하며 이런 말을 덧붙였습니다. "뽀님께 선물 드릴 땐 꼭 이렇게 말해야 돼. '제 첫 월급으로 뽀님 선물 하나 샀습니다.'"

감곡 공연이 끝나고 어두운 불빛 아래서 뽀님이 여러 회원님들과 작별인사들을 나누실 때 가득 님은 예의 그 수줍음으로 뽀님께 다가가 선물을 드렸습니다. 정말 그가 뽀님께 그렇게 말했는지, 뽀님은 뭐라 답하셨는지 전 모릅니다. 그때 전 먼발치에서 홀로 서 있었습니다.

그 보라색 운동화가 무대 위에서 뽀님의 발을 감싸고 있었습니다. 글썽이는 눈으로 운동화를 바라보는 가득 님이나 그 운동화를 신고 복귀무대에 오르신 뽀님이나 아픔보다 더 아픈, 슬픔보다 더 슬픈, 진한 감동… 아무도 몰랐던 또 하나의 눈물.

뽀님의 복귀공연 날, 선물을 받고 눈물을 흘리신 뽀님! 선물을 드리고 눈물 글썽이던 열정가득 님! 전 그날 진정으로 세상에서 제일 아름다운 선물 두 개를 보았고, 동시에 또한 가장 아름다운 두 가지 답례도 보았습니다. 눈물로 빛나던 사랑! 그 아름다운 선물 이야기….

ㄴ **썰미 11.09.15.** 저도 어제 뽀님 신은 보라색 운동화 보고 처음 보는 거라 하나 장만하신 줄 알았는데, 열가 님이 선물하신 거였군요. 열가 님 기분이 얼마나 좋았을까 상상이 가네요. 열가 님 최고~!!

ㄴ **이슬비 11.09.19.** 열가 님의 진실한 마음은 울 뽀님이 다 알고 있어요… 늘 밝고 착하고 순수한 총각, 이제 시작이니까 씩씩하게 살면 되고요~! 삿갓 님의 챙겨주시는 따뜻한 사랑에 감동 먹었습니다!! 좋은 인연으로 많이 사랑해 주이소~!!

받는 것은 주는 것보다 어렵나 봅니다
♪ 뽀로꾸 | 11.09.16.

안녕하세요, 회원님들~^^ 바쁘다는 핑계로 추석인사도 제대로 못 드리고 말았네요. 보시면 아시겠지만 저는 아주 잘(통통하게?) 지냈습니다.ㅎㅎ

(앨범준비 작업으로 인한) 두 달간의 공백 끝에 갖게 된 복귀식… 복귀하는 날 썰렁할까봐 걱정해주신 라이브카페 사장님의 걱정과는 다르게 와주신 회원님들 덕에 그 자리는 정말 따뜻하고 멋졌어요. 한분 한분과 인사하고, 정성껏 준비해주신 과일 선물도 받고, 그리고 공연에 앞서 만들어진 '강사모 사랑이야기'의 사랑전달식….

지금도 처음 팬카페를 통해 어머나 님의 후원모금 제안을 읽었을 때의 그 부담감과 충격과 감사함이 잠시 떠오릅니다. 대부분 서로의 얼굴도 모르는 온라인 카페에서 얼마나 부담스럽고 조심스러운 발언이었을까? 얼마나 많은 고심 끝에, 그 어떤 부담도 책임도 혼자 짊어지려 했던 마음, 하루하루 지나가면서 느꼈을 수많은 감정들~ 우선 그 모든 속앓이를 혼자 감내하시며 멋진 이벤트를 만들어주신 어머나 님께 정말 감사드려요. 좀 더 많은 표현으로 감사를 전하고 싶지만, 우리 회원님들 질투하실까봐 ㅋ 이쯤에서 마치고요~ ^^;;

그리고… 아무런 불평 없이, 단지 사랑하는 마음 하나로, 저에게 조금이나마 도움을 주고 싶다는 마음 하나로 사랑모음 후원에 동참해주신 회원님들께 진심으로 감사드립니다. 그리고 그 정성이 부족할까 염려되어 반칙을 일삼아 주신 무명의 회원님들께도 정말 감사드립니다. 사실… 아직 그 통장은 열어 보지 못하고 있어요. 회원님들 한분 한분의 닉네임을 읽을 때 오는 수많은 감정이 또 저를 울릴까 봐서요.

하여튼 그렇게 그날은 사랑전달식이 있을 것을 알고 있었기에, 그리고 평소에 제 자신이 굉장히 씩씩하다고 생각하며 살고 있고, 남들 앞에서 눈물 흘리는 일을 굉장히 부끄러워하는 저이기에… '이번에는 절대 안 울어야지, 다 알고 있으니까 안 울게 될 거야, 분명 그럴 거야'라고 생각했지만 받는 것은 주는 것보다 어렵나 봅니다.

정말 손이 부끄러워서 대충 휙~ 후다닥(?) 받고… 뭐라 감사인사라도 하라는 말에 극구 도망치고… 어릴 때의 저의 본래 모습이 튀어나오는 순간이었던 것 같아요. 그냥, 자꾸만 왠지 모를 눈물이 하나씩 비집고 나오고만 있었습니다.

회원 여러분은 아시나요? 사랑이라는 건… 주는 것보다 받는 게 더 어렵다는 것을요~ 저는 알아요. 정말 받는 건 어려운 것이라는 걸요. 하지만 당연하다는 듯 받아야 주는 사람도 행복하다는 것도 알아요. 그래서 당연한 듯이 그 사랑을 받아버렸습니다. 마음속에는 하고 싶은 말이 수도 없이 많아요. 역시 오늘도… 그 모든 감정을 글로 쓰지는 못하네요. 괜히 글로 인사한다고 해버렸어요.^^;; 사랑합니다. 그리고 정말 정말 감사합니다.

ㄴ **늘~처음처럼** 11.09.16. 진심이 묻어나고 솔직담백하시군요. 눈물이 나면 참지 마시고 마음껏 울어버리세요. 기쁨의 눈물은 달콤하대요. 힘내세요.

ㄴ **강두석** 11.09.16. 우리 이쁜 뽀님이 있어 행복합니다. 늘 그 해맑은 미소 잃지 말고 건강히 우리 곁에서 오래 오래 사랑을 노래해줘요. 삶에 지친 우리 모두에게 인생

은 살 만한 것임을 노래해줘요~!

ㄴ **어머나** 11.09.18. 강지민을 사랑하는 회원님들~ 한분 한분 멋진 분들이에요. 뽀님 통장 열어보셔도 아는 닉네임이 아마도 더 적을 겁니다. 그만큼 뽀님께서 회원님들을 사랑하는 마음 못지않게 회원님들도 뽀님 사랑하는 마음이 큼을 제가 대신 먼저 알아버렸습니다. 모두들 강지민을 만난 인연을 행복이고 행운이라 여길 겁니다. 늘 힘내시고 그 이쁜 미소 잃지 마세요. 회원님들 감사드리며 뽀님 사랑합니다.^^*

ㄴ **시문6** 11.10.03. 뽀님 글을 보고 서울신문 기자가 통기타 가수 강지민이 '주목받는 이유는 진정성 때문이다' 라고 했던 말이 생각났습니다. 이런 마음으로 노래를 부르시기 때문에 마음을 흔드나 봅니다. 글도 노래만큼 좋아요~~

열혈 강사모이신 아버지를 대신하여

목동 | 11.09.22.

안녕하세요~ 뽀님~! 저는 뽀님의 열혈팬이신 목동 님의 아들입니다. 제 아버님인 목동 님께서 시간 날 때마다 응원글을 쓰시더군요. 도대체 뽀님이 누구이기에 이렇게 극성팬이 되셨는지 궁금해서 물어봤더니 노래 아주 잘하신다면서 침을 튀겨가며 칭찬하시더라구요.

저도 음악에 관심이 많아서 대학시절 학교 가요제나 축제 때면 노래를 부르고 잠깐이지만 학교 밴드에서 보컬도 한지라, 노래 잘한다는 사람을 보면 얼마나 잘하는지 호기심부터 들어요. 그래서 아버님(목동)께 뽀님 노래를 들려달라고 부탁드려서 들어봤습니다. 역시 아버님께서 열혈팬이 되실 만한 분이셨어요~~ 제가 감히 뽀님의 노래를 평가할 자격은 없지만, 우왕~ 굿!!! 정말 깔끔하게 잘 부르시네요!! ^.^

저도 노래하는 게 좋아서 마음 맞는 사람들끼리 밴드 하고 싶었는데, 현실은 노래와는 먼 길을 걷고 있는 것 같아서 뽀님이 마냥 부럽습니다. 자신이 가고자 하는 길을 가는 사람이 얼마나 될까요? 뽀님이 가수의 길을 걸으시면서 얼마나 힘든 어려움을 겪으시는지 저는 상상조차 할 수 없고 알지도 못합니다. 하지만 뽀님께 항상 힘내시라는 응원은 해드릴게요~~

저는 가수의 길을 걷지 못해서 그런지 몰라도 뽀님이 너무 부러워요. ㅠㅠ 이 글 보실지 모르겠지만 항상 건강하시고, 성공하세요! 언젠가 뽀님 만나게

되면 '노래 대결'은 아니고 한 수 가르쳐 주십시오~~(굽신굽신~)

┗ ♪**뽀로꾸** 11.09.24. 반갑습니다~ 목동 님의 아드님~!ㅎㅎ 요새 열심히 활동하시는 목동 님을 보고 감사인사 드리고 싶었는데, 아드님이 이렇게 글을 써주셔서 여기에 인사드릴게요. 아버님께 꼭 감사인사 전해주세요. 그리고 앞으로도 오래도록 응원 부탁 드린다고 전해주세요, 멋진 아드님!ㅎㅎ

2집 음반 발표 기념회 축하 메시지들

오스카 | 11.02.01. 사무실에서 혼자 있을 때 기분전환을 위해 지민 님 노래를 들으며 마음을 다잡을 때가 많습니다. 정말 고맙습니다. 님에게 하고 싶은 제안이 하나 있는데… '강지민' 만의 음반을 내시면 어떨까요? 제대로 된 음향실에서 제대로 된 반주로… 지민 님의 실력 정도면 대박날 것 같은데요. ㅎㅎ

(위 글을 쓰고 8달이 지나) 뽀님~! 드디어~ 소원을 풀어주셨군요. 수고 많으셨고 축하드립니다.^^ 음반 발표기념회 날(10.9)은 체육대회가 있어 참석은 못하지만, 나름대로 앨범 홍보 많이 하겠습니다~!

ㄴ ♪**뽀로꾸 11.02.12.** 좋은 의견 감사합니다. 좋은 길 모색하고 잘 하도록 노력할게요.ㅎㅎ (그리고 8달이 지난 후…) 앨범 축하 말씀 감사드립니다. 그리고 체육대회에서 앨범 홍보를 위한 멋진 각개전투 부탁드려요~ㅎㅎ

박운기 | 11.09.18. 뽀님 2집 음반 축하선물로 목공에 작품 촛대 2개를 미리 만들어 놓고 기다리고 있습니다. 촛대 하나는 불길처럼 타오르라고, 또 하나는 초심 잃지 말고 지금처럼 강사모 회원님들의 등불이 되어달라고…. 저는 사정상 음반발표회에는 못 갑니다. 날짜가 정해지면 초랑 같이 촛대를 소포로 보내겠습니다. 꼭 그날 촛불을 밝혀 주세요!

ㄴ **울리미 11.09.19.** 운기 님 조각 솜씨는 익히 알고 있어요. 뽀님을 향한 정성이 등

뿍 담긴 목공 작품이 음반발표 기념회에서 더욱 빛을 발할 것 같네요.ㅎㅎ

새벽비 | 11.09.30. 지민 님! 수고하셨습니다. 잡음 없는, 깨끗하게 흘러나오는 지민 님의 목소리를 들으며 달릴 출퇴근길을 생각하니 벌써 가슴이 설렙니다. 비록 멀어서 축하 모임에 몸은 못 보내지만, 대신 뜨거운 가슴을 보냅니다. 다시 한 번 축하~!!
 ㄴ ♪뽀로꾸 11.10.05. 너무 잡음이 없어서 놀라실까 걱정스러운 걸요~^^;; 축하해 주셔서 고맙습니다.ㅎㅎ
  ㄴ 새벽비 11.10.05. 와우~! 이렇게 직접 댓글 달아주시니 영광스럽고 하루 스트레스가 한방에 싹 해소됩니다. 감사~! 그동안 라이브카페 공연 파일을 들었는데, 전주 나올 때 들리는 객석 소리 때문에 솔직히 기분이 좀 안 좋았거든요. 이제부턴 방해 받지 않고 집중해서 잘 듣겠습니다~!

복남이 | 11.10.02. 안녕하세요~! 부천에 살고 있는, 용접사 일을 하고 있는 37살 청년입니다. 직업 특성상 뜨거운 한여름에 얇은 옷 입지 못하고 두터운 작업복을 입고 용광로 같은 불 속에서 작업을 해야 하는 용접일에 힘들고 지치고 하다가, 정말 우연하게 강지민 씨 음악을 발견하고 난 다음부턴 매일매일 일이 끝나기만 기다리다가 강지민 씨 음악을 듣는 게 일과가 되어버렸네요. 조금 있으면 결혼할 베트남 신부와 함께 꼭 공연에 함께 하고 싶습니다. 벌써부터 기대됩니다.
 ㄴ 울리미 11.10.03. 복남이 님! 행복한 가정 꾸리게 됨을 진심으로 축하드립니다. 음반발표회에 두 분 손 꼭 잡고 함께했으면 좋겠습니다.ㅎㅎ

나~가거든 | 11.10.03. 새 음반을 계기로 힘차게 나아가시길 기원합니다. 강

한 듯 부드러운 듯, 바보인 듯 아닌 듯, 그러나 티끌만한 속임도 없이 살아온 세월…. **지민**! 아픔을 넉넉히 품에 안고 환한 미소로, 한 줌 재일지언정 작은 불씨 일구려는 뜨거움으로, 한 걸음 한 걸음 바르게 걸어온 지혜로움으로 가득한 사람…. **민**들레 닮아 이름 없는 들풀들과 어울려 피어나, 마침내 자그마한 예쁜 꽃망울 터뜨려 수천 수만 홀씨 거침없이 날려 보낸다~!

    ㄴ ♪**뽀로꾸** 11.10.05. 헉… 너무 과찬을 하신 게 아닌지요? 실제로 보면 안 그런 것 다 아시면서~^^;;

장군(이종백) | 11.10.05. 뽀님을 안 지는 얼마 되지 않지만 너무 좋습니다. 항상 멀리서 응원 많이 할게요. 비록 같은 자리에서 함께 하지는 못하지만 저 나름대로 홍보 무지 하고 있습니다. 시골친구들, 회사직원들 가입도 많이 시키고 있습니다. 앞으로 어떤 모습으로 변해도 전 항상 뽀님 노래 좋아할 것입니다. 직업상 야근도 많이 하는데 늦은 밤 시간에 노래를 들으면서 잠을 쫓기도 합니다. 건강하시고 웃는 모습 오래 볼 수 있도록 건강관리 잘 하십시오~! 진심으로 2집 발표 축하합니다.

    ㄴ ♪**뽀로꾸** 11.10.12. 장군(이종백) 님 감사합니다. 많은 응원 부탁드려요.

톨톨 | 11.10.10. 음반 발표기념회~! 팬이란 말이 무색할 만큼 모두가 강지민 님을 수문장 같이 든든하게 지키면서 강지민 님을 예우하는 모습이 돋보였습니다. 멋지게 정장을 갖춰 입은 남당당 님들의 모습과 단아하고 곱게 차려입은 여당당 님들의 모습, 똘똘 뭉친 분위기에 큰 감동을 느꼈고요. 저 역시 한 사람의 팬으로서 늘 뽀님을 응원하겠습니다. 홧~팅!!!

    ㄴ ♪**뽀로꾸** 11.10.12. 가족들과 함께 해주셔서 정말 감사합니다. ㅎㅎ

        ㄴ **톨톨** 11.10.13. 조금도 바래지 않은 통기타… 인상적이었습니다. 오로지 강지민

한 사람을 위해 빛을 발하는 팬들을 보고 감동이란 말 외엔 할 말이 없었습니다. 아름다운 사람들의 사랑을 받는 강지민 뽀님을 보니 마음이 참~ 찡했습니다. 앞으로도 좋은 음악활동 부탁드립니다.^^

제우스0 | 11.10.12. 고맙습니다. 좋아하는 가수가 있는데 그분의 CD를 간직하고 듣는다는 것에 너무 고맙습니다. 오늘 CD를 받는 순간 누구로부터인가 보석을 받는 듯한 기분에 너무 행복했답니다. 수고하셨습니다. 고맙습니다. 진심으로 2집 앨범 발매를 축하합니다~~

ㄴ ♪**뽀로꾸** 11.10.13. 항상 말없이 도와주시고 이렇게 짧으나마 마음 전해주시니 정말 기쁘고 흐뭇해요. 제우스0 님! 오늘은 덕분에 제가 행복합니다.ㅎㅎ

뽀님의 앨범 발표 기념회가 일주일 남았습니다
달삼 | 11.10.02.

어제는 카페의 쪽지함에 낯익은 어느 회원의 쪽지가 도착했답니다. 그 회원님은 오래전부터 우리 카페에서 자주 활동하던 회원이었는데, 올해 초부터 보이지 않아 무척이나 궁금하기도 하고 또 무슨 일이 있나 걱정도 했었습니다. 반가운 마음에 쪽지함을 열어보니…,

> 달삼 님! 정말 오랜만입니다. 잘 계시죠? 저, ○○○입니다. 뽀님도, 식구들도 모두 잘 계시죠? 먼저 인사도 못 드리고 집 나간 점 죄송합니다. 염치없지만 컴백은 아니고… 동참하고 싶어서요. ㅜㅜ 요즘 앨범 발매 축하 준비로 많이 바쁘시겠어요. 카페가 활성화되고 올해 좋은 일도 많이 있고 해서 저까지 무척 기분 좋네요. 강사모 홧~팅!! 참석은 못하지만 가벼운 성의표시는 하고 싶군요. 진심으로 앨범과 음원에서도 대박나길 빕니다. 계좌번호 좀 알려 주시면 고맙겠습니다. 늘 건강하시고 행복 가득하세요~!^^ 부족한 ○○○ 올림~

이러한 내용이었습니다. 그동안 이곳을 영영 잊어버린 것만 같았던 그 회원님. 하지만 아직도 기억하심에, 그리고 뽀님을 위한 그 마음에 감사함을 대신 전해드렸습니다.

이제 우리의 뽀님, 강지민 님의 2집 앨범 발표 기념회가 일주일 남았습니다. 뽀님이 회원님들을 위해 만든 소중한 9곡이 담긴 앨범이 10월 9일에 호연재에서 발표됩니다. 얼마 전 뽀님께서 하신 이야기가 기억에 남습니다. "우리 회원님들이 없었다면 저는 절대로 이 앨범을 만들지 않았을 거예요."

지금까지 보여준 회원님들의 열정과 사랑을 믿습니다. 뽀님 앨범이 발표되는 날~ 뽀님에게 정말로 수고했다는, 그리고 축하한다는 마음을 함께 전해주지 않으시겠습니까? 먼 훗날~ 시간이 흘러 기억이 잊혀져갈 즈음에 우리는 추억 속에 담긴 뽀님의 이야기를 하나하나 꺼내어 보지 않으시겠습니까?

┗ **갱삿갓 11.10.02.** 달삼 님~ 수고 많으십니다. 그리고 잊지 않고 찾아주시고 찬조금까지 부쳐주신 그 팬님의 마음… 감동입니다.

┗ **jmgoodluck 11.10.03.** 그래요, 비록 완전한 컴백은 아니지만 그 회원님의 지민 님을 향한 사랑과 그리움을 짐작할 것 같습니다. 지민 님은 복 많은 분이시잖아요? Jimin~ Good Luck!

드디어 오늘, 저의 앨범을 받았습니다
♪ 뽀로꾸 | 11.10.07.

앨범을 준비하고 출시하기까지 10개월이라는 시간이 걸렸네요. 그동안 누군가 음반을 몇 년 동안 준비했다는 말을 할 때면, 참으로 느긋하게 준비하는구나 생각도 하곤 했는데… 막상 제가 앨범을 준비해보니 이제는 충분히 그럴 수도 있겠다 생각이 들었어요. 그리고 보면 저는 정말 빠른 속도로 작업한 것 같기도 하구요. ^^;

어린 시절 1집 앨범을 낼 때는 그저 어른들이, 전문가들이 시키는 대로 노래만 하면 됐습니다. 저의 의견이나 취향은 그 누구도 묻지 않았고 들어주지도 않았죠. 하지만 다시는 그런 노래하는 인형이고 싶지 않았기에, 이번 앨범은 거의 모든 것들을 홀로 준비했습니다. 부족한 점이 있더라도 '강지민'의 음악을 표현하기 위해 노력했습니다. 노래만 해오던 저로서는 참 외롭고도 긴 싸움이었습니다. 정말 힘들 때 강사모가 있었기에… 해낼 수 있었습니다. 포기하고 싶을 때 강사모를 돌아보며 참을 수 있었습니다.

오늘 드디어 저의 앨범을 제 손 위에 올려놓았습니다. 계획하고 준비하고 알고 있는 것이었는데도, 마음이 벅차오릅니다. 마음 같아서는 당장 사진 찍어 보여드리고 싶지만, '앨범 발표회'를 기약하며 꾸~욱 참고 있답니다.

아무것도 해드린 것이 없는데, 그리고 돌려드릴 수도 없는데, 여러분의 깊은 사랑이 있어서 '강지민'의 노래를 할 수 있었습니다. '아름다운 음악 만들기'에 동참해주신 여러분께 진심으로 감사드립니다. 이 앨범의 탄생을 기다려주시고 성원해주신 모든 팬님들께 감사드립니다.

※ 여러분께서 보내주신 후원금 이렇게 사용했습니다. 사실 후원금 액수는 앨범 총제작비의 1/10이 조금 안 됩니다. 하지만 그 후원금 덕분에 강지민 2집은 어쿠스틱 음반으로 다시 태어날 수 있었습니다. 대한민국 최고의 기타(함춘호), 베이스(신현권), 드럼(신석철), 코러스(김현아, 강지민, 권순일)와 함께 할 기회를 주신 여러분께 다시 한번 감사드립니다.

ㄴ **구름꽃** 11.10.08. 마치 제가 음반을 낸 것처럼 가슴이 벅찹니다. 진심으로 축하드리며 진정한 명음반으로 남길 기대합니다!

ㄴ **모나리자** 11.10.10. 축하합니다! 알면 알수록 훌륭하고 대단하고 대견하고 다재다능하고 박학다식하고, 게다가 저런 겸손하고 낮은 자세에서 사람의 마음을 움직이는 따뜻함과 힘이 있지 않나 싶습니다. 이젠 성취감과 환희와 뜨거운 갈채와 아름다운 사랑 많이 받으실 겁니다. 노래 듣고 또 듣고… 넘 좋고 행복합니다. ♬♪…♥

응석받이 뽀님의 편지 좀 보셔요~ㅋ

재롱맘 | 11.10.11.

어제 동생 지민이, 아니 뽀님(?ㅋㅋ)으로부터 한 통의 메일을 받았습니다.

> 언니… 가뜩이나 보고 싶은데, 음반발표 기념회 날 지수랑 언니 영상 나와서 펑펑 울었다. 요새 언니가 열심히 카페에 오고 글도 남기고 하는데, 난 쪽지 한 장 보낼 여유가 없네. …… 바쁘고 힘들었어. 어쨌든… 언니 영상 땜에 많이 놀라고 많이 울었어. 보고 싶어… 언니도 많이 궁금하지?…… 보고 싶어….

제가 보낸 축하 동영상, 아이가 창피해 하는 통에 장난을 너무 쳐서 웃다 넘어갈 줄 알았더니 펑펑 울었다네요. 예전 같으면 하하하~ 하고 넘어갈 뽀님인데… 어쩌다 전화하면 보고 싶단 말만 연신 해댑니다. 엄마 돌아가시고 유난스레 언니인 저한테 어리광 부리네요. 전에는 별로 동생처럼 군 적이 없는 뽀님입니다. 늘 저를 챙겨주고 마치 자기가 언니인 양 행동했었거든요.

그리고요, 아래 걍삿갓 님 글 보니 또 마음이 짠하고… 뽀님이 좀 명랑해졌으면 좋겠습니다. 한창 제가 한국에 왔다 갔다 할 때는 너무 자주 오니까 "언니 왔어?" 하곤 때론 본체만체 나가버리고 하더니 지금은 제발 좀 와달라고, 보고 싶다고… 아님 자기가 3일 정도 짬 내서 오겠다고… 미국이 옆집인

양~ㅎㅎ 당시엔 제가 왕래가 워낙 잦았으니까 언제든 볼 수 있다고 생각했던 모양입니다.

한국에 애들 데리고 다녔던 그땐 정말 힘들었어요. 병중인 엄마한테 효도 한답시고 할 수 없이 갔더랬죠. 아시는 분도 계시겠지만… 오빠가 돌아가신 후 얼마 안 되어 엄마도 많이 아프셨거든요. 당시 뽀님이 어떻게 그 시련을 견뎌냈는지 지금 생각하면 솔직히 저도 잘 모르겠습니다. 나 하나 마음 추스르고 제정신으로 살기에도 버거웠던 시간들이었으니까요.

제가 일본 유학 중 남편을 만나고 한국에 드나든 게 첫 애 임신해서부터니까 그 세월이 수년입니다. 태어나자마자 일본과 한국, 미국과 한국을 수없이 오가고, 갔다 오면 병이 나서 며칠씩 병원신세 졌던 우리 애들(특히 큰 녀석이 많이 허약합니다) 넘 불쌍하고… 남편도 한번은 저랑 애들 기다리다 우울증에 걸려 거의 폐인이 되다시피 한 적도 있었죠. 이젠 큰 녀석이 아빠 외롭다고 한국에 안 간다고 하구요. 뽀님 들으면 서운하겠지만… 어머니 돌아가셨으니 "다시는 그런 고생 안 한다"고까지 남편한테 얘기하기도 했습니다.

그래서 "네가 오면 되잖아?" 하면 또 바빠서 힘든 모양입니다. 뉴욕과 한국 사이의 거리가 얼마고 시차가 얼만데… 딸랑 3박4일 오는 건 제가 허락 못하지요. 뽀님 한때는 날아다녔다지만 지금은 저보다 체력이 약합니다. 저야 갓난아이 데리고 일주일간 집에도 못가고 한국 병원에서 새우잠 자고도 견뎠지만, 분명 뽀님은 못하는 걸 제가 알죠. 감기를 달고 사는 게… 하하하~ 아무래도 언니인 제가 함 가주어야 될 듯하네요.

뭐~ 제가 보고 싶어 저러는 것도 아닙니다. 조카들 눈에 아른거려 죽겠다고… 귀찮다고 도망다닐 땐 언제고…ㅋㅋ 이거 무슨 손주 보고 싶어 하는 할머니도 아니고, 조카들 커가는 거 못 봐서 억울한 모양입니다. 예전엔 "언니 따라 미국 갈래"라는 말도 하곤 했는데 이제 그 말도 안 하네요.

저야 뽀님이 이곳에 이민 와서 알콩달콩 같이 살면 소원이 없겠지만… 지민이 미국 데려오면 아무래도 강사모 회원님들께 총 맞겠죠? 그것도 기관총으로…ㅋㅋ 누가 쟤 좀 토닥거리고 위로 좀 해주세요. 언니타령 조카타령 그만하고 그만 울고 씩씩해지라고요.

ㄴ **별구늪** 11.10.12. 가족이 무척 그리울 때가 있습니다. 뽀님 응원해주시고 한국에 방문 부탁드립니다. 뽀님이 기뻐하는 모습이….ㅎㅎ

ㄴ **둥근돌** 11.10.12. 가슴에 와 닿는 멋진 글, 귀여운 조카들 사진 잘 봤어여~~ 하늘에 계신 어머니에 대한 뽀님 마음이 2집 앨범에도 나와 있고, 곡 설명 도중에도 울었답니다. 아무래도 울보 뽀님이라서 노래를 그리 잘하시는지도 모릅니다.ㅎㅎ 뽀님 마음은 당장 미국으로 달려가고 싶겠지만 당분간은 어려울 것 같지요? 재롱맘 님께서 와 주시는 게 낫지 않을까요?ㅎㅎ 건강과 행복을 기원합니다.

ㄴ **리리** 11.10.13. 아공~ 뽀님 많이 힘드신가 보다… 재롱맘 님 뉴욕에 사세요? 저는 필라에 삽니다. 뽀님 미국에 모셔올까요? 한 일주일만 쉬었다 가셔도 좋을 텐데….

2집 앨범 수록곡이 많이 궁금하시겠지만
♪ 뽀로꾸 | 11.10.14.

안녕하세요~ 팬카페 회원님들~^^ 2011년 10월 9일에 2집 앨범 발표회를 한 이후로 하고 싶은 말이 참 많았어요. 여러분의 소감도 정말 궁금하고요. 팬카페에 음악이 만들어진 과정과 스토리도 하나하나 이야기하고 싶고, 곡에 대해 설명하고 여러 가지 에피소드를 가장 말하고 싶은 것도 저랍니다.

안 그래도 앨범발표 기념회를 마치고 며칠이 지나고 나니 한쪽에 꽉 막혀 있던 무언가가 사라지는 듯한 기분이 들었어요. 마치 그동안 "임금님 귀는 당나귀 귀~" 하고 숲에서 혼자 소리치던 것을 이제는 밖에 나가 시원하게 소리친 기분이라고나 할까요? 하지만 앨범 수록곡의 외부공개를 안 했어요. 여러 가지 이유가 있긴 한데, 가장 큰 이유는… 여러분에게 제가 직접 기대를 심어드리고 싶지는 않았거든요.

어떤 영화를 볼까말까 망설이고 있는데, 인터넷 평점도 그렇고 주위에서 "그 영화 재밌어, 괜찮아" 하고 말해주면 그 참에 보게 되죠. 그런데 미묘한 차이가 있더라고요. "영화 정말 너무 재밌어, 그리고 그 내용이 이런 이런 것인데…" 하고 주인공부터 스토리 라인까지 전부 다 이야기해주는 경우는 어떨까요? 다 알고 보는 영화가 과연 재미있을까요? 그래서 저는 여러분에게 그 어떤 기대감도 심어주고 싶지 않더라고요. 되도록이면 최대한 궁금한 상태에서 앨범을 만나봤을 때 가장 즐거움이 크지 않을까요?

지금 팬카페 내에서는 "영화 재밌으니까 한번 보세요" 하고 회원님들 한 분 한분이 소문을 내주고 있어서 참 다행이고 행복하네요. 그리고 당분간은 그 소문을 유지한 채로 지내고 싶어요. 팬 여러분들께서 처음 앨범을 접할 때까지 가지고 계실 기대를 고스란히 지켜드리고 싶거든요.

저는 10개월을 준비했습니다. 준비만 10개월일 뿐 어쩌면 제가 노래해온 15년이라는 시간이 만들어낸 결과물일 수도 있습니다. 열심히 모은 보물보따리를 한꺼번에 다 풀고 싶지는 않아요. 여러분들이 조금은 심심해 할 때, 노래 이야기도 하나쯤 들려드리고 에피소드도 간간히 전해드리면서 하나씩 이야기보따리를 풀어나가고 싶습니다.

곧 시중에서도 구입할 수 있고, 인터넷으로 음원도 공개됩니다. 그때까지는… 그때까지만큼은… 여러분들께 선보일 때까지 혼자 참으면서 설레는 마음들, 걱정되는 마음들을 꽁꽁 짊어지고, 혼자 숲에서 "당나귀 귀"를 외쳤던 저의 마음을 조금만 헤아려주세요. 그리고 행복하게 들어주세요.

ㄴ **늘~처음처럼 11.10.14.** 공감이 가네요. 15년이란 산고 끝에 얻어낸 걸작품~ 기다려야지요. 기다릴 거예요. 그때까지는, 그때까지만큼은…

ㄴ **커피처럼 11.10.14.** 그러세요~^^ 글구 님의 바람대로 꼭 그렇게 되리라 믿어요. 너무 서두르지 말자고요. 차분하게 나아가도 될 듯해요. 저는 개인적으로 톱스타 대열에 우뚝서는 것도 좋겠지만 울 지민 님은 호흡이 긴, 생명력 있는, 정말 우리 마음을 달래주고 감성을 어루만져주는 영원한 가수로 기억하고 싶거든요. 시간 좀 걸려도 돼요(넘 걸리면 안 되나~?^^). 집에서, 차안에서, 사무실에서 연일 듣고 있습니다.^^ 저와 같은 사람이 하나둘 늘어날 거예요.^^ 벌써 친구 1명두 팬이 되었는데요 ㅎㅎ 지민 님 글을 읽다 보니 옆에서 소곤소곤 이야기해주는 것 같아요. 우리 힘내고 미소 잃지 말구요~^^

└ **jmgoodluck** 11.10.14. 지민 님, 한꺼번에 다 보여주지 마세요.^^ 작품 감상하다 보면 느껴집디다. 매 멜로디마다 노랫말에 숨겨있는 우리 님의 감성을요… 그것을 팬들의 몫으로 남겨주시는 것도 여백의 미학이겠지요. 진짜 수고하셨고 늘 Jimin~ Good Luck!

└ **리리** 11.10.15. 뽀님~ 파이팅! 지금 미국 뉴욕에서 음반 기다리고 있습니다. 뽀님을 엄청 사랑하시는 회원분이 음반 보내주신다고 해서 목 길게 빼고 기다리고 있습니다. 다음 주에 도착 예정입니다 얼렁 듣고 시포라~~

└ **빈의자** 11.10.22. 앨범이 너무 좋습니다. 곡들이 모두 아름다움이 묻어나네요. 늘 라이브에서 녹음한, 잡음이 섞인 음악만 듣다 앨범 들으니 너무 행복하네요. 그동안의 노력이 고스란히 앨범에 담겨 있음을 느낍니다. 요즘 출근해서 틀어놓고 점심 먹고 틀고 집에 가서 듣고 하지요. 정말 앨범 제작하느라 고생 많았습니다.

드뎌~ 2집 앨범을 만나 내 맘을 고백하다!
볼매 | 11.10.17.

지난 토요일 밤, 뽀님 2집 앨범을 받자마자 기쁨과 설렘 속에 CD 케이스를 열어본 순간 내 눈앞에 나타난 뽀님의 쑥스러운 듯 살짝 웃고 계신 모습과 친필 사인 CD. 그때의 기쁨, 설렘과 고마움이란 마치 어린아이로 돌아간 느낌…. 음악을 좋아하긴 하지만, 이렇듯 누구의 팬으로서 설레고 좋아하는 마음으로 친필사인이 깃든 CD를 받고 노랠 듣는 건 난생 처음 경험이거든요. 듣고 또 듣고, 아예 노래를 들으며 잠이 들었습니다. 얼굴엔 미소를 머금고…ㅎㅎ 비 내리는 휴일 내내 앨범을 들으면서, 마음에 전해져오는 느낌과 감정을 뽀님께 빨리 알려드리고 싶어 못 견디겠더라구요~ 그리고 앨범에 대한 감상과 느낌을 전해 달라는 부탁 말씀도 본 거 같고요.

처음 CD 전곡을 다 듣고 나서 자연스럽게 떠오른 느낌… 마치 한쪽은 기쁨과 산뜻함, 다른 한쪽은 애절함과 슬픔으로 이루어진 놀이터 시소를 타는 듯한 느낌이었다고나 할까요? 세상의 사랑과 이별을 겪어본 사람의 애절함과 아련한 분위기에 젖어들었다가도 첫사랑에 빠진 소녀의 설렘과 풋풋함, 산뜻한 경쾌함에 하늘 위로 올라가는 듯한… 앨범 속에서 이렇듯 상반된 분위기의 곡들이 잘 조화롭게 구성되어 있네요.

첫 곡 '이별하는 밤'은 사랑하는 이와 이별할 때의 애절함과 안타까움, 슬픈 분위기가 '이호(얼후)'의 흐느끼는 반주와 넘 잘 어우러진, 슬프지만 아름다운 비장미를 느낄 수 있는 곡이더군요. 분위기 잘 타는 여성분들 특히 좋아할 것 같은 느낌… 물론 남자인 지도 넘 좋아한답니다~ㅎ 이 곡을 듣다 보면, 등려군 노래들, 이선희 씨 '인연 (이호 때문인 듯)을 들었을 때의 느낌이 떠올라요.

'완전한 사랑'도 그 애절함은 '이별하는 밤' 못지않고요(참! 이 곡은 낮은 음으로 시작되기 때문인지 첫 부분의 가사가 명확히 귀에 들어오지 않네요).

'행복한 우리'는 마치 첫사랑에 빠진 소녀의 설렘과 기대, 매일 매일이 즐겁고 행복한 소녀의 심정이 뽀님 목소리로 잘 표현되면서 그 경쾌함과 산뜻함에 절로 고개를 까딱까딱하고 발을 위 아래로 흔들며 장단을 맞추게 만드는 곡이네여~~

'바다여행'은 바닷가 여행지에서의 가벼운 들뜸과 즐거움, 먼 여행지에서 미지의 누군가를 만날 것 같은 막연한 기대와 설렘 등… 여행지에서의 애틋한 그 느낌과 분위기가 잘 전해져 옵니다.

랄 라라라~라라라~로 시작되는 '겨울밤'은 선뜻 다가서지 못하고 숨어서 지켜만 보고 있는 님에 대한 아쉬움인지… 아님 차갑고 무정한 겨울하늘에 대한 아쉬움인지… 곡의 전체적인 분위기가 마치 샹송 느낌이 떠오르는 한편, 순간순간 러시아 노래의 분위기도 느껴지네요.

여덟 번째 곡 '기타는 내 친구'는 뽀님의 파릇파릇한 시절(ㅋㅋ… 지금은 푸릇푸릇~ㅎㅎ), 좋은 친구인 기타를 만나고 좋은 연주를 하고 싶은 마음에 용돈을 모으고 손가락이 아프도록 연습하던 지난날의 모습을 떠올리게 하네요. 저도 요즘 오랫동안 잊고 있었던 기타 친구를 다시 만나서 티격태격하는 중이라 느낌이 남달랐습니다.

비록 제가 여기서 언급하지 않은 곡들을 포함해 앨범의 모든 곡들이 정말 좋아요~! 듣고 나면 또 듣고 싶고 다른 사람들에게 마구 들려주고픈… 암튼,

제가 팬이라서가 아니라 곡은 곡대로, 가사는 가사대로 듣는 사람들마다 마치 자신의 이야기로 느낄 수 있어 앞으로 많은 사람들이 좋아할 거라 확신합니다('~다' 로 끝나는 가사가 많은 편인데, 다소 특이하게 다가오기도 하고 느낌이 새롭네여~~).

그간 앨범 제작을 위해 쏟은 노력과 흘린 땀이 잘 전해져 옵니다. CD가 끝날 때마다 노래를 더 많이 듣고 싶은 마음에 노래가 조금 더 많았으면 하는 마음이 드는 게 살짝 아쉬움이자 욕심입니다~ㅎㅎ. 님 장황해졌네요~~

뽀님! 보통 큰일을 잘 마무리 짓고 나면 그 긴장과 쌓였던 피곤이 빠져나가면서, 잠시 유예되었을 몸과 마음의 아픔이 나타나기 쉬운데… 늘 건강 조심하시고 날마다 웃는 날들 되시길 바라요~~

ㄴ ♪뽀로꾸 11.10.19. 제가 마음속에 두고 그려낸 것들을 노래 하나만으로 다른 분들이 공감해 주신다는 게 참 신기하고 기쁩니다.ㅎㅎ 공감해 주셔서 감사해요~ 볼매님^^ 음… 점수를 드리자면, 완전한 사랑에 대한 언급은 정확한 지적이세요. 100점이세요.ㅎㅎ 너무 아프고 슬픈 사랑은 혼자 읊조림만으로도 가슴이 아파서… 상대가 듣지 못한다 해도 몰래 이야기하는 듯한 느낌이라고 할까요? 가끔은 가사전달이 명확하지 않아도, 그 읊조림만으로도 가슴을 아프게 하는 곡이 있다고 생각하거든요. 저의 그런 의도까지 파악해주셨으면 아마 제가 놀라서 쓰러졌을 거예요~^^

ㄴ 볼매 11.10.19. 앗싸~ 기뻐라! 아이구~ 자중하자! 뽀님을 알게 되고부터 자꾸 '얼라' 가 되어가네요.ㅋ 지금 뽀님이 놀라 쓰러지면 어떡해요. 강사모 식구들 원성과 그 뒷감당을 어떡하라구요.ㅎ 제가 앨범을 백번 넘게 들었다면 뽀님의 그러한 깊은 의도를 알아 차렸을지도요. 아직 그렇게는 못 들었어요~ 죄송!ㅋ 그래도 잘했죠? 제가 그 깊은 뜻까지 미처 알아차리지 못했기에 뽀님이 안 쓰러진 것이잖아유~~ 고맙습니다~ 뽀님~!

뽀님 음반발표회 언론보도에 행복한 하루

울리미 | 11.10.18.

"아이돌 비켜! 가창력 위주 장르가 뜬다~!" "통기타 가수 강지민, 스타 못잖은 팬덤~!" 한겨레와 국민일보에 난 뽀님에 대한 기사 제목~!!

요즘 즐거운 소식으로 행복에 젖어 하는 일마다 피로감을 잊고 늘 즐거운 마음이 넘쳐나는데 더불어 행복한 하루를 보내게 된 이야기 하나 들려드리려 합니다. 엊그제 직장에서 바삐 일을 하고 있는데 어느 중년의 남성분(우리 고장 특산물의 하나인 구기자를 건강식품으로 생산하는 구기자원예농협 조합장이며 중학교 2년 선배 되시는 분)에게서 전화가 왔습니다.

바쁘지 않으면 구기자원예농협으로 와달라는 내용이었습니다. 무슨 일인지 몰라 용건을 물으니 "와 보면 아니까 무조건 빨리 오시게나~" 내가 뭘 잘못했나 궁금하기도 해서 서둘러 10분 거리에 있는 사무실로 갔더니 탁자 위에 신문 2부, 바로 그 국민일보와 한겨레가 놓여 있었습니다.

"다 읽어 보았다네. 자네가 여기 멋진 가수 강지민 팬카페 회원이라고 했지? 내 그동안 강지민 님을 잊고 지냈다만 이제부턴 할 일을 좀 해야겠기에 자넬 보자고 했다네. 내가 큰 건 못해줘도 좀 도울 일이 없나?"라는 선배의 반가운 얘기가 떨어지자마자, 홍보 겸 앨범 좀 많이 구매해 달라고 해야겠단 생각에 앨범에 대한 이야기를 꺼내며 홍보용으로 늘 가지고 다니는 CD를 들려주었고, 곧이어 구매하겠다는 이야기와 더불어 큰일을 하려면 건강이 최고인

만큼 몸 관리를 잘해야 한다면서 구기자 식품을 강지민 님의 건강을 위하여 후원하겠다는 말씀에 정말로 감사했습니다.

지역에서 여성단체를 이끄시는 한 분의 여성(동갑친구), 또 한 분의 군의회 여성의원이신 후배님, 뽀님이 실린 시사저널을 보고 알게 되었다고 몰려왔던 분들, 훗날 구기자 특산품을 전해드렸다는 리즈 님이 쓰신 글 속의 사람들…. 울 뽀님 홍보에 적극 나서겠다는 그분들의 약속을 들으며 온종일 감사하고 행복한 하루였습니다.

지난 5월 14일. 토요일에 있었던 청양중 총동문회 행사에서 뽀님과의 인연이 시작됩니다. 전국 각지에서 참석한 500여 명의 동문들이 함께 모인 모교 청솔체육관. 호텔의 리셉션 자리처럼 원탁으로 둘러앉은 행사장. 2부 행사로 '그대로 그렇게' '무조건'을 시작으로 작은 여인의 체구에서 뿜어져 나오는 시원스럽고 폭발적인 가창력에 놀라고, 동문들의 느닷없는 신청곡인 '수덕사의 여승'(뽀님이 첨 불러본다는)도 서슴지 않고 소화해 내는 신통함에 빠져 들고, 고향의 노래인 '칠갑산'을 함께 따라 부르면서 강사모라는 팬카페에 가입하게 되었습니다. 저는 이 따뜻한 곳, 여기만 오면 피곤함이 눈 녹듯 녹는 편안한 강사모 팬카페가 너무나도 사랑스럽습니다.

이미 국민일보와 한겨레에 게재된 기사에서 보았듯이 뽀님 팬의 한 사람으로서 많은 팬님들과 함께 소통하면서 오직 가수 강지민 님이 최고의 가수로서 우뚝 서는 그날을 위해 미약하지만 힘을 보태려 합니다. 곧 우리 앞에 다가올 밝은 미래가 있기에 그 꿈을 이루는 그날까지~ 파이팅~^^*!!

ㄴ **시어선 11.10.20.** 저도 힘이 없어 구기자 엑기스 먹어야 할까봐용~ㅠㅠ 행복하신 뽀님입니다. 울리미 님 역시 작은 체구에서 뿜어져 나오는 카리스마 장난 아니죠. 좋은 소식을 이곳 청양에서 보내드린 자부심에 저까지 으쓱하네요.ㅎㅎ

운영자 리즈 님에게 카페를 양도합니다
설감(未熟柿) | 11.10.24.

  제2기 강사모의 더 큰 발전과 성장을 위한 적임자인 운영자 리즈 님에게 카페를 양도합니다.
  먼저 뽀님의 2집 음반 출시와 노래에 대한 뜨거운 호응을 여러분과 함께 축하합니다. 지난 정모 때 물러난다는 의사를 밝히고도 여태껏 양도가 늦어진 점 사과드립니다. 지금에 이르기까지가 강사모호(號)를 건조하고 인터넷 바다에 배를 띄운 시기였다면, 음반출시 이후부터는 대양(大洋)으로 항해해야 할 시기입니다. 카페의 지속성장과 발전 방향을 심사숙고한 결과 보다 역할을 잘 수행할 수 있는 운영자 '리즈' 님을 새 카페지기로 모시려고 합니다.
  저는 재능 있는 가수를 세상에 드러내 놓기 위해 카페의 문을 열었지만 커진 규모에 걸맞게 운영해나갈 능력이 없습니다. 현재의 궤도에 진입하기까지가 제 역할의 한계임을 잘 인식하고 있습니다. 감당하지도 못하는 자리 유지는 짐만 될 뿐이고 또 누를 끼치는 일입니다.
  뽀님이 각종 매스컴에 소개되는 등 달라진 입지와 위상 변화만으로도 큰 위안이고 개설 3년 만에 회원수 1만 명 돌파 기록은 제게도 보람이 아닐 수 없습니다. 이제 강사모는 어느 정도 기반을 다졌고 충분히 자생력을 지닌 데다 열성적인 진성회원들이 많아 카페를 양도하면서도 마음이 든든합니다.
  앞으로 강사모가 더욱 굳건하게 그리고 모범적 카페로 성장하고 발전할 수 있도록 뽀님에게 더 많은 관심과 성원, 그리고 리즈 님에게 격려를 부탁드리면서 강사모의 힘찬 항해를 위해 지금처럼 열심히 노를 저어주시기 바랍니다. 저는 뒤에서 조용히 카페의 성장과 발전을 지켜보며 응원하겠습니다. 낯이 없고 부끄러운 설감의 부족함, 넓은 이해를 구하며 그동안 카페 성장에 밑거름이 돼 주셨던 여러분께 깊은 감사드립니다. 설감 拜上

┗ **팔달산샌님** 11.10.24. 네… 깊은 고뇌에서 나온 설감 님의 결정에 아낌없는 찬사를 보냅니다. 개인적으로 많은 대화를 나누어 보지는 못했지만 늘 입가에서 웃음이 가시지 않는 선한 분이셨습니다. 그간 고생 많으셨습니다.

┗ **달삼** 11.10.24. 지금의 강사모 카페를 만드시고 이 자리까지 올려놓으신 설감 님의 노고에 무한한 감사의 마음을 전합니다. 그동안 너무 수고 많으셨습니다. 그리고 감사드립니다.

┗ **강바라기** 11.10.24. 설감 님께서 뽀님을 위하여 하신 많은 일들 늘 가슴속에 깊이 새기며 항상 그 마음 그대로 뽀님을 위한 항해를 계속하겠습니다. 전에도 그러했듯이 마음속 깊은 감사를 드립니다. 건강 유의하시고 좋은 자리에서 뵙겠습니다. 수고 많으셨습니다.

┗ **안득헌** 11.10.25. 설감 님! 노고에 깊은 감사드리며, 수고 많이 하셨습니다. 새로운 카페지기 리즈 님! 아름답고 행복한 카페로 만들어주세요. 파이팅~!

┗ **수지도사** 11.10.29. 카페 발전을 위한 소중한 매듭을 지으셨다고 생각됩니다. 마음의 짐 내려놓으시고 따뜻한 시선으로 지켜봐 주세요. 참 좋은 분과 함께 하는 것에 감사할 따름입니다.

설감 님~ 너무나 고마웠습니다
♪ 뽀로꾸 | 11.10.25.

항상 힘이 되어주시고, 애를 써주신 설감 님~!
  맨처음 팬카페를 만들게 된 사연부터 그 일대기를 쓰며 설감 님이 이런 분이다 하고 자랑하고 싶다 해도, 그렇게나 말리고 손사래 치시던 분. 언제나 자신을 내세우기보다는 한 걸음 뒤에서 저를 내세워주시고, 저를 위해 항상 희생해주시던 분. 설감 님이 안 계셨다면 이런 멋진 팬카페는 저에게 없었을 것이며, 모든 회원님들도 이런 멋진 카페를 경험할 수 없었겠지요.
  카페 초창기에 하시는 일이 너무 바빠 식사도 제대로 못 하시면서, 동영상 하나라도 더 찍어 올려주려고 동분서주하시던 모습. 회원님들 한분 한분 손수 챙겨주시며, 언제나 저 대신 자리해주시고 저를 빛내주신 분. 100명도 안 되는 소모임일 때에 1만 명, 2만 명을 바라보는 혜안을 가지신 분. 조금씩 조금씩 뒤로 물러나면서도 잊혀짐에 연연하지 않으시던 분….
  그분이 이제 카페의 새로운 도약을 위해 가장 필요한 것이라 결정하시고, 깊은 뜻을 안고 다음 길을 밝혀주십니다. 설감 님~ 언제나 감사했고, 언제까지나 감사드립니다. 그리고 새로 무거운 짐을 기꺼이 지겠다고 결정해주신 리즈 님께도 진심으로 감사드립니다.

  ┗ **설감(未熟柿)** 11.10.26. 부끄럽습니다. 저는 그냥 쥐구멍으로 쏙~ 제가 너무 모자

라고 작은 사람이라 죄송합니다. 그리고 뽀님은 이렇게 글솜씨까지 뛰어나답니다. 작가를 해도 될 정도로 언변이 좋아 음악프로 진행자로도 제격입니다. 지난여름 방송진행 기회를 얻고도 음반녹음 때문에…. 머지않아 그런 기회가 다시 오리라 봅니다.

   └ **울산스캔들** 11.10.26. 설감 님~ 고생 많으셨군요. 새로운 길을 개척하기란 여간 힘든 게 아닌데… 리즈 님~ 앞으로 많은 수고 부탁합니다. 잘 닦아진 길을 확장·유지·관리하는 것 또한 보통 정성으로 안 되는 힘든 일인데… 암튼 뽀님 파이팅~!

   └ **하늘공원** 11.10.26. 리즈 님~ 중책을 맡으시게 되었네요. 잘 하시리라 믿습니다. 또 많은 회원들이 적극 지원할 것입니다. 운영진을 전적으로 신뢰하고 따를 것입니다.

   └ **찢어진우산** 11.10.26. 뽀님의 글을 보면서 우리네 인생의 단면을 보는 것 같습니다. 뽀님의 마음을 알알이 읽을 수 있었습니다. 이제는 그 마음을 가슴 한켠에 고이고이 간직하시길 바랍니다. 더불어 신임 카페지기님과 호흡을 맞추며 승승장구하시길 바랍니다~~

2대 카페지기 리즈, 인사드립니다

리즈 | 11.11.12.

안녕하세요? 2대 카페지기 리즈입니다. 여러 가지로 많이 부족한 제가 이번에 '카페지기'라는 큰 책임을 맡게 되었습니다. 우리 회원님들의 응원과 걱정, 열심히 받겠습니다. 그리고 강사모의 주인공 '강지민' 님의 또 한 번의 도약을 위해 그 어느 때보다도 바쁜 나날들을 보내도록 하겠습니다.

　다가오는 2012년은 '싱어송라이터 강지민, 음악가 강지민'으로서의 입지가 더욱 확고해지는 한 해가 될 수 있도록 강사모 회원 여러분들의 아낌없는 성원 부탁드립니다~~♡♥

┖ **뭉게구름 11.11.12.** 새로운 카페지기 리즈 님! 축하드립니다! 전임 카페지기 설감 님이 하셨던 것처럼 뽀님의 비상을 위해 수고로움을 아끼지 않으시리라 기대합니다. 리즈 님! 파이팅~!

┖ **준구 11.11.12.** 카페지기 리즈 님~ 축하합니다. '싱어송라이터 강지민, 음악가 강지민'을 위해, 강사모호 선장으로서 잘 이끌어주시리라 믿습니다.

┖ **허스키(김병철) 11.11.13.** 온라인과 오프라인 활동이 병행되는 조직의 CEO가 되신 겁니다. 사람 사는 곳이기에 때론 잡음도 있고 때론 성취감에 희열을 맛보기도 할 거라 예상됩니다. 많은 것을 배우는 계기가 될 겁니다. 열성회원들이 항상 뒤에 있으니 너무 걱정 마세요. 카페지기 직을 수락해주심에 다시 한번 감사드립니다.

마지막 라이브 공연을 마치고
♪ 뽀로꾸 | 11.12.14.

2011년 12월 10일.

　대학 때 아르바이트로 노래를 시작한 이래 어느덧 이렇게 많은 시간이 흘렀네요. 힘든 날도 많았지만, 지금 돌이켜봐도 대부분은 즐겁고 행복하게 노래했던 것 같아요.

　이제 여러분께 마지막을 고하고, 2012년부터는 새로운 모습으로 거듭나기 위해 라이브 무대를 떠나갑니다. 많은 분들이 찾아와 응원해주시고 배웅해주셔서 외롭거나 쓸쓸하지 않았습니다. 더 큰 무대로의 도약을 위해, 더 멋져지기 위해 잠시 헤어지는 것이기에 슬프지 않았습니다.

　이제 저는 다짐해 봅니다. 마음 약해지지 말자고, 힘들다고 투정하지 말고 씩씩하게 앞만 보고 걸어가자고…. 팬님들 걱정하지 마세요. 저 아주 당당하고 멋진 모습으로 여러분께 다시 나타날 거예요.

　회원님들~ 그동안 고생 많으셨습니다. 함께해주시기 위해 늦은 시간까지 먼 길 마다않고 와주시고 응원해주셔서 고맙습니다. 다시는 우리 회원님들 그렇게 고생시키지 않겠습니다. 혹시라도 슬퍼하거나 서운해 마세요. 우리가 만나는 방법이 조금 바뀔 뿐인걸요. 조금씩 서로 그리워하다가, 매달 약속시간(매달 열리는 콘서트)이 되면 꼭꼭 만나요. 아주 오랜만에 내년이 빨리 오기를 기다리게 되네요. 사랑합니다~!!!!!!

마지막 라이브 공연 다음날(12월 11일 일요일) 강사모 운영진의 모습은,

뽀로꾸(운영자) : 처음 겪어보는 이유 없는 몸살로 하루 종일 누워있음(이름 모를 급성병에 걸려 죽는 줄 알았음)
리즈(카페지기) : 몸살로 하루 종일 누워 있음(이 사람도 거의 죽을 뻔함)
뭉게구름(운영자) : 생각지도 못한 몸살로 하루 종일 누워있음(밥 먹을 힘도, 움직일 힘도 없었다고 함)

서로 걱정할까봐 말을 못 했는데, 지나고 나서야 알게 되었네요. 얼마나 긴장을 하고 지냈는지, 얼마나 저를 사랑해주셨는지를…. 함께 아파주셨던 두 분께 무한한 사랑과 감사를 드립니다.^^

ㄴ 시어선 11.12.14. 뽀님이 왜 사랑을 많이 받고 있는지 조금은 알 수 있을 것 같네요. 세상엔 좋은 사람들이 훨씬 더 많으니 살맛나는 세상이기도 합니다. 비록 작은 체구지만 야무진 지민 님! 언제나 힘내시고 파이팅 하시길~~ 감기 조심하세요.^*^ 수고 많으셨어요.

ㄴ 볼매 11.12.15. 마지막 부분에서 알려주신 12월 11일 뽀님, 리즈 님, 뭉게구름 님의 모습에 마음이 싸~ 하고 짠해지네요. 그동안 늦은 시간에 별로 좋지 않은 환경에서 노래 부르시느라 정말 고생 많이 하셨네요. 그래도 한동안은 그 시간들이 많이 생각나겠지요. 그 첫 후유증이 바로 다음날 나타났듯이~ㅎㅎ 강사모 회원님들이 걱정할 필요 없이 늘 씩씩하시겠지만, 그래도 "항상 건강하고 즐겁고 행복하세요"라고 제 바람을 전합니다~~

ㄴ 미미 11.12.15. 이유 없는 몸살로 얼마나 힘드셨나요, 뽀님! 리즈 님! 뭉게구름 님! 이제는 좀 좋아지셨나요? 님들이 계시기에 전 또 다른 생활의 큰 즐거움을 느낄 수

있었습니다. 좋아하는 노래, 기타 소리, 예쁜 뽀님 모습, 멋진 영상들, 고마웠습니다. 많이 애쓰셨고요, 계획한 모든 일들 잘 이루어지길 바랍니다.

　└ **jmgoodluck** 11.12.15. 지민 님, 리즈 님, 뭉게구름! 모두 몸살 안 나면 이상한 거죠. 그 밤에 그 시간에 에너지를 쏟아 내시던데… 그런데 지금보다 더 멋져지시면 우찌할 거나~? 선글라스 끼고 뵈어야 하는 것은 아닐는지… 그래도 좋습니다. Jimin~ Good Luck!

저물어가는 2011년 어느 날 밤에
초원의집2 | 11.12.28.

다사다난했던 2011년이 저물어가고 있습니다. 지난 한 해 힘들고 어려운 일들, 기쁘고 행복했던 일들, 좋아하고 사랑했던 일들을 생각하면서… 카페 구석구석을 관심과 사랑으로 가득 채워주시고 가수 강지민 님을 위해 변함없이 열심을 다해 따뜻하게 데웠던 회원님들의 응원 열정, 그리고 2집 앨범 나오기까지 혼신의 노력을 다하신 강지민 님께 박수를 보내드립니다.^^*

애써주신 뽀님, 설감 님, 리즈 님, 뭉게구름 님, 준구 님, 말씀 아껴가면서 자원봉사자로 활동해주신 여러분들께 진심으로 감사드립니다. 2012년 임진년 새해에도 사랑을 나누는 팬카페 문화가 퍼질 수 있도록 애써주세요~! 우리 강사모가 누구나 행복한 팬클럽으로 발전하도록, 아름다운 팬클럽이 되도록 열심히 나아갑시다. 아자~아자~ 파이팅! 새해 복 많이 받으세요.

ㄴ **울리미** 11.12.29. 초원 님 수고 많으셨습니다. 새해에도 많은 활동 기대하겠습니다. 남양주 초원의 집을 꼭 한번 방문하겠습니다.^^*

ㄴ **썰미** 11.12.29. 올 한 해 수고 많이 하셨어요~~ 내년에도 변함없이 응원 열심히 하실 거죠~^*^

매달 콘서트를 통해 여러분과 만나겠습니다
♪ 뽀로꾸 | 12.01.02.

안녕하세요~! 우리 강사모 회원님들~^^

어제와 특별히 다른 것 같지 않은 하루인데, 새해가 밝아 벌써 이틀이 지나고 있네요. 2011년이 저에게는 오랜 침묵 끝에 2집 앨범을 발표한 특별한 해였다면, 이번 2012년은 더욱더 특별한 해가 될 것 같아요.

저의 계획(매달 콘서트 개최)은 다들 잘 아시죠? 그동안의 모습보다 더 멋진 모습을 보여드리기 위해 두려운 마음도 크지만 열심히 노력할게요.^^ 아마도 여러분의 뜨거운 사랑과 응원이 없었다면 이런 결정은 하기 힘들었을 거예요.

새해에는 매달 정기 콘서트를 통해 여러분을 만나겠습니다. 그동안 응원해주신 것처럼 더 많이 사랑해주시고 응원해주세요~^^ 2012년 새해에 계획하신 일이나 이루고자 하시는 일 모두 소원성취 하시고, 새해 복 많이 받으세요~^^

┗ **달삼 12.01.02.** 1월 14일 첫 단독콘서트에서 뽀님의 멋진 모습 기대하겠습니다. 뽀님! 건강관리 잘 하세요~!

┗ **미미 12.01.02.** 계획한 일들 이루는 한 해 되시고요, 건강관리도 잘 하시길~~ 사랑해요~ 보고 있어도 보고 싶은 예쁜 사람~~

ㄴ **미션임파서블 12.01.02.** 그동안 좋은 노래와 모습에 고맙습니다. 지금의 노력과 그 결실에서 그치지 않고 미래를 향하며 승부수를 두는 모습이 대견합니다. 소망 성취하시고 행복한 삶 되기를 바랍니다. 팬들의 관심과 정을 받으면서 음악활동 여정에 행운이 함께 하고 소중한 가수가 되시기를….

ㄴ **모나리자 12.01.02.** 지난 6개월 동안 뽀님 노래를 듣고 그 어떤 깊은 울림과 묘한 마력에 끌려서 듣고 또 듣다 보니 진한 감동이 쌓여 잔잔한 그리움을 품게 되었지요. 또한 꿈을 가꾸기 위해 도전하는 용기와 지혜, 자신감 있는 진취적인 모습이 너무 좋아 보였어요. 장하고… 훌륭하고… 머어찌고… 완벽하고… 그런 매력들을 감동으로 든든함으로 바라보며 긍정의 기운을 폭발할 만큼 느낀답니다. 생각하며 행동하고 노력하면 꿈은 반드시 이루어집니다.

ㄴ **옥아 12.01.09.** 뽀님~ 새해 건강하시고 첫 콘서트 대박나세요~! 콘서트에서 멋진 모습으로 뵙길 바라면서~~

ㄴ **♪뽀로꾸 12.01.12.** 2012년 1월 14일이 저의 첫 콘서트 날인 거 아시죠? 2집 앨범 수록곡 중에서 우리 강사모의 노래인 2번 '행복한 우리' 쯤은 외워 오셔야 합니다.ㅎㅎ 여러분들의 우렁찬 노랫소리가 듣고 싶어요.ㅎㅎ

처음으로 매장에서 강지민 앨범을 구경하다

♪ 뽀로꾸 | 12.01.10.

그러고 보니 2집 앨범 발표 후 3달이 지난 오늘 처음으로 ☆★서점에서 저의 앨범을 보게 되었습니다.

굉장히 기쁘고 좋았지만 한편으론 너무 부끄럽고 창피해서 순간 마스크를 썼답니다~^^;; 실내에서 마스크 쓰고 돌아다닌 덕분에 의심스런 눈초리의 주인아저씨가 저의 발끝 하나하나 쳐다보는 듯한 느낌이었어요. ㅋ 기념으로 하나 사볼까도 했는데… 부끄럽네요. ㅋㅋ

ㄴ 꽃님이 12.01.10. 뽀님 그냥 당당하게 다니세요. 그래야 티가 안 나요. ㅎㅎ

ㄴ 너나들이 12.10.29. (2집 발표 후 1년이 지난 오늘) 일 끝나고 강지민 님 2.5집 리메이크 앨범 사러 같은 ☆★서점에 갔었어요. 작년 발매된 2집은 '강산에' 옆에 있어서 2.5집도 그렇거니 생각하고 갔는데 없더라고요. 직원에게 물어 봤죠. 잠깐 조회를 하더니 매장에는 아직 안 들어왔대요. ㅠㅠ 순간 고민 & 고민… 팬카페에서 주문을 할까? 아니면 매장에다 신청을 할까? 생각을 하다가 팬들을 위해서 열심히 만드셨는데 카페에서 조금 저렴하게, 조금 쉽게 사는 것보다 버스도 타고 걷기도 하고… 쪼~금 번거롭더라도 매장에서 사는 게 뽀님 노력에 대한 보답이 아닐까 싶어서 신청을 했네요. 뭐… 오늘 그냥 그랬다고요. ㅎㅎ

콘서트 티켓 예매를 위한 시끌벅적한 아우성
달삼 | 12.01.11.

드디어 18일이면 또다시 시작되는 콘서트 예매. 지난달 그 짧은 시간 내에 예매가 마감되는 것을 보면서 예매를 못 한 분들에게 미안한 마음도 들었지만, 그것보다 뽀님에게 행복을 드린 것 같아서 너무도 좋았답니다.

1월의 콘서트 티켓 예매 때의 팬카페 모습… 모두가 숨죽이며 예매시간만을 기다리는 모습들… 예매 댓글 등록이 왜 안 되냐는 회원님들의 아우성… 예매가 안 되면 서서라도 보겠다는 회원님들… 팽팽한 긴장감 속에서 보낸 그 짧은 20여 분의 시간, 마침내 전 좌석 매진… 그 모든 순간의 아우성이 우리 뽀님이 더 큰 무대로 나아가기 위한 출발 의식이 되었겠지요.

시간이 지나면 지날수록 더욱더 따뜻해지는 이곳, 항상 서로에게 배려와 격려, 그리고 위로가 되어주는 이곳, 아름다운 이곳에서 모두가 뽀님의 콘서트 성공을 기원하며, 1월 18일 16시… 뽀님을 향한 회원님들의 시끌벅적한 (예매를 하기 위한) 아우성을 들으며 또 다른 희열과 감동을 느끼는 시간으로 만들어가요~~

ㄴ 리즈 12.01.11. 뽀님의 콘서트 예매만큼은… 따뜻한 양보보다는 건강하고 치열한 경쟁이 항상 계속되었으면 합니다. 우리의 이런 적극적인 모습이 뽀님에게 정말 큰 힘이 될 테니까요. 경쟁이 치열할수록 뽀님의 티켓파워도 그만큼 인정받게 되어, 좀

더 큰 규모의 공연기회도 생기겠지요. 회원님들이 콘서트에 참석하실 수 있는 방법은 '양보'가 아닌 '건강한 적극성'이라고 생각합니다. 강사모 여러분, 화이팅입니다!! *^^*

ㄴ **불매** 12.01.11. 저는 매달 뽀님의 콘서트 개근도장 찍는다고 공공연히 떠들어대면서 나 자신과 약속했는데… 아직은 잘 모르지만, 2월엔 대폭 정기인사가 있고 여러 변수가 있어서 떠벌린 걸 실현할 수 있을지? 그래도 리즈 님 말씀대로 건강하고 치열한 경쟁을 통해 콘서트 예매를 해서 자신과의 약속을 지키고 싶네요. 지금 제가 뽀님을 위해(아니, 오히려 나를 위해서지요. 나 자신의 기쁨과 행복을 위해서니까요), 여하튼 명색이 뽀님 팬이라고 하면 그것이 지금 할 수 있는 가장 작고 쉬운 일이니까요. 고맙습니다.

ㄴ **그사람** 12.01.12. 겨울밤… 뽀님의 노래와 회원님들의 뜨거운 열기가 있어 춥지만은 않네요…^^

저의 첫 콘서트, 1월의 노래는 어떠셨나요?
♪ 뽀로꾸 | 12.01.21.

어느새 2012년도 설날이 눈앞에 다가왔네요. 떡국 안 먹고 버티고 버텨도 어김없이 나이 한 살을 먹어야 하는 날입니다. 어릴 때는 빨리 나이 먹고 싶어서 떡국을 몇 그릇씩 먹었었는데… 올해는 걍~ 두 그릇만 먹을까 합니닷~!ㅋ

저의 첫 콘서트(1월의 노래)는 어떠셨나요? 저는 떨리고, 긴장되고, 걱정되는 마음만 한 가득이었던 거 같아요.^^;; 더 잘하고픈 욕심에 아쉬움도 많긴 했지만, 큰 실수 없이 진행되어 다행이었어요. 지금은 편안하게 2월 콘서트를 구상하면서 처음으로 제대로 쉬고 있어요. 아마 두 번째 콘서트는 처음보다는 더 잘 할 수 있지 않을까 하는 기대도 해 봅니다.^^ 세 번째부터는 정말 잘 할 것 같은데… 온통 머릿속이 콘서트 생각밖에 없네요.

2011년이 아주 오랫동안의 침묵 끝에 앨범을 내고 새 도약을 다짐하며 일어난 해였다면, 2012년에는 가수로서 새 출발과 함께 열심히 기반을 다지는 해로 삼자고 마음먹었습니다.^^ 여전히 떨리지만 기쁜 마음으로 2월 18일 콘서트에서 뵙도록 할게요.^^ 따뜻하고 고마운 강사모 팬님들~ 새해 복 많이 많이 받으세요~^^

ㄴ 미미 12.01.21. 멋진 콘서트 준비하느라 얼마나 힘드셨어요? 뽀님과의 인연에 늘 감사하고픈 1인입니다. 떡국은 딱~ 한 그릇만 드시고요, 계획한 일들 잘 이루는 한

해 되세요. 사랑해요~ 예쁜 뽀님~!

ㄴ **바보이반 12.01.21.** 뽀님의 1월 콘서트~! 정말 굿~굿~굿, 짱~짱~짱이었습니다. 그런데 2월 콘서트에는 러시아 출장 때문에 아쉽게도 참석하기 어려울 것 같네요. 즐겁고 행복한 설 보내시고 항상 건강하시길….

ㄴ **은교 12.01.22.** 뽀님의 첫 콘서트는 영원히 잊지 못할 것 같습니다. 너무너무 좋았고 감동적이었습니다. 뽀님의 노래 듣고 있노라면 제 마음이 움직입니다. 마음이 움직여 가슴 찡한 전율까지도요~~ 준비하시느라 고생하셨고요, 2월 콘서트도 손꼽아 기다려집니다. 새해에도 모든 일들이 계획한 대로 이루어지고 건강하시길~^^

ㄴ **백만분의일 12.01.25.** 콘서트 2시간이 너무나도 짧아 무척 아쉬웠지만(채 20분이 안 된 느낌) 다음을 기약할 수 있기에 위안이 됩니다.^^ 준비하느라 고생 많으셨고, 앞으로도 건강한 모습으로 멋진 콘서트 여시기를 기대합니다.

소중한 관심과 사랑으로 이룬 2천 개의 별 이야기
리즈 | 12.02.08.

안녕하세요? 카페지기 리즈입니다. 오늘 제가 아름다운 사연을 하나 알게 되어 이렇게 글을 올려봅니다.

비실아기 님께서 지속적으로 〈아프리카(Afreeca) TV〉에서 방송을 하고 계시다는 걸 많은 분들이 알고 계십니다. 그리고 그 방송에서 우리의 주인공 뽀님의 동영상을 지속적으로 보여주고 계신 것도 많은 분들이 알고 계십니다. 어느덧 그 방송을 시작한 지 45일이 지났다고 합니다. 그리고 그동안 팬님들이 응원하는 차원에서 주신 별풍선이 어느덧 2천 개가량 모였다고 합니다. 별 하나를 현금으로 환원하면 60원이라는 금액이 된다고 합니다.

오늘 비실아기 님께서 그 마음들을 모아 뽀님의 후원금으로 보내셨답니다. 대략 10만 원이 조금 넘는 금액입니다. 뽀님에게도 아무 설명 없이 그저 '아프리카 TV 성금'이라고만 보내셨는데… 제가 냉큼 그 사연을 알아버려서 이렇게 회원님들께도 알려드립니다. ^^ 꾸준히 방송을 운영한다는 것은 아무리 당사자가 좋아서 하는 일이라고 해도 상당한 시간과 노력이 필요합니다.

그리고 그 방송을 통해 뽀님과 비실아기 님을 응원해주신 팬님들의 마음, 2천 개의 별… 뽀님은 이 소중한 사랑들을 모아 맛있는 과자 사먹지 않고 다음 음반에 소중히 담으시겠답니다! 멋쟁이 강사모 회원님들, 정말 감사합니다~♡

ㄴ **비실아기 12.02.08.** 안녕하세요^^ 그렇게 말씀해 주시니 몸둘 바를 모르겠습니다. 개인방송이긴 하지만 잠시 제가 맡아서 하는 거라고 생각하고 좋은 방송 되도록 열심히 하겠습니다. 회원님 응원에 힘을 얻어갑니다~^^

ㄴ **예쁜곰 12.02.09.** 비실아기 님~ 수고에 감사드립니다. 뽀님에 대한 열정과 사랑은 아프리카 TV에 직접 가보면 더 가슴속으로 느껴집니다. 이런 열정어린 님께 박수&박수~~ 비실아기 님 홧팅~! 행운이 언제나 같이~!

가수 강지민 서포터스, 뽀카스

준구 | 12.02.19.

카페 초기부터 강사모 식구들의 염원이 있었지요. 뽀님께서 다른 가수의 노래가 아닌 자신만의 노래를 발표해서 부르고, 더 나아가 실력에 걸맞은 무대에 서는 그 순간~ 강사모 가족들의 염원이 아닐까 생각했습니다. 그런데 작년 뽀님께서 가장 큰 바람이자 염원의 첫걸음인 자신만의 곡으로 앨범을 내셨죠. 그리고 올해부터는 라이브 무대가 아닌 팬들과 또 다른 약속인 정기 콘서트를 진행하고 있습니다. 여기까지는 다 잘 아시리라 생각합니다.

뽀님의 매달 정기공연에 발맞춰 팬클럽의 자발적인 도우미 조직, 강지민 서포터스를 결성하자는 의견이 있었습니다. 그리고 그 필요성을 첫 회 공연을 준비하고 진행하면서 많이 느끼게 되었습니다. 그래서 얼마 전 강지민 서포터스, 일명 '뽀카스'를 만들자는 제안이 있었지요. 그러고 보니 저도 아직 가입을 하지 않았네요.^^;; 바로 가입해야겠어요.ㅎㅎ 팬들의 작은 힘을 더해서 보다 더 나은 자리에서 뽀님을 뵐 회원이 뽀님께 다가서는 작은 첫걸음이라는 생각이 듭니다.

말이 두서없이 길어졌네요. 2월 18일 어느 회원님께서 2월의 콘서트 장소에 뽀카스 발족 기념음료 '뽀카스'를 보내셨네요. 기분 좋고 즐거운, 하지만 모두의 마음에 큰 느낌을 주었으리라 여겨집니다. 끝까지 읽어주셔서 고맙습니다~!

ㄴ **썰미 12.02.19.** 너나들이 님의 기발한 아이디어(건강음료수 제조) 덕분에 즐거웠습니다~~ 3월엔 꼭 함께 하길 바랄게요. 서포터스 창단. 진심으로 축하드리고요. 많은 발전을 위해 이제 힘을 합쳐야겠네요^^

ㄴ **모나리자 12.02.20.** 너나들이 님, '뽀카스' 정말 고맙게 잘 마셨습니다. 준구 님~ 수고하셨고 감사합니다.

ㄴ **너나들이 12.02.20.** 부끄럽지만 사연을 소개해 주셔서 준구 님께 감사드립니다. 많은 분들이 기쁘게 받아주셔서 또 감사하구요.

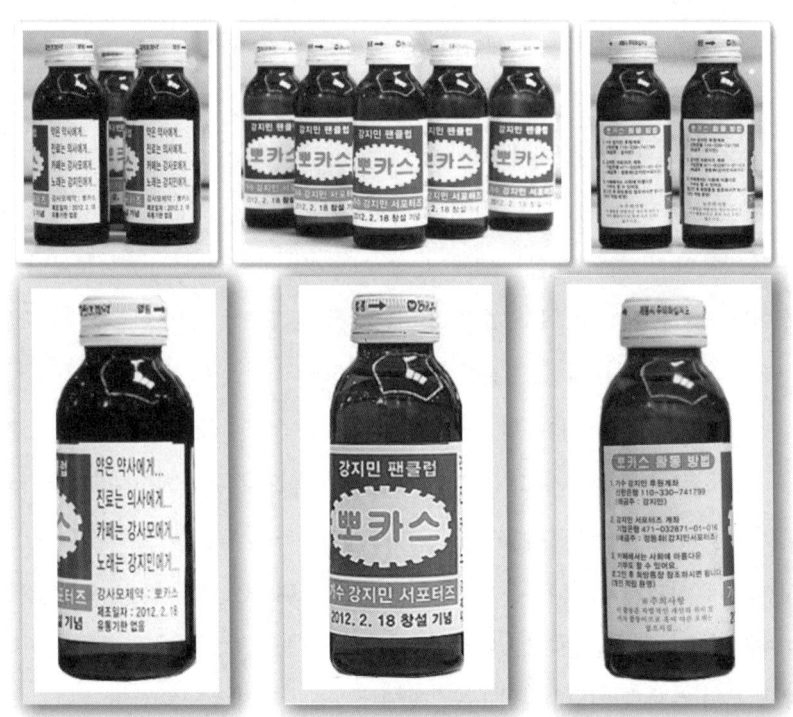

2월의 노래 콘서트를 마치고

♪ 뽀로꾸 | 12.02.20.

2월의 콘서트를 마쳤네요. 이제야 좀 제정신으로 노래하려나 싶었는데… 역시 아직도 갈 길은 멀었나봅니다. 아직 더 많이 노력하고, 더 많이 고심하고, 더 많이 무대를 사랑해야겠습니다. 그렇게 수많은 무대에 서봤음에도 나만을 위한 무대에선 왜 이렇게 낯설음과 맞닥뜨려야 하는지…. 그래도 1월에 한 첫 콘서트보다는 훨씬 마음이 여유로웠다고 생각하고 싶어요~^^;;

맨처음 콘서트를 준비하면서 3월, 4월 정도는 되어야 여유롭고 무대에 몰입하는 멋진 모습을 보일 수 있을 거라고 예상했지만, 그래도 내심 '난 처음부터 잘해야지' 하고 욕심을 냈는데, 정말 욕심일 뿐이었네요. 욕심으로만 이루어지는 일은 없나 봅니다. 끊임없이 노력하고, 또 노력해야 한다는 걸 새삼 느끼게 되었습니다. 참~! 오늘은 넋두리를 하려고 글을 쓴 게 아닌데….

이번 콘서트에서 해야 할 말을 못하고 무대에서 내려와 버렸어요.^^;; 너무 긴장하고 잘하려다가 그런 거니까 넓은 마음으로 이해해주세요.^^ 저의 음악활동을 도와주시고자 마음을 모아주신 '뽀카스' 회원님들~^^ 정말 감사하고, 감사합니다. 몸과 마음으로 솔선해서 도와주시고, 누가 먼저랄 것 없이 하나라도 더 도움을 주기 위해 그 마음을 하나로 모아주신 서포터스 여러분께 정말 감사드립니다. 2월 18일 '뽀카스'의 그 시작은 구체적인 출발점 하나 없이 출발해버렸지만, 이미 그 마음들이 하나가 되어 같은 길을 함께 달려가고 있음에 감사드립니다.

제가 서포터스 '뽀카스'에게 따로 해드리는 것은 하나도 없어요. 단지 저는 서포터스 여러분을 믿고 마음으로 기대며, 든든한 저의 기둥이 되어주시리라 생각하고 어리광만 부릴 거예요.^^;; 백점만점 팬님들을 만난 저도 여러분 가슴속에 뿌듯하게 자리할 수 있는 멋진 가수가 되도록 노력하겠습니다. 언제나 든든한 힘이 되어주신 강사모 팬님들, 그리고 한걸음 더 가까이 다가와 주신 서포터스 뽀카스 님들, 정말 감사하고 사랑합니다.

ㄴ 하늘공원 12.02.20. 콘서트 진행이 매우 여유롭고 세련되었습니다. 정말로요…ㅎ 3월의 노래를 기대하게 하네요. 감사합니다.^^

ㄴ 카네기 12.02.20. 뽀님~ 겸손하시면 아니되옵니다. 너무너무 잘 하셨습니다~! 솔직히 기대한 것보다 100배 잘 하셨습니다.

ㄴ 늘~처음처럼 12.02.20. 박수~ 박수~ 박수~ 마지막 젖 먹던 힘까지 아낌없이 쏟아 부으며 열창하시던 그 모습, 최고의 무대~ 아직도 생생히 떠오릅니다. 당신을 사랑할 수밖에 없는, 멋지고 행복한 공연이었습니다. 어떤 팬의 제스추어처럼 완전 떡실신~ 후회 없는 행복한 하루였답니다.

ㄴ 유랑돌이 12.02.20. 시간이 맞질 않아 콘서트에 갈 수는 없었지만 댓글만 봐도 어떠하였는지 짐작이 갑니다. 오늘 2집 CD를 받아 몇 번이나 들었습니다. 들을수록 감칠맛나고 은은하게 가슴에 와 닿습니다. 3월 콘서트 땐 꼭 갈게요. 멋진 공연 부탁드립니다. 언제나 팬으로 남아 있으렵니다.

ㄴ Danny 12.02.20. 뽀님은 항상 감동입니다. 아주 가까이에서 열창하시는 모습을 보며 콘서트 내내 감격스러웠습니다. 2월 콘서트는 봄소식보다 가까이에 와있는 뽀님의 행복한 노래세상을 미리 보고 듣는 것 같았습니다. 뽀님 늘 건강하시고 행복감 많이 느끼는 하루하루 되세요~!

운영진의 결정에 따르는 것이 필요합니다

하늘공원 | 12.02.26.

회원수가 14,000명이 넘으니… 운영진 고충이 얼마나 크겠어요. 운영진에게 협조하는 방법은 무조건 따르는 것, 특별히 요청하지 않는 한 조용히 있는 것이겠죠. 개인이 나서서 이야기하는 것은 분란만 일으키고 아무 도움이 안 된다고 생각됩니다. 필요하다면 운영진이 나서서 상황을 바로잡지 않겠어요?

여기는 한 사람(가수 강지민)을 응원하기 위해 모인 곳입니다. 조용히 음악만 듣는 카페가 아닌 것이지요. 따라서 열렬히, 좀 시끄럽게 응원하는 것은 당연하다고 생각됩니다. 응원방법이 마음에 안 든다고 공개적으로 말하는 것은 좋은 방법이 아닙니다. 운영진을 통해서 이야기하는 것이 좋지 않을까요?

아마 경험 많은 운영진이 알아서 잘 판단하리라 생각됩니다. 그리고 운영진이 그 문제에 대해서 결정했다면 무조건 따르는 것이 좋겠죠. 그것이 카페 운영에 도움이 되고 강사모 전체에도 유익한 일이라고 생각됩니다.

ㄴ **리즈 12.02.26.** 어깨가 더욱 무거워지는 하늘공원 님의 글 잘 읽었습니다. 열린 눈, 귀, 마음을 갖춘 운영진이 되도록 노력하겠습니다.

ㄴ **모나리자 12.02.27.** 하늘공원 님 댓글은 많이 봤는데 게시글은 처음 읽는 것 같습니다. 오죽 화가 나고 답답하셨으면…. 여러 가지 상황에서 밤낮으로 묵묵히 눈물겹게 고생하는 운영진께 미안하고, 뽀님께 부끄럽습니다.

엄마, 저도 지민 언니 팬이에요

청순간지 | 12.03.05.

안녕하세요, 지민 언니~!(제가 20대 초반이라…) 엄마랑 콘서트 갔다가 언니가 너무 예쁘고 노래도 잘해서 결국 팬카페에도 가입했네요.^^ 엄마가 워낙 열성팬이시지만 저도 언니 직접 응원하고 싶어서요. 엄마 따라 첫 콘서트에 다녀왔다는 게 너무 자랑스러워요. 앞으로도 좋은 노래로 더 많은 분들의 사랑과 관심 받으셨으면 좋겠어요.^^

처음엔 어른들 좋아하는 노래만 하는 줄 알고 '심심하겠다' 생각했다가 지민 언니 노래하시는 것 듣고서는 깜짝 놀랐어요. 파워풀한 가창력과 뛰어난 무대매너~!^^ 정말 언니 목소리는 제 아픈 마음에 마치 단비 내리듯이 따뜻하고 정감있게 다가왔어요. '겨울밤' 노래가 너무 가슴에 와 닿아 눈물도 나고 그랬어요. 정말 최고~! 언니 성격이랑 무대매너도 너무 좋고 노래할 때나 그냥 말할 때나 목소리 진짜 예뻐요.^^

저도 언니처럼 예쁘고 세련되게 컸으면 좋겠어요. 완전 소중한 지민 언니~ 언제나 응원하고 사랑합니다.♥

└ **강삿갓** 12.03.07. 잘 오셨습니다, 청순간지 님! 모녀 회원이시군요.ㅎ~ 저희도 부녀 회원이랍니다. 팬카페와 콘서트에서 자주 뵙고 싶네요. 뽀님과 함께 늘 행복한 시가 되세요.^^*

최신형 아이패드 선물~ 늘 지니고 다닐게요~♡
♪뽀로꾸 | 12.05.02.

안녕하세요? 4월의 노래 콘서트 중에 여러분이 마련해주신 생일파티 감사합니다.^^ 많은 분들이 큰 소리로 생일축하 노래를 해주시고, 축하의 마음을 한데 모아주셔서… 저는 정말 행복한 생일을 맞이하였네요.^^

광고를 보며 신기해했던 최신형 아이패드 선물… 부럽기는 했지만 망설일 수밖에 없었던 고가의 사치품(?)이기에 더욱 신이 났어요. 이 녀석을 항상 지니고 다니면서 공부도 많이 하고, 팬카페도 자주 들러서 인사도 드리고 할게요.^^

어쩌면 제가 해마다 "부담스러워서 싫어요", "그냥 슬쩍 지나갔으면 좋겠어요" 이런 말을 해서 생일만큼은 무언가 해주고 싶은 여러분의 마음을 너무 불편하게 해드리지는 않았는지 모르겠습니다. 그럼에도 불구하고 언제나 같은 마음으로 정성을 모아주신 여러분께 감사드립니다.^^

항상 느끼는 거지만 파티가 아니더라도, 선물이 아니더라도, 저를 사랑해주시는 여러분 모두가 저에게는 진정한 선물이에요. 여러분이 계셨기에 지금의 제가 있음을 잊지 않고 있습니다. 축하해주셔서 정말 정말 감사합니다.^^ 언제나 기쁘고 행복한 5월 맞으세요~~^^

ㄴ **오투맨 12.05.02.** 멀리 홍천에서 조금 늦었지만 현장에 있는 기분으로 축하를 드

립니다.

ㄴ **너나들이 12.05.02.** 경기방송 '행복한 90분'에 간단하게 축하 사연을 올렸는데 30일에 3부 끝에 소개해 주었어요. 노래는 선곡이 되지 않았지만 기특하게 여기시고 한번 읽어주세요.ㅎㅎ 생일 축하합니다.

ㄴ **미미 12.05.03.** 뽀님 생일은 계절도 참 좋지요. 그러기에 더욱 예쁜 맘을 가지셨나 봅니다. 소중한 인연에 늘 감사해요… 사랑해요~!

ㄴ **기사식당 12.05.03.** 이제 신참입니다. 사월의 공연도 갔었고요. 감동^^ 뽀님의 열정적 공연이 아직도 머릿속에 맴도네요. 오월 공연도 많이 기대할게요^^ 암튼 뽀님 생일 추카드려요^^ 항상 건강하시고요.

4주년 정기모임 후기
♪ 뽀로꾸 | 12.05.23.

강사모 4주년 정기모임, 저에게는 또 다른 특별함으로 다가왔습니다. 2012년부터는 한 달에 한 번, 콘서트만을 통해 만나는 여러분과의 짧은 시간이 아쉽기만 했으니까요. 쉽지만은 않은 일정이었을 텐데도 오셔서 끝까지 함께 해주시고 축하해주신 분들께 감사드립니다.

길지 않은 시간이었지만, 정말 오랜만에 배가 아플 만큼 신나게 웃고 또 웃어본 날이었습니다~^^ 참석하신 여러분에게도 저처럼 즐거운 시간이었길 바라면서요. 이번 정모에서도 역시 긴 시간 이야기를 나눌 수는 없었지만 나름대로 참석해주신 여러분 각각에 대한 짧은 인상기를 올려봅니다~^^(달삼 님이 올려주신 정기모임 결산보고의 참석인원을 참고로 했습니다).

썰미 님: 언제나 흔들림 없이 함께 해주시고 사랑을 담아 도와주시는, 말없이 강하신 분.
빼롱이 님: 최고의 아빠, 최고의 팬이신 매너남.
빼롱이2 님: 보면 볼수록 분위기 메이커에 최고의 팬임을 보여주는 적극적인 사나이.
한양천리 님: 애정표현이 서투르셔서 삐진 척 하지만 깊은 사랑이 느껴지시는 분.

엠마 님: 음악을 사랑하고, 눈빛 하나만으로도 사랑을 가득 표현해주시는 분.

월영 님: 이번에 제가 좀 헷갈렸네요. 지난번 뵈었을 때의 모습과 사뭇 다른 또 다른 모습에… 표정이 더 밝아지셔서 정말 보기 좋았습니다.

Danny 님: 멋쟁이 신사지만 언제나 소년 같은 감성으로 윗공기를 맑게 해주시는 분.

샤론 님: 언제나 많은 분들께 따듯한 모습으로, 어떻게든 도움을 주려고 애써주시는 분, 저의 피부는 덕분에 빛이 나는 것 같아요.

은교 님: 음악을 들을 때는 소녀 같고, 흥이 날 때는 뜨거운 열정을 내뿜는, 한결같은 사랑을 주시는 분.

청산노을 님: 어느덧 강사모 안으로 들어오셔서 여기저기에 감칠맛을 내어주시는 감초 같으신 분.

꽃님이 님: 열심히 응원해주시고, 뜨거운 열정이 터질 듯한 분.

모나리자 님: 때로는 다소곳하고 때로는 터프하며, 다재다능하고 뜨겁게 저를 봐주시는 분.

나~가거든 님: 호랑이인 줄 알았는데, 알고 보니 꿈 많은 소년의 모습을 간직하신, 강사모 최고의 교우관계를 가지고 계신 분.

준구 님: 오랫동안 한결같이 궂은일, 힘든 일, 어려운 일 도맡아 해주시는 젊은 청년.

공심채 님: 보기와는 다르게, 시크한 말투 속에 누구도 따르지 못할 다정함과 재치가 가득한 숨은 인재이신 분.

바오로 님: 왠지 이분이 안 계시면 모임에 뭔가 빠진 듯 썰렁한 듯한 느낌을 받게 되는, 조용하지만 그 자리하심이 크신 분.

드류핀베리 님: 동안미녀로서, 조금씩 마음이 가까워지는 듯해서 더욱 반갑게 맞게 되는 분.

JM워너비 님: 원조 열혈 팬덤의 주인공, 강사모 공식 플래카드 제작자이시며 언제나 뒤에서 저를 가장 편하게 도와주시는 분.

푸푸른하늘 님: 따뜻한 성품과 부드러운 매너로 사람을 끌어들이는 매력이 넘치시는 분.

팔달산샌님 님: 원주에서 워크숍을 마치자마자 달려와 주신 뜨거운, 또 오랜 나의 팬님. 사실은 귀여운 샌님.

바보이반 님: 닉네임의 느낌과는 다르게 자리하신 모습에 기품이 넘치신 분.

일진 님: 연세와 사회적 지위에도 불구하시고 언제나 몸을 낮추서서, 마음으로 존경하게 만드시는 모범 교수님.

흙피리 님: 멋진 기타솜씨와 노래, 가슴을 울리게 했던 오카리나 연주, 눈물이 날 만큼 감동을 주신 분.

카네기 님: 요새 많이 조신해지신 열혈 여당당 뜨거운 분, 콘서트 때 맨앞에서 탄성을 하도 지르셔서 좋았음.ㅋ

붕붕차 님: 언제나 맨 뒤에서 제일 먼저 솔선수범 궂은일 어려운 일 마다않고 도와주시는, 주변인을 언제나 편안하게 만들어주시는 매너남.

뭉게구름 님: 말할 필요가 없지요. 사랑하고 존경하고 감사합니다.

걍삿갓 님: 때로는 수필가 같고, 때로는 장난꾸러기 같은, 열정이 살아 숨쉬는, 사랑이 넘치는 밤송이 머리를 가진 멋진 분.

삿갓딸 님: 조신함 속에 감춰둔 끼가 발할 때마다 예쁘고 섹시한 당찬 소녀.

삿갓딸남친 님: 부드러워 보이는 외모 속에 뜨거운 남성미가 철철 넘치는 매력적인, 삿갓딸 님의 보이프렌드.

시어선 님: 하나둘 하면 셋넷 하고픈, 어릴 때 학교선생님 같으신, 강사모 속으로 점점 더 들어와 마음을 열어주셔서 감사한 분.

권태수 님: 온라인에선 글을 많이 남기시진 않지만, 언제나 적극적으로 참여

해주시는 이쁜 젊은 청년.

나무아빠 님: 멀리서 어려운 발걸음하시고, 멋진 연주에 깔끔한 외모가 돋보이시는 분.

미션임파서블 님: 많이 밝아진 모습이 보기 좋아지신, 때론 어린아이 같은 순수함을 가지고 계신 분.

리즈 님: 총명하고 당찬 강사모의 미인 카페지기 님.

제우스0 님: 언제나 말없이, 하지만 한결같이 힘이 되어주시는 분, 온화한 미소가 정말 근사하신 분.

papua 님: 큰 목소리의 열혈남아. 덕분에 손발이 오그라들 때도 많았지만 역시 뜨거운 마음 하나는 으뜸이신 분.

속초여행 님: 투박한 손과 튼튼한 팔뚝만 봐도 움츠러들지만, 순수함이 묻어나와서 자꾸만 장난치고 싶게 만드는 분.

달삼 님: 알면 알수록 양파 같은, 다정함이 이루 말할 수 없는 최고의 조력자.

초원의집2 님: 날이 갈수록 섹시해지시는 멋쟁이, 힘든 일 와중에도 와주셔서 얼마나 반가웠는지 몰라요.

허스키 님: 언제나 많은 도움을 주시면서도 티 한 번 내지 않는, 역시나 뜨거운 일꾼, 독특한 매력남.

천구 님: 열정가득 님 친구인 줄 알았는데, 몇 년 형이라는 완전 동안남.

이동선 님: 워낙에 말씀이 없으셔서 잘 챙겨드리지는 못했지만 서글서글한 웃음이 마음 편하게 만드는 마력이 있는 분.

나무와흙 님: 처음으로 저에게 종신팬 서약을 해주신, 언제나 뜨겁고 한결같은 고마우신 분.

빈의자 님: 포스가 장난 아니신, 예리하고 묵직해 보이시는 저의 마지막 팀 대표이자, 꽥꽥이 게임 첫 탈락자분. ㅋ

열정가득 님: 식을 줄 모르는 열정과 힘으로 도와주시는 강사모 최고의 일꾼, 하지만 수줍음 많고 순수한 청년.

카라멜 님: 오늘 개명하셨다죠? 오래도록 함께 해주셨으면 하는 멋쟁이 젊은 청년.

김순애 님: 저와 처음 게임팀 하면서 장난하고 게임 하던 분, 조용하신 분이 자리가 어색해서 부끄럽고 불편하셨을까봐 걱정되네요.

유랑돌이 님: 어느새 열혈팬이 되어버리신, 얼굴에 왠지 모를 장난기가 가득해 보이는 분.

jk지아 님: 어느새 뜨거운 청양팀에 든든하게 자리매김하신 젊은 청년. 협찬해주신 방울토마토가 정말 맛있었음.

창강 님: 선생님 같은 외모의 신사분. 길에서 헤매고 계시던 분, 분명히 정모 장소까지 함께 왔는데 그 뒤로는 뵙지를 못했네요. 혹 불편하셔서 슬쩍 가셨을까봐 죄송하네요.

울리미 님: 재치 있는 사회와 마술로 정모를 빛나게 해주신 '강지민 만세'의 주인공 울리미 님의 닉네임이 빠져있네요. 혹시 저처럼 정모 회비를 안 내셨는지요?ㅋ

샤론/유랑돌이/시어선/Jk지아/울리미 님: 참석도 하시고 선물 물품 찬조해주신 분들. 감사드립니다.

동우 님: 참석은 못하셨지만 꽃바구니 보내주신 분. 감사드립니다.

너나들이 님: 참석은 못 하셨지만 문화상품권 찬조해 주시고 저에게는 추억의 선물세트를 보내주신 분. 감사드립니다.

콩지/히스클리프 님: 참석은 못 하셨지만 현금 찬조해주신 분들. 감사합니다.

저는 이제 5월 콘서트와 4주년 정모를 끝으로 잠시 매월 진행하는 콘서트를 중단하고, 리메이크 앨범을 만들겠습니다. 작년에 2집 앨범을 작업하면서, 저 또한 얼마나 여러분을 그리워했는지 몰라요. 그 시간 대부분은 꽤나 힘들었고 때론 지겹고 답답하기도 했지만, 앨범을 기다려주는 여러분을 생각하면서 하루하루를 정말 열심히 보냈던 기억이 나네요.

이번에는 얼마나 힘들까 걱정도 되고, 내가 만들고 싶은 대로 잘 안 되면 어떡하나 하는 두려움도 많지만, 역시나 열심히 기다려주실 여러분을 생각하면서 최선을 다해 만들겠습니다. 많이많이 보고 싶을 거예요. 분명히… 여러분의 함성을, 사랑을 많이 그리워할 것 같아요. 진심으로 사랑합니다~^^

ㄴ **한양천리** 12.05.23. 모든 회원님들의 성격과 특징을 언제 일일이 다 기억하셨어요? 감탄했습니다. 리메이크 앨범 작업을 성공적으로 마치시길 온 회원님들과 더불어 기다리겠습니다. 대신 건강은 꼭 챙기셔야 해요~!

ㄴ **너나들이** 12.05.23. 집에 있는 미니오디오 깨끗하게 닦아놓고 음반 기다리고 있겠습니다. ㅋ 잘 다녀오세요~~

ㄴ **바보이반** 12.05.23. 뽀님! 감사합니다~~ 즐겁고 행복한 마음으로 앨범 작업하시고, 항상 건강하고 행복한 하루하루 되세요~^^

ㄴ **카라멜** 12.05.23. 눈부신 외모만큼 최고의 앨범을 갖고 돌아오실 거라 믿어 의심치 않아요~! 뽀님~ 항상 건강하시고 행복하세요.^0^

ㄴ **골드드레곤** 12.06.01. 이제 6월이 시작되었군요~! 가입한 지 얼마 안 된 햇병아리지만 마음만은 5년차입니다. 여기 수록된 팬담들, 그리고 15,662명이라는 숫자 속에 보이는 여러분들의 열정과 함성이 너무나 존경스럽습니다. 뽀님~! 부디 리메이크 앨범 잘 마무리하시고 건강한 모습으로 컴백하세요. 사랑합니다. 그리고 많이 보고파질 것 같아요. 언제나 응원합니다~~

ㄴ **창강** 12.06.03. 뽀님은 검증된 폭발적인 가창력, 상대방을 끌어당기는 마법의 존

재감 소유자이십니다. 향기로운 나무는 저절로 향기가 납니다. 표현력이 남다르고 글재주가 뛰어나십니다. 책을 내셔도 괜찮을 듯…. 콘서트 끝난 후 그 주변에서 지인을 잠깐 만나고 정모 장소 찾아 헤매다가 운 좋게 뽀님을 만나게 되었습니다. 다른 약속 때문에 분위기만 보고 이동했는데, 발길이 떨어지지 않아 마음이 아팠습니다. 이렇게 설렘을 가져다 준 모임은 처음입니다. 항상 사랑하고 존경합니다. 기억해주셔서 행복합니다.

해주시는 이쁜 젊은 청년.

나무아빠 님: 멀리서 어려운 발걸음하시고, 멋진 연주에 깔끔한 외모가 돋보이시는 분.

미션임파서블 님: 많이 밝아진 모습이 보기 좋아지신, 때론 어린아이 같은 순수함을 가지고 계신 분.

리즈 님: 총명하고 당찬 강사모의 미인 카페지기 님.

제우스0 님: 언제나 말없이, 하지만 한결같이 힘이 되어주시는 분, 온화한 미소가 정말 근사하신 분.

papua 님: 큰 목소리의 열혈남아. 덕분에 손발이 오그라들 때도 많았지만 역시 뜨거운 마음 하나는 으뜸이신 분.

속초여행 님: 투박한 손과 튼튼한 팔뚝만 봐도 움츠러들지만, 순수함이 묻어나와서 자꾸만 장난치고 싶게 만드는 분.

달삼 님: 알면 알수록 양파 같은, 다정함이 이루 말할 수 없는 최고의 조력자.

초원의집2 님: 날이 갈수록 섹시해지시는 멋쟁이, 힘든 일 와중에도 와주셔서 얼마나 반가웠는지 몰라요.

허스키 님: 언제나 많은 도움을 주시면서도 티 한 번 내지 않는, 역시나 뜨거운 일꾼, 독특한 매력남.

천구 님: 열정가득 님 친구인 줄 알았는데, 몇 년 형이라는 완전 동안남.

이동선 님: 워낙에 말씀이 없으셔서 잘 챙겨드리지는 못했지만 서글서글한 웃음이 마음 편하게 만드는 마력이 있는 분.

나무와흙 님: 처음으로 저에게 종신팬 서약을 해주신, 언제나 뜨겁고 한결같은 고마우신 분.

빈의자 님: 포스가 장난 아니신, 예리하고 묵직해 보이시는 저의 마지막 팀 대표이자, 꽥꽥이 게임 첫 탈락자분. ㅋ

열정가득 님: 식을 줄 모르는 열정과 힘으로 도와주시는 강사모 최고의 일꾼, 하지만 수줍음 많고 순수한 청년.

카라멜 님: 오늘 개명하셨다죠? 오래도록 함께 해주셨으면 하는 멋쟁이 젊은 청년.

김순애 님: 저와 처음 게임팀 하면서 장난하고 게임 하던 분, 조용하신 분이 자리가 어색해서 부끄럽고 불편하셨을까봐 걱정되네요.

유랑돌이 님: 어느새 열혈팬이 되어버리신, 얼굴에 왠지 모를 장난기가 가득해 보이는 분.

jk지아 님: 어느새 뜨거운 청양팀에 든든하게 자리매김하신 젊은 청년. 협찬 해주신 방울토마토가 정말 맛있었음.

창강 님: 선생님 같은 외모의 신사분. 길에서 헤매고 계시던 분, 분명히 정모 장소까지 함께 왔는데 그 뒤로는 뵙지를 못했네요. 혹 불편하셔서 슬쩍 가셨을까봐 죄송하네요.

울리미 님: 재치 있는 사회와 마술로 정모를 빛나게 해주신 '강지민 만세'의 주인공 울리미 님의 닉네임이 빠져있네요. 혹시 저처럼 정모 회비를 안 내셨는지요?ㅋ

샤론/유랑돌이/시어선/Jk지아/울리미 님: 참석도 하시고 선물 물품 찬조해주신 분들. 감사드립니다.

동우 님: 참석은 못하셨지만 꽃바구니 보내주신 분. 감사드립니다.

너나들이 님: 참석은 못 하셨지만 문화상품권 찬조해 주시고 저에게는 추억의 선물세트를 보내주신 분. 감사드립니다.

콩지/히스클리프 님: 참석은 못 하셨지만 현금 찬조해주신 분들. 감사합니다.

저는 이제 5월 콘서트와 4주년 정모를 끝으로 잠시 매월 진행하는 콘서트를 중단하고, 리메이크 앨범을 만들겠습니다. 작년에 2집 앨범을 작업하면서, 저 또한 얼마나 여러분을 그리워했는지 몰라요. 그 시간 대부분은 꽤나 힘들었고 때론 지겹고 답답하기도 했지만, 앨범을 기다려주는 여러분을 생각하면서 하루하루를 정말 열심히 보냈던 기억이 나네요.

이번에는 얼마나 힘들까 걱정도 되고, 내가 만들고 싶은 대로 잘 안 되면 어떡하나 하는 두려움도 많지만, 역시나 열심히 기다려주실 여러분을 생각하면서 최선을 다해 만들겠습니다. 많이많이 보고 싶을 거예요. 분명히… 여러분의 함성을, 사랑을 많이 그리워할 것 같아요. 진심으로 사랑합니다~^^

ㄴ **한양천리** 12.05.23. 모든 회원님들의 성격과 특징을 언제 일일이 다 기억하셨어요? 감탄했습니다. 리메이크 앨범 작업을 성공적으로 마치시길 온 회원님들과 더불어 기다리겠습니다. 대신 건강은 꼭 챙기셔야 해요~!

ㄴ **너나들이** 12.05.23. 집에 있는 미니오디오 깨끗하게 닦아놓고 음반 기다리고 있겠습니다.ㅋ 잘 다녀오세요~~

ㄴ **바보이반** 12.05.23. 뽀님! 감사합니다~~ 즐겁고 행복한 마음으로 앨범 작업하시고, 항상 건강하고 행복한 하루하루 되세요~^^

ㄴ **카라멜** 12.05.23. 눈부신 외모만큼 최고의 앨범을 갖고 돌아오실 거라 믿어 의심치 않아요~! 뽀님~ 항상 건강하시고 행복하세요.^o^

ㄴ **골드드레곤** 12.06.01. 이제 6월이 시작되었군요~! 가입한 지 얼마 안 된 햇병아리지만 마음만은 5년차입니다. 여기 수록된 팬닉들, 그리고 15,662명이라는 숫자 속에 보이는 여러분들의 열정과 함성이 너무나 존경스럽습니다. 뽀님~! 부디 리메이크 앨범 잘 마무리하시고 건강한 모습으로 컴백하세요. 사랑합니다. 그리고 많이 보고파질 것 같아요. 언제나 응원합니다~~

ㄴ **창강** 12.06.03. 뽀님은 검증된 폭발적인 가창력, 상대방을 끌어당기는 마법의 존

재감 소유자이십니다. 향기로운 나무는 저절로 향기가 납니다. 표현력이 남다르고 글 재주가 뛰어나십니다. 책을 내셔도 괜찮을 듯…. 콘서트 끝난 후 그 주변에서 지인을 잠깐 만나고 정모 장소 찾아 헤매다가 운 좋게 뽀님을 만나게 되었습니다. 다른 약속 때문에 분위기만 보고 이동했는데, 발길이 떨어지지 않아 마음이 아팠습니다. 이렇게 설렘을 가져다 준 모임은 처음입니다. 항상 사랑하고 존경합니다. 기억해주셔서 행복합니다.

늘푸른 소나무처럼 컴백할 날을 기다립니다
모나리자 | 12.05.25.

사랑하는 뽀님!!
지난 일요일은 맑고 깨끗한 하늘 아래
싱그런 연초록 나뭇잎과 꽃향기가 짙어가는 한 폭의 그림 같은 날…
귓가에 스치는 바람결에도 그리운 목소리가 묻어 있었어요.

뽀님의 숨길 수 없는 열정을 보여준 5월의 콘서트…
아쉬움 때문인지 그 어느 때보다
가슴까지 젖게 하는 아름다운 음률에 푹 빠졌었지요.
무대 열기와 관객의 환호가 어우러진 감동의 콘서트와
4주년 정모의 화기애애하고 열정적인 모습들을 보고
행복했던 마음과 아쉬운 마음과 감사한 마음이 더욱 컸습니다.

세상의 모든 희로애락을 아름다운 음악으로 품어내는 열정을 보며
그 안에 소리 없이 가슴 뛰던 순간들이 떠오르네요.
특히 조용필의 모나리자…
저를 향한 연가인양 너무 황홀하고 황송했어요.

울 뽀님… 정모에서 잠시 동안 자태를 바라보니
맑은 하늘 아래 곧고 꿋꿋하게 서있는
늘푸른 소나무를 바라보는 것 같았어요.

소나무의 기상처럼 굳건하고 슬기롭게
제 빛깔, 제 매력 잃지 않게 마음관리도 잘 하시고
무더위에 건강관리도 잘 하시고
잘 챙겨 먹고, 잘 자고, 스트레스 받지 말고
즐겁고 기쁘게 앨범 작업 잘 마치고
다시 컴백할 날 기다리고 있겠습니다.
사랑합니다… 더 많이많이 보고 싶을 겁니다.

ㄴ ♪뽀로꾸 12.05.26. (후우… 갑자기 튀어나오는 음악에 깜짝 놀라고, 그 음악 또한 감동적이네요.^^;;) 참 고마우신 모나리자 님.^^ 그리고 보니 제 마음을 느껴주시고 알아주시는 글을 읽을 때마다 왠지 부끄러워 딴청 피우는 글을 많이 썼던 것 같네요. 덕분에 저도 잠시 그날의 경건하고 아릿한 슬픔을 기억하게 됩니다.

　ㄴ 모나리자 12.05.28. 누가 만들고 불렀는지… 심금을 울리네요. 뽀님 나이 때쯤의 나를 되돌아보며 그 마음, 그 심정을 아주 조금이나마 느꼈어요. 뽀님… 인간은 꿈을 꾸고 실현하기 위해 사고하며 행동하고 실천하기 때문에 위대하답니다. 뽀님의 지혜롭고 현명한 판단과 그것을 실천할 수 있는 뛰어난 능력이 부럽고, 뽀님을 신뢰하기에 새 앨범도 콘서트도 멋지게 성공할 것을 확신합니다. 건강히 힘내시고, 사랑으로 기쁨으로 채워가는 하루하루 되시고 행복하세요~~

　ㄴ 하늘공원 12.05.26. 진심이 묻어있는 모나리자 님의 글… 감동적입니다. 뽀님~! 리메이크 앨범 작업 꼭 성공적으로 마치시고 콘서트에서 다시 뵙기를….

ㄴ **청산노을 12.05.30.** 제 컬러링 음악이 '완전한 사랑'인데, 애절한 가사만큼 뽀님 향한 애틋한 심정을 토로한 모나리자 님의 글 잘 봤습니다. 어떻게 저런 감성이 샘솟을까 경외해 마지 않습니다. ㅎㅎ

ㄴ **붕붕차 12.06.04.** 오월의 콘서트는 모나리자 님에겐 잊지 못할 추억일 거란 생각이 드네요. 뽀님께서 (노래로) '모나리자'를 얼마나 외치시던지요. ^^

ㄴ **엠마 12.06.05.** 에효~~ 언제 얼굴 뵈올 날 기다리나요. 오늘은 간만에 운동하고 오는 길에 뽀님 노래로 한껏 기분을 내봤습니다. 빨~ 빨리 뽀님 노래 CD 보여주세염~~ 사진 속에 있는 뽀님 보니 아직도 생생하네요. ㅎㅎ

노래를 참~ 공들여 부른다
빈의자 | 12.09.26.

옛날에 학교 다닐 때 저는 사진을 찍고 그 필름을 현상할 때가 가장 행복했답니다. 촬영할 때의 느낌이 필름에 제대로 담겼는지 너무 궁금한 순간이었지요. 현상, 정착, 수세 과정이 진행되는 2시간이 그렇게 지루할 수가 없었답니다. 어떤 때는 성급한 마음에 정착이 다 안 된 필름을 펼치다 망가뜨리기도 하고…. 현상이 끝나고 필름을 꺼내 펼쳐든 순간~ 탄성이 나옵니다. 감동의 탄성과 아쉬움의 탄성이….

오전에 2.5집 앨범을 택배로 받아 봤습니다. 두근거리는 마음으로 얼른 뜯어 틀었습니다. 잔잔하면서도 맑은 기타 소리와 숨소리까지 들리는 뽀님 목소리… 한참을 멍하니 듣고 있었습니다. 직원들이 삐죽삐죽 들어와 보는군요. 음악 소리가 커서 그랬는지…. 이 시간까지 연속으로 계속 듣고 있습니다.

얼마나 힘든 작업이었을까 생각해 봅니다. 한 음 한 음의 기타 소리가 또렷이 들리고, 숨소리까지 명확히 들리는 뽀님의 목소리…. 이런 작업일수록 더 힘들 거라는 생각이 드는군요. 기타 반주한 분도 힘들었을 것 같네요.

제가 블로그에 한국의 명반 100장을 포스팅하고 있는데 마음 같아서는 그 중 상위권에 뽀님의 앨범을 끼워 넣고 싶네요. ㅎㅎ 개인적으로 기타 반주 노래를 좋아하기도 하지만 이번 앨범은 정말 너무너무 마음에 듭니다. 감동의 탄성이 절로 나오는군요. 아쉬움은 전혀 없습니다. 매우 수고하셨고, 고맙습니다~!

    ㄴ **리즈 12.09.27.** 빈의자 님의 세심함에 새삼 감탄합니다. 가수에게도, 연주자에게도 정말 힘든 앨범 작업이었습니다. 이렇게 알아주시고 좋아해주시니, 두 분(뽀님과 기타 치신 분) 모두 정말 뿌듯해하실 것 같네요.^^

    ㄴ ♪**뽀로꾸 12.10.08.** 어쩜~ 이렇게 잘 아시나요? 노래에 묻어있나요? 당시에는 정말 힘들었지만, 이제 돌아보면 가슴 뿌듯한 시간이었네요. 이렇게 좋아해주시니 참 행복합니다.ㅎㅎ

        ㄴ **빈의자 12.10.09.** 노래에 정성이 묻어있다는군요. 추석 때 수지 집에 갔을 때 집사람하고 차를 타고 외출하면서 리메이크 앨범을 듣는데 집사람이 "노래를 참 공들여 부른다"고 하더군요. 듣는 사람이 느낄 정도로…. 근데 집사람은 뽀님 노래 안 좋아합니다.ㅋㅋ 한때 제가 차만 타면 너무 틀어대서 질렸답니다. 아마 시기심(ㅋ)에서 그러는 거 같아요.ㅎㅎ 그래도 뽀님이 노래를 참 편하게 부른다고, 듣는 사람이 편해진다고 하네요.

리메이크 앨범,
가을하늘처럼 맑디맑은 투명함을 느끼다

초승달 | 12.09.27.

마지막으로 앨범을 구입한 게 언제인지도 모르겠습니다. ㅋ 옛날 학창시절 카세트테이프 구입했을 때였던 것 같네요. 오랜 세월 지나… 이번에 뽀님 앨범 기다리며 설레는 마음… 오래도록 느끼지 못했던 그 무엇이 있었습니다. 명불허전이라고 하죠. 2집도, 리메이크 2.5집도 감동 그 자체였습니다.

저는 7080세댑니다. 조용필, 이용, 윤수일 등이 인기몰이를 하던 세대죠. 우리 세대가 흔히 그랬듯이 저 역시 조용필을 제일 좋아했어요. 많은 세월이 지나 이제 좋아하는 가수가 한 분 더 생겼으니 저는 정말 행복한 사람입니다.

2.5집 앨범을 들어보니 뽀님의 힘들었을 하루하루가 가슴에 와 닿습니다. 구름 한 점 없는 푸른 가을하늘처럼 맑디맑은 투명함으로, 깔끔하고 담백한 진실함이 묻어났습니다. 자신이 없으면 할 수 없는 고된 작업이었을 것을 생각하니 눈물이 나더군요. 이리 좋은 노래 불러주셔서 정말 감사합니다.

ㄴ **빈의자 12.09.28.** 초승달님도 리메이크앨범의 진가를 알아보셨군요. 들으면 들을수록 좋아지는 앨범입니다. 많은 악기를 동원한 화려한 세션 속에서는 목소리가 좀 쉴 틈도 있고 작은 실수도 묻히지만 단 한 대의 기타 연주에 맞춰 부르는, 숨소리까지 또렷하게 들리는 이번 앨범은 조용한 방에서 혼자 들으니 최고라는 탄성이 절로 나옵니다. 라이브에서는 느낄 수 없는 감흥이 있습니다.

2.5집 리메이크 앨범이 나왔습니다~
♪ 뽀로꾸 | 12.11.08.

벌써 오래전 일이 되어버린 것만 같네요. (한달 반 전의 일이지만) 저의 첫 번째 리메이크 앨범이 나왔습니다.^^

지난 봄과 여름은 참 길고도 힘든 나날이었던 것 같아요. 딱 두 곡 녹음했는데 그나마도 맘에 안 들어 다시 녹음해야지 하고 마음먹자마자 지독한 감기에 걸려버렸죠. 한 달 넘게 기침이 사그라지지 않고, 갖은 약을 다 써 봐도 말을 듣지 않는 감기…. 그렇다고 시간을 마냥 흘려보낼 수는 없었어요. 아무도 저에게 닦달하지 않았지만, 오히려 편한 마음으로 천천히 작업하라고 격려를 해주셨지만, 적어도 9월 콘서트쯤에는 선보일 수 있지 않을까 했던, 스쳐갔던 말들이… 어느덧 저에게는 하나의 약속이 되어 있었기 때문이죠.

게다가 그동안 제가 해왔던 음악과는 너무나 다른, 마치 누드를 보이는 듯한 이 투명함. 그 정도일 줄은 몰랐는데, 막상 녹음에 들어갔을 때 제가 느낀 두려움과 충격은 14곡의 녹음이 끝날 때까지 가시지를 않더군요. 매번 노래를 할 때마다 어딘가로 숨고 싶은 마음을 떨쳐내기 위해 노력했습니다. 포기하고 싶다, 그냥 쉽게 가고 싶다는 생각이 저를 끊임없이 괴롭히곤 했습니다. 시간이라는 압박감과 숨을 곳 없는 투명함. 그래서 참 힘들고 지치는 날들이었던 것 같아요.

하지만… 드디어 다 끝났어요. 그리고 어느새 한 달여가 지났네요. 이제 잠시 쉬어가며 지난 시간을 뒤돌아봅니다. "휴우~~ 애썼다… 대견하네…" 저 자신에게 웃으며 몇 마디 건네봅니다.

리메이크 앨범을 내놓으면서 참 많이도 걱정했습니다. 전자음악과 갖은 악기의 현란한 음악에 길들여져 있는 요즈음… 통기타 한 대와 나의 목소리 하나만으로 채워진 이 음반이 대중에게 외면당하지는 않을까? 눈물이 날 것 같지만 결코 울게 만들지는 않는 절제된 창법을 편안하게 받아들여 주실까? 2집 앨범을 만들 때와는 또 다른 고민과 걱정이 참 오래도 저와 함께 두 계절을 보냈네요. 부디 이 노래들이 가슴에 와 닿았으면 하는 마음뿐입니다.

제가 후원자를 따로 밝혀드리지도 않고, 딱히 드러내어 감사드리지도 않는데도 불구하고 남몰래 묵묵히 후원해주신 여러분께 정말 감사드립니다. 여러분의 후원이 매우 큰 힘이 되었습니다. 참으로 고맙습니다!

┗ 빼롱이 12.11.09. 기타의 음률과 뽀님 목소리와 중간 중간 호흡하는 숨소리까지… 기대 이상의 명곡들입니다. 너무 바쁜 요즘이지만 아침과 취침 전에 꼭 챙겨 듣고 있습니다. 다음 앨범이 더욱 기대됩니다.

┗ 보은 12.11.09. 첨엔 깊이를 잘 이해하지 못했습니다. 흘러간 노래를 팬들을 위해 내놓으셨구나, 팬이니깐 들어야 하는 정도? 그러나 지금은 노래 한곡 한곡 가사를 음미하며 "아~ 이렇게 좋은 노래였구나" 하고 느낍니다. 통기타 하나와 목소리뿐인데도 솔직히 다른 가수들이 부르는 노래에선 이렇게 좋은 맛(?)을 느낄 수가 없네요. 특히 '당신의 마음'이라는 노래가 정말 아름답습니다. 이렇게 좋은 노래인줄 미처 몰랐습니다. 다른 가수들과 살짝 비교해 봤는데 뽀님 노래가 최고로 가슴에 와닿네요. 하~하~

┗ 청산노을 12.10.14. 앨범 중에 조관우의 '길'이라는 노래를 듣고 있는데, 개인적으로 가장 와 닿더군요. 나머지 곡들도 주옥같은 명곡에 많이 듣던 노래라 더 이상 언급

이 필요 없을 정도로 감동이 전해졌습니다. 특히 '길'은 뽀님 목소리에 멜로디와 가사를 더하니 원곡자가 양보해야겠다는 느낌이 들 정도로 지민님화(化) 되었더군요. 감정 전달이 그대로 전해져 예전에 그냥 흘려들었던 아쉬움에 반복해서 듣습니다. 같은 곡이라도 부르는 이에 따라 이렇게 달리 집중하게 되고 업그레이드된다는 것을 경험하게 되는군요. 이번 2.5집 앨범은 삶의 무게로 인해 의욕이 없어질 때 편안한 안식처가 돼주고 깊은 묵상을 할 수 있게 해주는 좋은 작품으로 빚어졌다고 생각합니다. 다음엔 격정적이고 다이내믹한 곡들을 기대하면서….

3부

위로와

격려

이번 일요일은 쉬지도 못하고
설감(未熟柿) | 08.10.23.

하루 세 군데의 라이브카페에서 각각 40분씩 합이 120분, 쉬는 날은 고작 일요일 뿐, 무려 2시간을 매일같이 노래합니다. 노래가 좋다지만 매일 그렇게 부른다는 것은 결코 쉬운 일이 아닐 것입니다.

예전에는 라이브카페 분위기 따라 손님들 취향에 맞게 부르면 되었는데, 이제 팬클럽이 생기고 회원이 늘어난 반면에 새로운 곡을 불러야 한다는 선곡 부담감이 있을 것이 뻔합니다. 시간이 있으면 휴식도 취하고 나름의 취미도 즐겨야 하는데, 안 불렀던 노래 연습하게 해, 결과적으로 일을 더 만들어드린 것은 아닌지….

더구나 이번 주는 안산에서 '환경음악회' 공연이 있어 일요일조차 쉬지 못하겠네요. 그러나 "힘들 때면 강사모를 생각하세요~ ♪" 어떤 무대에서든 성원과 격려, 선교(?)에 앞장서는 전도사들로 넘쳐나, 일요일 오후 시화호 갈대습지 공원에도 보기 드문 감동의 물결이 일 것입니다. "강지민~!, 강지민~!" 강지민을 연호하는 객석의 뜨거운 호응이 이번에는 시화호 갈대밭을 활~활 불사를 것입니다. '노래천사' 뽀로꾸 님, 당신을 사랑합니다. ♡

┗ 설감(未熟柿) 08.10.23. 혹시 공연 틈에 기회가 되면 팬클럽 얘기하는 것 잊지 마세요~! 그렇게 홍보하는 겁니다.

└ ♪**뽀로꾸 08.10.24.** 아직은 부끄러워서… 중간에 말하기가 쑥스러워요. 잘할 수 있을까 하는 부담이 먼저라….

└ **송추 08.10.27.** 그럼요~ 홍보를 해야 알지요. 저 역시 공연 중에 팬카페 소개를 해주셨기에 찾게 되었거든요. ㅎㅎ

└ **새벽 08.10.29.** 무슨 행사가 있어 찾은 것이 아니었습니다. 갑자기 습지공원이 보고 싶어 오후 늦게 찾았는데 노랫소리에 이끌려 습지공원 둘러보는 것도 잊은 채 그냥 좌석에 앉았습니다. 처음부터 끝까지 힘차고 멋진 모습에 절로 기분이 좋아졌습니다. 물론 추위는 약간 있었지만 추위를 녹이기에 충분한 실력을 발휘해주셨네요. '강지민'이란 이름 오늘 처음 들었지만 어느새 당신의 팬이 되어버렸습니다. 앞으로 더욱 좋은 노래, 좋은 모습 기대하겠습니다.

└ ♪**뽀로꾸 08.10.30.** 새벽 님~! 추운데 한 분도 자리를 떠나지 않는 모습에 얼마나 감동했는지 몰라요. 새벽 님도 그분들 중 한 분이셨군요. 힘이 절로 났습니다. 덕분에 온종일 집에서 몸살로 앓아누웠지만요.^^

작은 넋두리입니다
달콤한인생 | 08.11.24.

이 나이쯤 되면 마음이 평온해질 줄 알았습니다. 10대 때는 20대가 된다면… 20대에는 30대가 된다면… 30대에도 역시…. 이제는 문득 이런 생각이 듭니다. 마음의 평온이 오는 날이 과연 있을까? 후회되는 일투성이이고, 미련 남는 일투성이이고, 이 나이 되도록 뒤만 자꾸 바라보는 저를 보게 됩니다. 또 한 해가 가나 봅니다. 또 다시 이런 생각들이 끊임없이 고개를 쳐드는 걸 보니….

이제는 그만 '별일 아니다' 라고 말할 수 있었으면 하지만, 저에겐 아직도 세상 모든 일이 '별일' 입니다. 다들 신나는 이야기 채워주시는데, 이런 글 올려도 되는지 고민 많이 했습니다. 눈치 한번 짧게 던져주시면 언제든 삭제하겠습니다.^^ 우리의 뽀님도, 회원님들도 행복한 연말 보내시길 바랍니다.

ㄴ ♪뽀로꾸 08.11.24. 후회를 하며 살았기에 지금의 내가 존재하는 것이고, 앞으로 해야 할 수많은 후회가 저를 만들어주겠지요. 저도 달콤한인생 님 못지않게 너무 많은 후회 속에서 살고 있어요.^^ 에이~ 앞만 보고 달려가야지 하며 살다가도 역시나 돌아보면 후회스런 날들이 더 많기도 하고…. 달콤한인생 님도 화이팅~! 저도 파이팅~!

ㄴ 달콤한인생 08.11.25. 역시 힘이 나는 팬카페! 위로받고 싶었나봅니다.^^;; 여러분들의 달달한 말씀들 잘 새겨듣겠습니다.^^

제발 이런 몰지각한 손님들 좀 없었으면

설감(未熟枾) | 08.12.10.

감기 기운이 채 가시지 않아 목소리가 잠긴 상태에서 겨우 노래하는데, 무대 바로 밑 맨앞의 손님들 셋이 연신 담배를 피워 물고 연기를 무대로 흘려보낸다. 조용히 듣나 했더니 이번에는 좋은 말 다 놔두고 뽀님이 가장 싫어하는, 듣기 거북한 말만 골라서 무대의 뽀님을 자극한다. 한두 마디도 아니고 연달아….

한바탕 쏴주고 싶었지만 자칫 언쟁이라도 벌어지면 무대가 중단되는 상황을 초래할 수도 있어서 불쾌한 감정을 누그러뜨리며 꾹 참고 있는데, 애써 노래하는 뽀님은 기분이 상해 노래할 맛을 잃었나 보다. 결국 서너 곡을 남겨 놓고 중간에 무대를 내려오고야 말았다.

가수한테 찬물 끼얹는 말만 골라하는 매너 꽝 손님으로 인해 함께 신나고 즐거워야 할 무대와 객석 분위기가 썰렁했던 날이다. 더구나 자기들만 있는 것도 아니고. 제발 이런 몰지각한 손님들 좀 없었으면…. 일주일 중에서 화요일이 노래가 제일 잘되는 요일이라고 했는데, 멋진 화음(和音)을 기대했던 화요일이 졸지에 화(禍)요일이 되고 말았다.

ㄴ **수길 08.12.10.** 안타깝습니다. 뽀~님! 나쁜 사람들로 인하여 마음의 행복을 잃어버리면 안 됩니다. 힘내세요~~

ㄴ **설감** 08.12.12. 노래 못 듣게 만들어 홀 안의 손님들한테 미안했던지, 뽀님이 무대 내려오니까 자기들도 바로 일어서더군요. 그나마 다행인 것은, 나가면서 뽀님에게 미안하다는 말은 잊지 않더군요. 말 한마디로 천 냥 빚을 갚는다고 했는데, 좋은 말 놔두고 꼭 염장 지르는 말만 골라 하더니….

ㄴ ♪ **뽀로꾸** 08.12.14. 설감 님~ 그날 와서 보곤 다 이르셨네요. 저도 정말 오랜만에 노래하다 말고 중간에 내려와 봤네요. 그것밖에 못하면 내려오라는데…. 덕분에 잘 쉬긴 했지만, 프로로서 저를 잠시 망각한 시간이어서 좀 죄송스럽기도 했어요.

라이브 가수를 그만두려 합니다

♪ 뽀로꾸 | 08.12.21

우선 찾아주시는 회원님들께 너무나 죄송하다는 말씀밖에 드릴 수가 없네요. 개인적인 사정으로 라이브 가수라는 직업을 이제 그만둡니다.

라이브카페에서 만나는 손님들과는 달리 정말 순수한 목적으로 팬카페에 찾아주시고 응원해주신 여러분께 어떻게 말씀을 드려야 할까, 어떻게 사죄를 해야 할까 정말 오래도록 고민했습니다. 하지만 그 어떤 말로도 저의 마음을 대신할 길이 없네요. 신상에 문제가 있거나, 밝힐 수 없는 어려움이 있어서가 아닙니다. 그냥 평범해지려고 합니다. 더욱 행복해지려고 합니다. 그뿐입니다.

설감(카페지기) 님, 감사했습니다. 그동안의 노고와 열정에 매우 감사를 드립니다. 누구누구라고 말하기에는 너무나 죄송하고 고마우신, 오래도록 끊임없이 사랑해주고, 힘이 되어주신 회원님들! 여러분 모두에게 언제나 건강과 행복이 함께 하시기를 빕니다.

┗ **비의 무숙자** 08.12.22 세상에 평범하게 산다는 것만큼 어려운 삶이 어디 있을까요? 부디 이겨내어 행복한 시간들로만 충만하시길 바랍니다. 편한 마음으로 노래 들을 수 있는 시간이 다시 왔으면 하는 생각입니다. 노래를 안 한다고 행복해지는 건 아닐 거구요.

ㄴ **힘찬 08.12.22** 갑작스러운 일이라 정리가 잘 안 되네요. 잠시 무척이나 걱정하고 궁금했는데 이렇게 글로나마 뽀로꾸 님 대하고 나니 조금은…. 모두들 힘들어하는 모습을 보니 정이 깊이 들었나 봅니다. 시간이 흘러야 정리가 될 듯합니다. 우선 쉬세요 ~~

ㄴ **옥수수 08.12.22** 평범함으로 돌아가심이 더 행복한 길이라면 그렇게 하셔야지요. 그런데 지민 님으로 인해 행복함을 느꼈던 팬으로선 참으로 마음 아픈 일이 되었네요. 짝사랑하던 누군가가 영영 볼 수 없는 곳으로 가버린 것처럼 마음 한구석이 텅 비어버린 것 같아요. 정말 좋아했는데…ㅠㅠ 부디 건강하시고 행복하시길 간절히 기원합니다. 당신을 알고 지낸 짧은 시간 당신이 준 행복이 너무도 그리워질 것 같습니다.

ㄴ **방울 08.12.23** 왜케 눈물이 앞을 가리는지…ㅠㅠ

제 동영상을 없애고자 합니다. 사죄합니다

♪ 뽀로꾸 | 08.12.21.

그동안 성원해주신 회원님들 너무나 감사합니다.
열심히 한다고 해놓고 끝까지 책임지지 않은 것 또한 죄송합니다.
이제 노래를 떠나면서 동영상 방과 사진 방을 저의 임의로 없애버립니다.
정말 죄송합니다. 진심으로 사죄합니다.

ㄴ 내마미아 08.12.21. 죄송할 것까지 있습니까? 그동안 뽀로꾸 님으로부터 받기만 했던 처지에…. 무슨 일인지는 모르겠으나 알려달라고 조르지는 않겠습니다. 마음 가는 대로 해보세요. 아직 젊으시잖아요. 어떤 모습으로 나타나시든 행복하셨으면 좋겠고, 언젠가 친목의 자리라도 마련해주시길….

ㄴ 옥수수 08.12.22. 마음이 갑자기 휑하네요. 사실 회원으로 가입한 지 얼마 되지 않았지만 너무 좋은 노래 들을 수 있어 많은 직원들에게 얘길 하고 다녔는데…ㅠㅠ 누군가를 팬으로서 좋아해 보긴 가수 이선희 씨 이후 지민 님이 처음이자 마지막이었는데…. 강지민이란 가수의 노래를 듣고 갑자기 빠져들어 근무 중에도 노래를 들으며 일할 수 있어 너무 행복한 시간이었습니다. 어찌해야 할까요? 사랑하던 애인이 떠나버린 듯한 심정입니다. 가슴 한구석이 이렇게 뻥 뚫린 기분은 무엇으로 채울 수 있을지 모르겠네요. 지민 님 그동안 고마웠습니다. 행복하세요.

ㄴ richard 08.12.22. 떠나시면서 팬들 준비 좀 하게 카운트다운하지도 않으시고,

더군다나 동영상까지 삭제한 건 너무 아쉽고 또 화가 나네요. 하지만 그만큼 좋아했으니 모든 걸 이해하렵니다. 부디 건강하시길 바랍니다.

ㄴ **Doney 08.12.22.** 강지민 님의 동영상까지 지울 필요가 있나요? 활동은 일시 중단하더라도 강지민 님을 좋아하는 사람들을 위해서 팬 서비스 차원에서 동영상을 남겨두면 안 될까요?

ㄴ **재롱맘 08.12.24.** 지민아, 팬카페 덕에 얼굴 자주 볼 수 있어서 정말 좋았는데 어찌하여 사진과 동영상 다 지운건지… 사진 한 장 안 보내주면서… 재롱이랑 지성이도 왕 삐침…. 참~ 형부가 걱정 많이 한다. 괜찮은 거지?

얼마나 많은 힘든 시간을

몽몽이 | 08.12.22

어제 하루는 마치 꿈을 꾼 것 같았습니다. 오늘도 몇 번이나 카페를 열었다 닫았다…. 저 말고 다른 많은 회원님들도 이 자리에 남아 한참 동안 자리를 떠나지 못하는 모습을 보았습니다. 우리에게 많은 위안과 기쁨을 주던 사람이 갑자기 사라져버리니 가슴 한쪽이 뻥 뚫린 듯한 느낌입니다.

하지만 공인이라는 이름으로 얼마나 많은 힘든 시간을 보내야 했을까 하는 질문을 우리들은 해보지 않았던 것 같습니다. 그저 갑작스런 이별 통보에 대해 무책임하다는 말로 폄하하기엔 우리가 모르는 부분이 너무나 많지 않을까 하는 생각도 들고요.

요즘처럼 익명성이 판치는 세상에 얼굴도 모르는 사람들에게 자신의 모습을 내보여야 한다는 것은 30대의 아가씨로선 외로운 섬에 갇혀버린 것처럼 무척이나 두려운 일일지도 모릅니다. 자신의 몸이 아프고 삶에 어려움이 있을 때에도 웃음을 지어야 하고 노래를 불러야 하는 것도요.

얼마 전 뽀님의 언니(재롱맘 님)께서 올린 '라이브 가수라는 직업에 대하여' 라는 글에서도 화려한 것 같지만 우리가 볼 수 있는 모습의 이면에서 혼자 가슴 아파하고 힘들어하는 뽀님의 모습을 조금이나마 읽을 수 있었습니다.

이제야 뽀님을 먼발치에서나마도 볼 수 없다는 사실을 인식하게 되었을 때, 뽀님이 제가 단편적으로 알고 있었던 것보다 훨씬 더 고달프고 힘들었다는 사실을 느끼게 되었네요. 우리가 보내던 환호와 박수가 뽀님께 힘이 될 수도 부담이 될 수도 있다는 것도요.

하지만 우리는 기억할 겁니다. 아침햇살처럼 환하게 웃던 뽀님의 백만 불짜리 미소를, 가슴을 두드리던 아름다운 노래를, 그리고 뽀님을 사랑하고 아끼는 마음으로 모인 우리는 기다릴 수 있을 겁니다. 아무 일도 없던 것처럼, 기나긴 겨울이 지나면 따뜻한 봄이 오는 자연의 섭리처럼….

'수어지교' 라는 말이 있지요. 물고기는 물을 떠나서 살 수 없다는 말입니다. 뽀님도 노래를 떠나서 살 수 없다는 것을 우리 모두는 너무도 잘 알고 있습니다. 뽀님이 개인적인 문제로 당분간은 우리 곁에서 멀어진다 해도 언젠가는 환한 미소와 함께 제자리로 돌아올 것을 믿습니다.

ㄴ 방울 08.12.23. 울고 싶을 때 울고, 웃고 싶을 때 웃고, 먹고 싶을 때 먹고, 자고 싶을 때 자고 하는 것이 인간에게 좋은데 라이브 가수라는 것은 항상 즐거운 감정만을 강요당하는 것이어서 매우 힘이 드는 직업이라 생각해요. 저는 우리 뽀님에게 냉정할 수 있는 자유를 좀 주는 것이 좋지 않을까 생각합니다. 화도 내고, 어쩌다 실수도 좀 하고, 때로는 뻥도 좀 치고, 가끔은 험담도 많이 하고, 간간이 뒷담화도 좀 하는 등 사회적으로 좋지 않다고 생각되는 행위로의 일탈이 필요하지 않을까 감히 생각해봅니다. 착한 그녀가 아닌 나쁜 그녀, 환상의 그녀가 아닌 일상의 그녀가 한번쯤 되어보는 것도 좋지 않을까 하는 것이지요. 인생은 어차피 미운정과 고운정이 밧줄처럼 꼬여서 만들어지는 것이 아닐까요?

그리운 지민 님

준구 | 09.01.05.

처음으로 글을 올리네요. 저녁에 지민 님을 처음 봤던 그 라이브카페에 그때도 함께 갔던 선배와 같이 갔어요. 지민 님이 없다는 게 이상하게 쓸쓸하고 허전했어요(ㅋ 나만 그런가?). 한참 이런저런 얘기를 하다가 선배와 저는 아무런 말없이 멍하게 앉아있었죠.

물론 다른 훌륭한 가수분이 노래를 불렀지만 제 귀에는 그냥 맴돌았어요. 그동안 저나 그 선배나 지민 님이 부르는 노래를 즐겁게 따라 부르며 때론 감상에 젖어들었죠. 지민 님이 저와 선배의 마음을 흔들어놓은 것 같아요.^^ 선배 왈, "총 맞은 것처럼 가슴을 뻥 뚫렸다." ㅋㅋ

어디서든 건강하시고 이제 일로 노래를 부르는 게 아니라 편안하게 맘껏 즐겁게 노래를 부르세요. 그러면 우리 뽀찾사(뽀로꾸 님을 찾는 사람들)가 찾아낼 거예요~*^^*

    ㄴ **뚜벅뚜벅 09.01.08.** 저도 이 사람(뽀로꾸 님)에 대한 감정이 점점 애틋해집니다. 도움은 안 되지만 행복하시길 기원 드립니다.

다시 노래를 시작하려고 돌아왔습니다

♪ 뽀로꾸 | 09.01.30.

노래를 떠난다고 했었고, 진심으로 그리 하려고 했었습니다. 팬카페를 차마 지울 수 없었던 것은, 저 한 사람만의 카페가 아니기 때문이었습니다. 팬카페마저 없애버렸다면 다시 노래 부르기까지 더 오랜 시간이 걸렸겠지요.

이랬다 저랬다, 마치 잠시 쇼라도 한 듯한 기분이 드네요. 저에게는 (지난 40일간이) 너무나 길고도 긴 시간처럼 느껴졌지만 돌아보면 그리 긴 시간도 아니었네요.

다시 노래를 시작하려고 합니다. 이유도 모른 채 기다려주시고 힘내라고 해주신 회원님들께 죄송하다고 말씀드립니다. 그리고 정말 감사합니다.

아직은 뭐라 말씀드리기 어렵지만, 더욱 열심히 노래하는 것만이 회원님들께 제 마음을 전할 수 있는 길인 것 같습니다. 이곳이 저뿐만 아니라 여기 계신 모든 회원님들의 따뜻한 안식처가 되길….

┗ **뭉게구름** 09.01.30. 반갑습니다~ 지민 님! 다시 시작하신다니 고마울 따름입니다.ㅎㅎ 한동안 마음 둘 곳이 없어 허전하였는데, 이렇게 지민 님의 글을 보게 되니 정말 기쁘기가 이루 말할 수 없네요. 마침 오늘이 제 생일인데 생일선물을 주신 것 같은 생각도 들고요.ㅎㅎ 지민 님~ 파이팅~!!!!!!

┗ **자이레블루** 09.01.30. 반갑네요~ 이곳을 떠나지 못하고 가끔 들려 눈팅만 했었

는데 이제 다시 오고 싶은 곳이 되었습니다. 이렇게 많은 분들이 지민 님을 기다리고 있었기에 기쁨이 두 배가 되지 않나 싶네요~ 지민 님 힘내시고 파이팅입니다.^^

   ㄴ **지민과 함께** 09.01.30. 열심히 뛰다 보면 넘어질 때도, 때론 쉬어갈 수도 있지요.^^ 생채기는 시간이 지나면 새살이 돋아나지요. 뽀록 님 마음에도 빨리 새살이 돋기를 바랍니다.

   ㄴ ♪**뽀로꾸** 09.02.03. 51개의 댓글 하나하나 너무나 감사히 잘 읽었습니다. 그동안 못 뵈었던 분들마저도 너무나 반가이 맞아주셔서 저 또한 기쁨이 두 배이네요. 무언가 새로 달라져야 하는 건지, 아니면 아무 일 없었던 듯 제자리로 돌아가야 하는 건지… 시간이 해결해주겠지요. 밝고 힘찬 모습을 빨리 되찾도록 노력하겠습니다! 감사합니다~~

      ㄴ **뭉게구름** 09.02.05. 뽀로꾸 님~! 오늘 철물점에 가서 자물통 사다 놨답니다. 뒷문 걸어 잠그려고요.^^ 이제 암데두 못 가여~~ㅎㅎ

      ㄴ ♪**뽀로꾸** 09.02.06. 에잉~ 돈 좀 더 쓰시지 그러셨어요.ㅋㅋ 요새 쌔고 쌘 게 번호 키인데~~ㅎㅎ

      ㄴ **뭉게구름** 09.02.06. 요즘 불경기라 주머니가…ㅋㅋ

   ㄴ **요리조리마술사** 09.02.04. 뽈꾸 님을 잠시나마 미워했지만 예전처럼 주옥같은 노래 들려주시면 모든 걸 용서해 드리겠습니다~~ㅋㅋ

꿈을 찾아

하루가 지나고
또 다시 하루가 지나고
문득 돌아보면
세월은 저 뒤에 있네
잡으려 할수록
더 멀리 가버린 사랑들
이룰 수 없었던
지난날 내 젊은 날의 꿈
내 가슴에 소중한 단 하나
멀고도 가까운
그곳에서 심장을 두드려 온다
꿈을 찾아 떠나자 함께 가 보자
하늘 높이 날아가 보자
무엇이든 해낼 수 있잖아
꿈을 찾아 떠나자 함께 가 보자
세상 멀리 소리쳐 보자
우리 앞에 밝은 미래가 있어
(강지민 2집 중에서)

다람쥐 쳇바퀴의 괴로움이 배어나와 보입니다

퉁구스 | 09.05.02.

다람쥐 쳇바퀴… 변함없는 일상, 항상 노래해야 하는 괴로움이 동영상으로도 문득 배어나와 보이네요. 때론 다 때려치우고 어디론가 숨고 싶을 때도 있을 것이고, 목적과 미래의 궁금함에 답답할 때도 있을 것이며, 공연 후의 허전함에 가슴이 뻥~ 눈물도 있겠죠.

외롭고 슬퍼 보입니다. 힘겨워하는 것이 비쳐요. 고운 음악과 영상을 가끔 즐기는 우리야 즐겁지만, 지민 님이야 얼마나 지겹겠어요? 항상 고마워요. 이 말밖에 드릴 게 없네요. 사랑하시고 건강하세요~~

ㄴ ♪**뽀로꾸** 09.05.02. 지난 토요일 이유 없이 목이 쉬면서 일하는 게 두 배로 힘들어졌어요. 키도 낮춰 부르고… 마음껏 소리가 나지 않아 답답한 마음에 화가 나기까지 했답니다.^^; 요샌 그 이유 때문에 힘들고요. 가끔은, 저도 사람이니까 말 그대로 지겨울 때도 있어요. 하지만 대부분은 즐기면서 할 때가 많기 때문에 이 일을 사랑합니다. 더 좋은 모습 보일 수 있도록 노력하겠습니다.^^

답답한 날, 우울한 마음
♪ 뽀로꾸 | 09.06.10.

　자기가 잘되기 위해서 남을 짓밟고 싶어 하는 사람, 당연한 일을 하는데도 일부러 상황을 연출해놓고 그게 당연하지 않은 거라고 함정을 파놓는 사람, 이때가 기회다 싶어 억지 부리며 뒤통수를 치는 사람….

　그런데 말없이 침묵하고 내 할 일만 열심히 하면서 알아주기를 기다리는 것은 바보 같은 짓일까요? 그게 옳은 거라고 다들 쉽게 말할 수 있겠지요. 하지만 그렇게 사는 것이 얼마나 답답하고 힘든 일인지….

　남에게 잘 보이기 위해서 눈에 보일 때만 아부하고, 내가 살기 위해서 다른 사람을 죽이려 드는 것, 그렇게 사는 것이 먹고 살기 위해서라는 핑계로 용서가 되는 걸까요? 양심을 가지고 열심히 사는 게 이기는 것이라고 생각은 쉽게 할 수 있지만 막상 우리는 그렇게 살고 있을까요?

　저는 고집쟁이예요. 내가 옳다고 생각하는 것에 대해서는 뜻을 굽히기가 어렵네요. 그 고집 때문에 모가 나서 정으로 맞을 때도 많은데 말이죠. 지는 게 너무 싫고 너무나 이기고 싶을 때엔 그 사람 모르게 숨어서 더 연습하고, 더 열심히 준비해서 이겼던 것 같아요. 숨어서 연습하는 것을 정정당당하지 않다고 여기는 이도 있겠지만, 적어도 전 이기기 위해서 수를 쓰거나 상대를 속이지는 않았어요.

　20대 중반에 한 타임에 70만 원을 받으며 일하던 때예요. 다른 가수들이

80만 원을 받고 일하고 있던 걸 저는 전혀 몰랐었죠. 적은 돈을 받고 있는 것도 모른 채 전 매우 열심히 노래했습니다. 그러던 중 어떤 일이 있었고, 저는 다른 사람의 입을 통해서 라이브카페 사장님이 저에 대해 "쟤는 그래서 싸잖아"라는 말을 했다는 사실을 알게 되었어요. 상처 받았지만, 그대로 무너진 채 나 자신을 싸구려로 남기고 싶지 않았어요. 그때부터 미친 듯이 레퍼토리를 늘리고 더욱더 열심히 연습하고 일도 했어요. 그 덕에 지금은 레퍼토리가 적다거나 노래실력이 부족하다는 얘기는 듣지 않는 가수가 된 것 같아요.

우울하고 힘든 일이 있을 때도 내 앞에 있는 손님들만큼은 즐겁게 해주고 싶고, 40분의 시간 동안 기쁨과 슬픔을 모두 함께 나누고 싶고, 앞에 서서 노래하는 게 어색하고 부끄러울 때는 부끄럽다고 솔직히 말해서 양해도 구하고 싶어요. 적어도 무대에 서있는 순간만큼은 함께 호흡하고 함께 나누는 라이브 가수가 되려고 다짐하고 또 노력한답니다. 그게 나의 직업이고 내가 할 수 있는 최선이니까요. 말은 이렇게 해놨는데, 돌이켜보면 또 말만큼 지키며 일하지 못한 때가 많은 듯해 후회스럽네요.

누군가에게 잘 보이고 싶고 내 가치를 높이고 싶을 때 제가 할 수 있는 것은 그저 숨어서 노력하고, 마음을 담아서 열심히 하고, 진심으로 웃는 것밖에 없어요. 그런데 살다 보니 달콤한 한마디가 더 도움이 된다 싶기도 해요. 우직하게 내 할 일만 똑바로 하는 것보다는 내 할 일도 하면서 달콤한 한마디도 가끔 섞어주는 거죠.

오늘따라 그동안 내가 살아온 방식이 참 후회스러워요. 변명 늘어놓을 줄 모르는 내 성격이 밉고, 상대도 내 마음과 같을 거라고 믿는 게 얼마나 어리석은 생각인지… 후우, 한숨만 나오고 두서가 없네요.

"이노무 손가락아~ 오늘은 너만 바보가 아니구나. 너 때문인지 나 때문인지 오늘은 내가 너무 바보 같구나. 작은 일 하나에 상처받고, 돌이켜보고,

후회하는 것이 말이다. 그러나 상처를 준 사람은 벌써 잊어버리고 신이 나서 웃고만 있단다."

우울한 날입니다.

└ **뭉게구름 09.06.10.** 살아가면서 과거 일들을 떠올릴 때 부끄럽고 후회된다는 생각이 안 드는 사람은 아마 없을 거예요. 완벽한 인생은 없을 테니까요. 그런 것도 신이 인간에게 주신 미(美)의 한 가지이니까요. 그래도 뽀님은 아직 많은 이에게 나눠줄 것을 많이 가지고 있잖아요? 뭉게구름은 지친 삶의 무게를 이곳에서 뽀님 노래를 들으며 덜어낸답니다. 그러니 낙심하지 마시고 긍정의 힘을 믿어 보세요.

└ **푸베 09.06.10.** 다른 사람의 모난 것, 거친 부분, 뾰족한 가시를 가슴에 품는 훈련을 하는 게 인생살이 아닐까 생각합니다. 품어서 녹여버리세요~ 처음엔 품는 가슴에 피가 나고 상처도 입겠지만, 내가 죽지 않을 만큼 인내로 단련한 후에는 '도검불침 금강불괴(刀劍不侵 金剛不壞)'가 될 거예요.^^*

└ **자마티 09.06.10.** 진실만으로는 이길 수 없다는 것을 인간의 오랜 역사가 보여줍니다. 역이용하는 욕심쟁이들이 있기 때문이죠. 아무쪼록 방법을 찾아서 이겨내시고 꿈을 이루셔서 모든 상처를 충분히 보상받으시길….

└ **♪뽀로꾸 09.06.10.** 이런~ 이런… 자유게시판을 이렇게 많이 보시는 줄은 몰랐네요.^^;; 이런 공간이 있다는 게 힘이 됩니다. 정말 힘이 됩니다. 좋은 말씀은 새겨듣겠습니다. 시원한 한마디에 후련히 털어버리겠습니다. 저만 잘하고 저만 착하지는 않았겠죠. 저도 분명 잘못한 점이 있었기에 더 속이 상한 것일 거예요. 옳고 그름을 떠나서 마음가짐이 바르면 제일이라고 생각했던 것 같아요. 마음뿐 아니고 실생활에서도 좀 더 진실하고 바르게 행동해야겠어요. 이렇게 많이 응원해주시고 걱정해주시는 분들이 있음을 다시 한번 기억하며 반성할 것은 반성하고 고칠 것은 고쳐야겠습니다.^^ 이제 다시 파이팅하며 밝게 웃어야죠. ㅎㅎ

비방은 슬퍼요 ㅠ.ㅠ
♪ 뽀로꾸 | 09.06.23.

어제는 포털사이트에서 제 이름으로 검색을 해봤더니 많은 동영상이 주르륵 나오더군요. 간간이 꼬리글도 달려있고요. 카페 안이 아닌 카페 밖에는 어떤 글들이 있을까 하고 읽어봤지요. 좋은 글도, 나쁜 글도 있더군요.

그 가운데 "통기타가수도 아닌 것이…" 어쩌고 하는 분이 계시더라고요. 네, 솔직히 맞습니다. 기타? 정말 잘 못 치죠. 분명히 그건 저도 인정하는 부분이에요. 매일매일 연습해야지 하면서도 기타는 손에 쥐어보지도 못하고 일을 하러 가는 것이 일상이 되어버린 지 오래….

라이브카페에서 일하다 보면 노래에 더 많이 신경을 쓰게 되네요. 우선은 입으로 불러야 하나라도 더 할 수 있는 일이기에 말이죠. 신곡은 매일같이 쏟아져 나오는데, 머리 나쁜 저는 노래 한 곡 배우는 데도 꽤 오래 걸리네요.ㅜ.ㅜ 급한 대로 헷갈리는 부분은 악보를 대략 읽어가며… 최고가 되기보단 최선을 다하는 사람이 되는 것이 더 멋진 거라고만 여겼는데…. 그래서인지 기타란 녀석에게는 그리 노력을 들이지 못했네요. 하지만 제가 아무리 기타를 잘 친다고 해도, 그 수많은 곡을 전부 기타로 훌륭하게 연주할 수는 없을 거라고 생각합니다. 멜로디도 생각 안 나는 곡들이 수두룩하니까요.

"반주기 틀어놓고…"라고 아주 까칠하게 지적하던 그 님. 거기에 대해서는 할 말이 참 많네요. 내가 반주기 안 틀어놓고, 그리 잘 치지 못해도 기타만

들고 노래하면 통기타가수로 인정해주실는지요? 예전에 처음 노래 시작할 때, 기타를 잘 치지는 못했지만 그땐 반주기 없이 노래를 했더랍니다. 하지만 시대의 흐름에 맞추지 않으면 도태되는 것이 사회이고, 저 역시 굳이 어려운 길을 가기보다는 가능한 한 쉬운 길을 가고 싶은 평범한 사람일 뿐입니다.

무대에서 노래책 뒤져가며 시간 끌고 있다간 손님에게도 업주에게도 눈총만… 그러다 보면 매일 했던 노래만 하게 돼요. 다른 가수들은 반주 들어가며 신나게 쾅쾅거리며 분위기 띄우는데 얌전히 앉아서 그러고 있으면 재미가 없다, 분위기 가라앉는다는 말을 듣고요, 정리해고 일순위에 매겨지게 되고… 일에 대한 변명은 붙일 게 참 많네요.

실력으로 평가한다면 기타 실력 부족하니 반주기 트는 것 맞고요, 스탠딩 가수처럼 춤 못 춰서 기타 들고 폼 잡는 것 맞아요. 여기에는 이의를 달지 않겠습니다. 하지만 아무래도 반주기를 쓰게 되면 편한 게 많지요. 가사 나오고, 코드 나오고, 음악 깔아주고, 목 축일 시간도 주고….

저도 그분에게 한마디 하고 싶네요. 예전에는 편지를 써서 우체통에 넣고, 그 편지의 답장을 기다리고, 기다림 끝에 설레는 답장도 받아보았지요. 그 시절이 좋다면 앞으로 메일도 쓰지 말고, 핸드폰도 쓰지 말고, 무슨 일이 있어도 꼭 자필로 편지 써서 우체통에 넣으시라고요. 저는 그냥 급할 땐 핸드폰으로 통화하고, 남기고 싶은 말이 있을 땐 메일을 보내고, 일 년에 한두 번쯤은 편지도 써보겠다고 생각하는 사람입니다.

언제나 저를 좋아해주시는 분들 틈에서 항상 즐거워하고 있기만 했더니 모자람을 지적받을 줄 모르고, 싫은 소리 듣는 게 즐겁지 않은 사람이 되어버렸네요. 그래도… 그래도… 남에게 드러내놓고 무슨 말을 할 때는, 그냥 첫눈에 느낌이 싫어서 그런 것인지 아니면 실력이 모자란 것이 보기 싫어서인지는 모르지만, 과연 그런 말을 하는 자신은 부끄럽지 않게 살고 행동하고 있나 생각해 볼 여유를 가졌으면 좋겠네요. 그러면서 드러내놓고 한마디를 한다면 조금 더 겸허히 받아들일 수 있을 텐데….

싫으면 굳이 찾아서 보지 않았으면 하고, 어차피 그의 인생에 내가 일부러 개입하지는 않을 테니까요. 굳이 내 삶에 끼어들어 한마디 안 했으면 하는 생각도 드네요. 남을 비방하고 욕하는 것은 친구끼리 해야 진짜 재밌는 건데…. 어느새 어리광쟁이가 되어버려 회원님들께 측은해 하는 한마디 듣고 싶은 마음에서 써봤어요.^^

ㄴ 초이1 09.06.24. 너무 마음 상하지 않으시기 바랍니다. 세상엔 내가 아무리 잘해도 나를 싫어하는 사람은 늘 있기 마련이지요. 그런 사람들에게 신경 써서 마음의 상처를 받지 않도록 강인해지길 바랍니다. 빈 수레가 요란하다고 하지요. 솔직히 개뿔도 모르면서 아는 척하며 남을 비방하는 사람들이 알고 보면 아무것도 아니지요. 내가 이제껏 보아왔던 여자 통기타가수 중에 강지민 님이 제일 실력이 좋습니다. 무대 매너도 좋고 노래도 잘하고 얼굴도 예쁘고 기타도 잘 칩니다. 시간이 없어 연습을 못해서 그렇지 마음먹고 연습하면 누구에게도 뒤지지 않을 실력인 것 잘 압니다.

ㄴ ♪뽀로꾸 09.06.25. 이렇게 정성스레 글을 써주시고, 용기를 주시는 회원님들을 보면서 '정말 행복하구나~ ' 느껴봅니다.

ㄴ 김종화 09.10.26. 전 어제 가입한 새내기입니다. 많은 글들을 읽어보았습니다. 스스럼없이 팬들과 대화하는 모습이 정말 수수해서 좋습니다. 그저 베일 속에 가려진 채 스타성만 추구하는 그런 가수보다는 서민적인 모습으로 함께해 주시는 모습이 정말 좋습니다.

ㄴ 강사남 10.04.26. 다른 사람의 생각을 가지고 속상해 하실 필요는 없는 것 같아요. 타인의 생각과 말에 귀를 기울이는 것도 필요하지만, 정말 중요한 건 자신의 마음에서 시작되는 생각과 말이 아닌가 합니다. 비방에 속상해 하기보다는 사랑하고 응원

하는 다수의 사람들을 위해 지금처럼 멋진 무대와 노래 부탁드립니다. 힘내세요! 제 생각에는 웃는 모습과 입술을 깨무시는 모습이 제일 예쁘신 것 같은데… 그냥 웃으시면 될 것 같아요.

ㄴ **머피입니다** 10.10.31. 지민 씨도 사람이네요, 그런 글로 상처를 받고. 지민 씨보다 노래 잘 부르는 사람도 있을 겁니다. 하지만 매력이라는 것은 묘한 것이지요. 지민 씨의 노랫소리에 행복과 힘을 얻어가는 사람들은 많이 있을 것이라고 생각합니다. 저 또한 그런 사람 중에 하나이지요. 이런 약한 면에 오히려 더욱 인간적 애정이 느껴지네요. 자신이 얼마나 매력적인 사람인지 지민 씨는 모르십니다.

ㄴ **필바이러스** 11.01.09. 강지민 님은 가창력, 기타실력에서 우리나라 몇 안 되는 아티스트입니다. 저도 음악을 조금 아는데, 조용필 팬클럽 활동을 예전부터 했습니다. 조용필 님의 구슬 같은 노래를 우리 뽀님이 무리 없이 소화하는 걸 보고 뽀님의 팬이 되었답니다. 당신은 진정한 뮤지션, 아티스트입니다. 비방하는 말에는 신경 쓰지 마시고 열심히 활동하시길 빕니다.

ㄴ **자기야** 11.10.14. 글을 무척 재미있게 쓰셨네요. 화(?)가 단단히 난 뽀님 모습을 생각하며 읽으니 더 재미있습니다.ㅎㅎ 어떤 양반이 겁도 없이 우리 뽀님을 감히! 1만 명이 넘는 강사모 팬님들을 어떻게 감당하려고….ㅉㅉ

이번 7월에는 좀 쉬고 싶다
♪ 뽀로꾸 | 09.07.01.

몸이 두 개였으면 하는 달이었다. 정모가 있었고, 그동안 연락하지 않고 지내던 언더그라운드 가수들과 다시 연락을 주고받게 됐고, 부끄러운 사죄의 시간이기도 했었다. 하필 정모 즈음해서 사랑하고 아끼는 라이브카페에서 모인사와 징글징글한 악연, 몇 달간의 끊임없는 모함, 징그러운 속물근성, 쥐잡기식의 억압, 주변인물 포섭 등…. 이그~ 욕심쟁이 인간.

결국 나의 승리였지만, 그동안 마음고생은 접어두고라도 승리 뒤에는 내가 감당하기엔 무거운 짐들, 잘 모르는 음향장치들, 새로 부여받은 인사권에 대한 무조건적인 신뢰에 따른 책임감, 인터넷에 글 올리고 지인들에게 연락하고, 나보다 나이 많은 아저씨들을 오라가라 하며 시간 쪼개가며 면접 또 면접…. 정모하는 시간에도 잠깐 짬 내어 두 사람을 면접 봤다는 걸 아시는지? 음향장치들 구입하고 세팅하고, 사람 부리는 일도 참 어려운거구나….

결국 면접 결과는 빵점. 시간적 여유도 안 주고 떠난 전임자의 무책임. 예전 계시던 그분 다시 모시기 작전 돌입. 내 노력에 대해 서운할 틈도 없고, 서운할 이유도 없다. 오히려 넘~ 좋지~ 진작 다시 모셨으면 좋았는데.ㅎ 급하게 투입하느라 서로 정리도 안 된 상태로 업소는 계속 진행. 새로 온 식구와 약간의 불협화음. 업소 내에 얽혀있는 실타래를 풀어야 하는 이중고….

손가락 영구장애 판정에 수소문해서 찾아간 다른 병원. 그리고 마음속으로 재수술 결정. 매일 안양병원을 드나들며 엄마 병바라지. 다시 퇴원하신 엄마를 집에 두고 바쁘단 핑계로 일찍 나가야 하는 죄송함. 6월의 마지막 일요일, 모처럼만에 효도 일환으로 친척들과 함께 근처 강가로 외출. 하지만 또다시 응급실로, 또다시 입원으로. 제대로 챙겨드리지도 못하면서 왜 이렇게 이리저리 바빠야 하는지…. 일을 우선해야 하나, 카페를 우선해야 하나, 다 집어 치우고 어머니께 더 집중해야 하나. ㅠ.ㅠ

이어지는 친구 결혼식. 특별한 축가, 또 특별한 축가. 언제나 그렇듯 떨리고 부담스런 행사. 이때다 싶어 고장나주는 자동차. 새로운 라이브 업소의 제안과 어쩔 수 없는 잠깐의 수락. 이제 조금 쉬어갈까라고 마음이 놓이는 순간 갑작스럽게 찾아와버린 갈라지는 목소리. 팬카페 내의 불협화음. 흔들리고 불타오르는 정의감. 현명한 처신을 위한 이틀간의 몸부림. 이어지는 7월의 시작은 40분을 자고 나서 다시 병원으로…. 아무도 모르는 나만의 불면증이 이젠 좀 사라졌으면…. 7월은 좀 쉬고 싶다.

    ┗ **미미 09.07.01.** 진솔한 속내를 드러내신 뽀님에게, 바라만 봐야 하는 입장에서 어떻게 위로와 힘을 드릴 수 있을까? 멍하니 하늘만 쳐다봅니다. "힘내세요!" 이 말밖에 할 수 없음이 미안해지는 순간입니다.

    ┗ **오공 09.07.01.** 뭐라고 꼬집어 드릴 말씀은 없지만, 근심 걱정에 잠 못 이루시는 뽀님 스스로 이겨내셔야 할 듯해요. 다만 강사모 회원 한분 한분의 응원만은 잊지 말아주세요.

    ┗ **어발 09.07.02.** 시련을 극복해야만 새로운 인생이 시작되지요. 지치고 힘들지만 잘 견디고 계시네요. 조금만 더 힘을 내주세요. 우리의 바람이에요. 이제 뽀님 곁에는 마음으로 응원하는 이들이 많잖아요? 뽀님! 파이팅~!

    ┗ ♪**뽀로꾸 09.07.02.** 허미… 자유게시판을 이렇게 많은 분들이 보고 계셨다니….

만남과 헤어짐의 인연
봉달이 | 09.08.13.

뽀님!! 우리는 세상을 살면서 만남과 헤어짐의 인연이라는 연속선에 있지요. 그러나 그중에서도 부모님과의 영원한 헤어짐이란 인연의 뿌리가 뽑혀 나가기 때문에 참으로 애석하지요. 우리가 세상에 태어나서 맨처음으로 배우는 단어가 '엄마'이지요. 그래서 헤어짐 중에서도 어머니와의 헤어짐은 가슴을 저리게 하고 마음을 많이 아프게 하지요.

부모은중경(父母恩重經, 부모님의 크고 깊은 은혜를 보답하도록 가르친 불교 경전)에 이런 말이 있지요. 사람이 죽어 백골이 되면 "남자의 뼈는 희고 무겁지만, 여자의 뼈는 검고 가볍다." 왜냐하면 여자는 아이를 한 번 낳을 적마다 서 말이나 되는 피를 흘리며, 아기는 여덟 섬 너 말이나 되는 젖을 먹기 때문에 뼈가 검고 가볍다는 것이지요. 이것이 여자이고 엄마이지요.

남도 가락 중에 '꿈이로다'라는 가락이 있지요. "꿈이로다 꿈이로다 모두가 꿈이로다/너도 나도 꿈속이요 이것저것이 꿈이로다/꿈 깨이니 또 꿈이요 깨인 꿈도 꿈이로다." 우리 인생은 이렇게 저렇게 꿈만 꾸다가 명이 다하면 외롭게 홀로 가는 게 아닐까 싶네요.

모친 안재순 여사님의 명복을 다시 한 번 빌면서 항상 활기차고 건강한 강지민 님이 되시길 빕니다.

아픔을 나누어주심에 진심으로 감사드립니다
♪ 뽀로꾸 | 09.08.25.

뭐라고 말을 시작해야 할지 잘 모르겠습니다. 오래전부터 예견되어 있었고, 준비할 시간이 있었음에도 불구하고 아직도 제겐 현실로 느껴지지 않습니다. 언제나 제 곁에 있어줄 분이라고만 여겼고, 항상 저의 힘이고 안식처였던 어머니가 이제는 안 계신다는 것, 이렇게 글을 쓰면서도 믿을 수가 없습니다.

회원님들이 있어 참 다행이었고, 너무나 큰 힘이 되었습니다. 아픔을 함께 나누고자 찾아주신 분들께 너무나, 너무나 감사드립니다. 생전에 언제나 화사하고, 밝고, 아름다운 것을 사랑했던 당신의 가시는 길에 화환 하나 없이, 조문 오시는 손님도 없이 썰렁한 장례가 될까봐 걱정하고 가슴 아파했는데… 화환도 보내주시고 찾아주신 회원님들 덕에 보내는 그 길이 밝게 빛났습니다.

첫 조문객으로 눈물 흘리며 찾아주신 그이뻬 님, 그리고 라이브카페 한번 찾아오시지 않았음에도 장례식장 만큼은 찾아주신 회원님들께 진심으로 감사드립니다. 오셔서 저보다 더 많은 눈물 흘려주신 그 마음에 대한 감사함을 이제야 글로나마 전합니다. 그 외에도 따로 부의금까지 보내주신 회원님들께 감사드립니다. 마지막으로 함께 밤을 새워주시고, 끝까지 남아 운구까지 도와주신 분들께도 정말 감사드립니다.

그 감사한 마음 어떻게 다 글로 표현해야 할지 모르겠습니다. 아마도 제

평생 이렇게 감사한 일은 다시는 없을 것만 같습니다. 강사모 모든 회원님들께… 너무나… 너무나… 고맙습니다.

ㄴ **안득헌** 09.08.14. 먼저 안재순 여사님의 명복을 빕니다. 찾아뵙고 인사드려야 하는데… 죄송합니다, 꾸벅 꾸벅~ 착한 지민 님 힘내시고요. 슬픔은 빨리 던져 버리시고 건강한 모습으로 저희들 곁으로 돌아왔으면 합니다.

ㄴ **엑스켄버스** 09.08.15. 지민 님!! 슬프고 괴로우신 줄 알아요. 하지만 어머님께서도 지민 님이 슬퍼하고 괴로워하는 모습을 보시면 더욱 슬퍼하실 겁니다. 저도 어머님을 떠나보낸 지 9개월째입니다. 지금도 집에 들어오면 어머님의 빈자리가 크지만 제가 괴로워하면 어머님께서 더 슬퍼할 것 같아 조금은 마음의 안정을 찾아가고 있습니다. 지금은 비록 힘들고 괴로우시겠지만 회원님들이 계시니 힘내세요~~

ㄴ **scott** 09.08.25. 마음이 가는 대로 조그마한 성의를 표했을 뿐인데… 이렇게 진심 어린 글을 보니 가슴이 뭉클합니다. 직접 가보았으면 더 좋았을 걸 하는 아쉬움도… 건강하고 예쁘게 노래 부르는 모습 항상 보았으면 하는 바람입니다.

ㄴ **♪뽀로꾸** 09.08.26. 고맙습니다, scott 님~ 안 그래도 성함을 몰라서… 이제야 알게 되었네요.

ㄴ **어발** 09.08.26. 사랑하는 분은 가슴에 묻는다고 합니다. 이젠 어머님은 가슴 가장 깊은 곳에 모셔두고 우리 2,210명 회원님들에게로 돌아오심을 감사드립니다. 힘들고 아팠던 시간은 뒤로 하시고 밝고 활기찬 뽀님으로 돌아오셔요. 저희 강사모가 힘이 되어 드릴게요. 영원히 변치 않고 강사모를 자랑스러워하는 한 명의 회원이….

ㄴ **강바라기** 11.05.02. 뽀님께서도 아픔이 있었군요. 뽀님 노래 속에 슬픔이 있었군요. 힘내실꺼죠~ 부끄럽지 않은 엄마의 딸로 당당히 어려움을 헤쳐나가실 거라 믿습니다. 뽀님 힘내세요~~

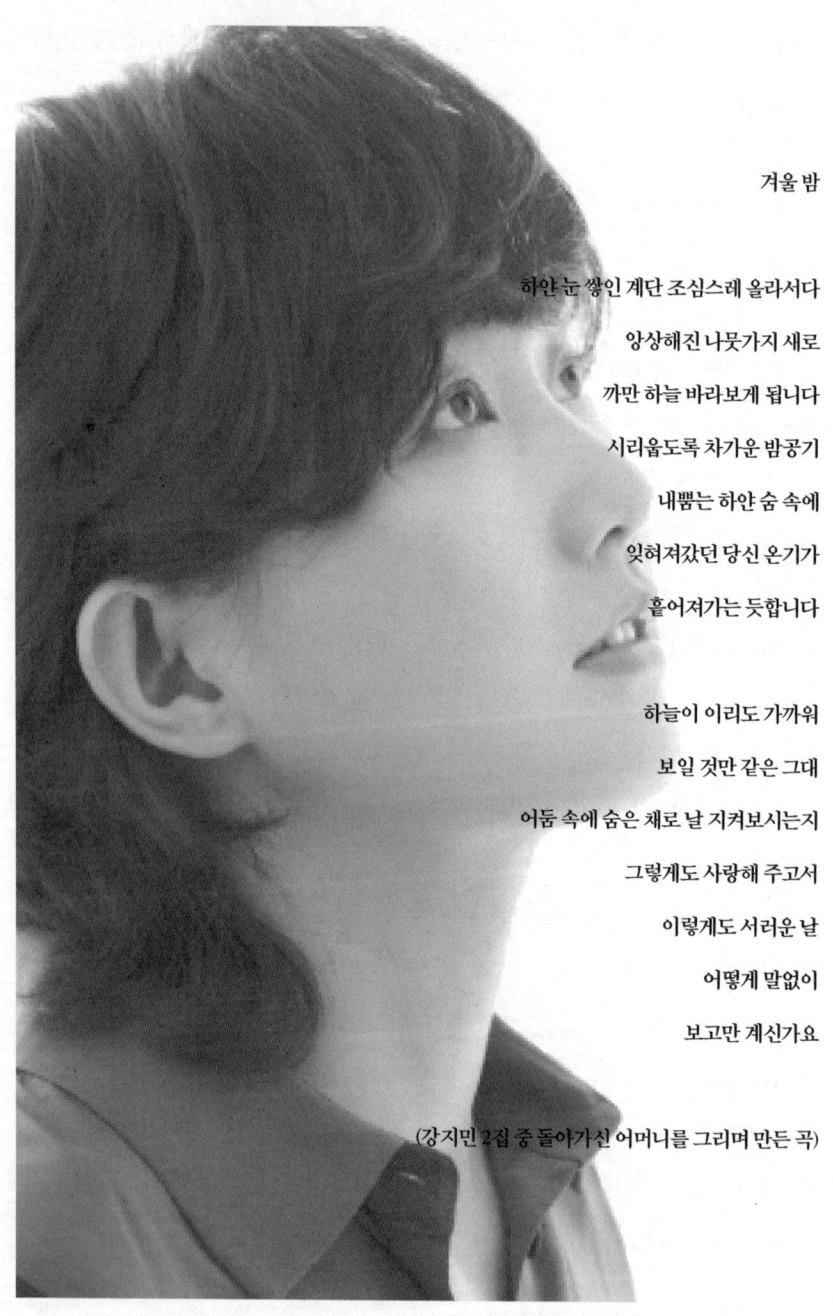

겨울 밤

하얀 눈 쌓인 계단 조심스레 올라서다
앙상해진 나뭇가지 새로
까만 하늘 바라보게 됩니다
시리웁도록 차가운 밤공기
내뿜는 하얀 숨 속에
잊혀져갔던 당신 온기가
흩어져가는 듯합니다

하늘이 이리도 가까워
보일 것만 같은 그대
어둠 속에 숨은 채로 날 지켜보시는지
그렇게도 사랑해 주고서
이렇게도 서러운 날
어떻게 말없이
보고만 계신가요

(강지민 2집 중 돌아가신 어머니를 그리며 만든 곡)

팬카페가 있어서 무척 큰 힘이 되었습니다

♪ 뽀로꾸 | 09.08.25.

어머니를 먼 곳으로 떠나보내고 수요일부터 라이브카페에 다시 나갔지만, 이곳에 들어와선 무슨 말을 어떻게 해야 할까 많이도 망설여졌습니다. 그렇게도 고마웠던 분들이 함께 하는 곳인데… 가장 늦은 걸음으로 찾아왔네요.

　팬카페가 있어서 너무나 힘이 되었습니다. 정말로 감사드립니다. 몇 주 전에 찍어두었던 동영상 몇 개 올리고, 가입인사와 한줄메모장 주욱 읽어보았습니다.

　아직은 마음의 정리가 되지 못해서인지 예전 같은 마음으로 노래할 수가 없네요. 당분간은 동영상 속에도 겉도는 마음이 드러나겠죠. 못 읽은 글들 다시 읽어보면서 감사한 마음도, 아픈 마음도….

　눈물만 하염없이 흘렸습니다. 위로의 글에는 답글조차 달 수 없네요.

　그리고 나름대로 결심해 봅니다. 이제 더 이상 아픈 이야기는 안 해주셔도 됩니다. 언젠가 정말 너무나 그립고 슬프고 외로워지면 그때 펑펑 울면서 하소연할게요. 함께 아파해주신 회원님들께 너무나 감사드립니다.

　ㄴ **흑산도 09.08.25.** 새벽인데 안 주무시고 다녀가셨군요. 한동안 어머니 생각이 많이 나실 거예요. 좋은 데로 가셨으니 너무 마음 아파하지 마시고 건강 잘 챙기세요. 식사 거르지 마시고 꼭 세끼 챙겨 드셔야 해요~~

ㄴ **푸베 09.08.25.** 무엇으로도 그 분을 대신할 순 없지만, 회원 한 사람 한 사람의 격려와 위로가 모여 뽀님에게 큰 의지가 될 줄 압니다. 카페 글 통해 뵙게 되니 반가운 마음 큽니다.

ㄴ **수영 09.08.26.** 그러세요… 울 땐 울고 시원하게 푸세요. 저도 떠나보낸 사람이 많지만 제 마음에 항상 있어요.^^ 혼자 그 사람들과 대화도 하고 그러는 걸요. 혼잣말이지만 어쩔 땐 시원하답니다.

ㄴ **정훈 09.08.29.** 가만 생각해보면, 노력해서 될 일이 있고 시간이 지나야 해결되는 일이 있더군요. 하루하루를 소중하게 살다보면 답이 나오지 않을까 합니다.

ㄴ **뭉게구름 09.08.30.** 이제 그만 슬퍼하세요. 쉬운 일은 아니겠지만 아마 어머니께서도 이젠 슬픈 모습보다는 밝고 환하게 웃는 모습을 보고 싶어 하실 겁니다. 뽀님~ 힘내시고 파이팅!!

ㄴ **오배이션 09.09.01.** 항상 해맑은 모습의 지민 누님~! 힘내세요~ 우리가 있잖아요?~~

ㄴ **통키타를사랑함 11.05.22.** 우리 뽀님~ 많은 회원님들이 응원하고 있습니다. 힘내세요~! 저도 아들을 잃고 세상 다 산 것처럼 힘들고 어려운 때가 있었습니다. 누구보다도 그 마음 이해가 갑니다. 그런데 힘드시더라도 답글도 좀 올려주세요~~ 저는 욕심이 많거든요. 우리 회원님들도 같은 마음일 겁니다. 뽀님의 답글 한마디가 얼마나 힘이 되는지~~

우리에게 힘을 주시는 뽀님~

붕어 | 10.01.22.

　안녕하세요. 저는 중년의 남자입니다. 돌아보면 정신없이 살아온 시절이었지요. 남들보다 더 앞서서 가야 한다는 강박관념에 몸서리치면서 살아왔어요. 동기들과 경쟁하고, 선배님들께서 회사를 떠나는 모습에도 아랑곳하지 않고, 저는 저만을 위해 살아온 것 같습니다.

　대기업이 주는 풍요 속에서 나름대로 묵묵히, 열심히 살았지만 저에게도 선배님들의 전철을 밟게 되는 날이 왔지요. 그때 저는 비로소 "나라는 놈도 조직의 한 개체일 뿐이구나"라는 걸 느꼈습니다. 정말 많이 방황했습니다. 술에 취해 살고, 술에 절어 살고…. 그렇게 1년이 넘는 시간을 허비했지요.

　그러다가 작년 말 뽀님을 알게 되었습니다. 최선을 다해 열창하는 뽀님의 모습을 보면서 저는 자신을 되돌아보게 됐습니다. 저렇게 자신에게 최선을 다하는 사람도 있구나. 그럼 나는 무엇인가? 많은 생각을 했지요. 저는 다시 시작하고 있습니다. 시간이 필요합니다. 당분간 뵙지는 못해도 제가 자리를 잡으면 뵙게 되겠지요. 지금은 온라인에서만 뵙습니다.

　뽀님은 카페 회원님들의 도움을 받고 있지만, 사실은~ 우리 카페 회원 모두가 뽀님의 모습을 보면서 힘을 얻고 뽀님의 활동을 보면서 희망을 찾는 것이라고 감히 말씀드립니다. 먼저 제 자신이 뽀님의 활동을 보고 나를 다시 돌아볼 수 있었지요. 한마디로 뽀님이 안 계시면 카페가 존재할 수 없지요.

서로에게 힘을 주는 거라 생각하시고 저희를 위해 더욱 건강하고 왕성하게 활동하시길 바랍니다. 저희도 뽀님께서 열심히 하시면, 그 힘을 받아 모든 일에 열심히 할 것입니다. 우리 카페 선배님들과 같이 서로 의지하며 최선을 다하는 모습으로 살고 싶습니다. 뽀님을 보면서 힘과 희망을 가질 수 있어 너무 고맙습니다. 늘 건강하시길…. 토종 붕어를 사랑하는 붕어가~

┗ ♪**뽀로꾸** 10.02.04. 팬카페 곳곳에 붕어 님의 작은 흔적을 즐겁게 봤습니다. 그리곤 또 다른 모습을 이곳에 남겨주셨네요.^^ 새해엔 좋은 일만 함께 하길 빌게요.ㅎㅎ

뽀님 노래로 마음의 상처 치유하고 있습니다
ming | 10.12.30.

지난여름 비 오는 서글픈 날에 '누구라도 그러하듯이'를 검색하다가 모자 쓴 뽀님의 노래를 듣게 되었습니다. 노래를 듣는데 막 눈물이… 정말 '넘치는 눈물 너머로~' 하염없이 울었습니다. 그리고 수없이, 수도 없이 반복해서 노래를 듣고 들었습니다.

저는 25년이 넘도록 오직 한 직장에서 충성을 다해, 내 청춘을 다 바쳐 열심히 일해 왔습니다. 일밖에 모르고 살아왔지요. 그러나 하루아침에 있던 자리에서 밀려났습니다. 작년 12월 24일은 내 인생에서 가장 잔인한 크리스마스이브였습니다. 부하 직원이었던 후배들 밑에서, 전보다 훨씬 나쁜 급여조건과 직책과 권한을 부여받아 외로운 사투를 하던 때였거든요.

내가 도움을 주었던 그 누구도 내게 아무런 힘도 위안도 되어주지 못했고, 친구들도 멀게만 느껴졌습니다. 어릴 때 이미 가난이란 것이 얼마나 불편하고 처절하고 서러운 것인지를 뼈저리게 체험했기에 더욱더 힘들고 두려웠습니다. 그렇지만 대학교, 고등학교, 중학교에 다니는, 아직 철없는 삼남매와 세상 물정 모르는 아내가 있는 가정의 가장인 나는 집안에서만큼은 의연한 아빠 모습을 보이려고 노력했습니다.

아무튼 저는 그날 이후로 뽀님의 팬이 되었습니다. 평일에는 노래 들어볼 시간이 별로 없지만 매 주말이면 꼭 뽀님의 노래를 한참씩 듣곤 합니다. 이젠 마음의 상처도 점점 치유되어 가고 있고, 비록 직장에서 뒷전으로 밀려나 있지만 끝까지 유종의 미를 거두고 직장을 마무리 하려고 합니다. 저의 남은 꿈은 소박하게 전원에서 자연과 함께 사는 것이랍니다. 아니 자연을 닮은 사람들과 그렇게 더불어 살고 싶습니다.

언제일지 모르지만 꼭 그럴 겁니다. 뽀님도 초대하고 사랑하는 강사모 회원님들 많이 초청하고 싶습니다. 제가 그 꿈을 이루도록 기원해 주시기 바랍니다. 그 힘겨웠던 2010년이 이제 단 하루 남았습니다.

뽀님~^^ 금년 잘 마무리하시고 앞으로도 오랫동안 아름다운 고운 노래 많이 듣고 싶습니다. 더욱더 건강하시고 늘 행운이 함께하시기 바라며~~ 새해 복 많이 받으세요.^^

ㄴ ♪뽀로꾸 11.01.13. ming 님께서 제 노래를 들을 때마다 힘이 나시길…. 후우~ 화이팅 하세요~~~~~~~!

돌덩어리 같은 뽀님의 왼쪽 손가락들을 보노라면 마음이 아파요

샤론 | 11.06.28.

세상 누구든 노력하지 않고 성공할 자 없음을 알지만… 지난 6월 18일 산본 라이브카페에서 노래를 마치고 내려오신 지민 님의 손을 만져보았을 때, 지민 님의 왼쪽 손가락 끝들… 굳고 닳아서 마치 단단한 돌덩어리처럼 변한 형태로 자리잡고 있었습니다.

아~ 이 여리고 해맑은 고운 님에게도… 장난기 많고 씩씩해 보이는 고운 님에게도… 피가 나도록 곪아 터지도록 아픈 나날의 흔적들이 있었다는 것이… 못내 가슴 아리도록 안쓰럽고 그 아픔들이 그대로 가슴속에 전해지면서 찡한 감동과 눈물이….

그날 이후로 지민 님을 더 존경하고 사랑하게 되었답니다. 왠지 오늘은 그 좋던 애칭 '뽀님' 도 죄송하고 미안하게만 느껴져서요. 오늘만 뽀님 대신 '지민 님~' 이라고, 한없는 사랑과 존경을 가~득 담아 부르고 싶습니다!!

ㄴ **문준석** 11.06.29. (기타 치면서) 여린 손끝에 수없이 물집이 생기고 피가 맺히기를 수차례…. 뽀님이 인고의 노력을 하는 와중에 우리는 그저 행복해하며 즐거움만 누렸던 건 아닐까요?

ㄴ ♪**뽀로꾸** 11.06.29. 아~ 그거 기타 치면 누구나 그렇게 되는 거예요^^;; 그렇게 거창한 건 아니에요. 마음 아프실 필요 없어요. ㅎㅎ

마음이 울적할 땐 뽀님 노래로 위안을

가가멜 | 11.12.12.

오늘도 뽀님 노래 들으며 울적한 마음을 달래요. 기쁠 때, 슬플 때, 힘들 때 좋은 노래가 위안이 되고 힘이 된답니다. 42살이라는 나이에 팬카페 가입해서 글을 작성하는 건 처음입니다. 누군가의 광팬이 된다는 게 이렇게 기분이 좋은 일이네요.

울 작은딸이 1년 반 만에 또 수술을 받아요. 희귀질환이라 치료도 힘들고 지치지만 그럴 때마다 뽀님 노래 들으며 힘내고 있습니다. 울적할 때 볼륨을 높이고 노래를 따라 부르면 딸 둘이 달려와서 "엄마가 좋아하는 노래야?" 하며 함께 듣곤 합니다. 뽀님 노래 듣는 게 제 유일한 스트레스 해소법이에요.

산본 라이브카페에 가서 뽀님의 노래를 직접 들어보고 싶었는데 지방이라 시간 내기가 쉽지 않네요. 언젠가 기회가 되면 뵐 수 있겠죠? 항상 웃으면서 노래 불러주는 모습 넘 보기 좋아요. 저도 기타 배워 뽀님처럼 기타 치며 노래 부르고 싶은데 여건이 되지 않네요.

뽀님!! 내년에 대박나시고 행운이 가득한 2012년 되시기 바랍니다. 저도 뽀님 노래 들으면서 울 딸 간호하고 건강하게 키우겠습니다.

    ┗ ♪**뽀로꾸 11.12.14.** 제 노래가 힘이 된다니 참 기뻐요~~ 따님 수술이 잘 되기를 빕니다. 많이많이 힘내세요~!

희망통장을 좋은 일에 기부하였습니다
리즈 | 11.12.24.

안녕하세요, 카페지기 리즈입니다. 여러분께서 열심히 응원해주신 점수들이 모여 '264,500원' (응원점수 기부금 222,500원 + 회원 기부금 42,000원)이라는 적립금이 만들어졌습니다. 이 적립금은 뽀님과 상의 끝에, ('Daum 아고라 희망해' 프로젝트의 일환으로) 82세 노령에도 불구하고 일자리를 구하고 계시는 할머님을 돕는 일에 사용하기로 하였습니다.

뽀님에 대한 강사모 회원님들의 사랑이 모여 이렇게 좋은 일에도 보탬이 되다니… 정말 뿌듯하고 기쁩니다. 뽀님을 열심히 응원해주신 회원님들, 그리고 조용히 개인적인 기부금을 적립해주신 회원님들… 정말 감사합니다.

ㄴ **허스키(김병철)** 11.12.24. 좋은 일입니다. 적은 돈이라도 더 보태서 기부하면 좋겠네요. 그런데 카페 기부금에 보태려면 어찌해야 하는지 좀 복잡하네요.ㅎㅎ

ㄴ **러브미♡** 11.12.24. 이번 크리스마스는 너무 훈훈하네요^^ 그리고 좋은 일에 보탤 수 있도록 매일매일 응원할게요~ 수고하셨어요.^^

ㄴ **모나리자** 11.12.25. 정말 마음 따뜻하고 좋으신 분들이 많아서 흐뭇하고 감사드립니다. 행복과 사랑이 넘치는 휴일 보내시고, 메리 크리스마스~~~

ㄴ **♪뽀로꾸** 11.12.24. 제가 한 것은 별로 없지만, 그래도 참 뿌듯했어요. 앞으로는 좋은 일을 조금씩이나마 해야겠습니다~^^

씩씩하고 당당하게 어려움 이기시길
모나리자 | 12.10.31.

사랑하는 뽀님! 시월 마지막 날, 차가운 기온이 몸을 움츠리게 하지만 하늘은 뽀님 얼굴만큼이나 맑고 투명하네요. 그런데 10월의 노래 콘서트에선 뽀님 모습은 공연 내내 제겐 뿌옇게 보였어요. 그동안 보았던 자신감 넘치고 당당했던 뽀님답지 않은 모습에 머릿속이 멍하고 가슴이 무너졌지요.

매달 홀로 콘서트를 진행하면서 얼마나 힘들었으면, 얼마나 지쳤으면, 얼마나 버거웠으면 참고 참았던 심정을 토로했을까 하는 생각이 들었어요. 뽀님 성격으로는 수백 번 생각하고 갈등하고 고민했을 걸 생각하니 마음이 아렸어요. 그동안 온갖 일 겪으며 힘들고 마음고생하면서도 참 잘 견디고 의젓하고 당당하게 잘 지내는 줄 알았는데…. 답답함을 절규하듯 혼신의 힘으로 노래하는 모습을 보며 쓰러지지 않을까 무너지지 않을까 가슴 조이며 한없이 슬펐습니다.

자랑스러운 뽀님! 크고 작은 어려움을 헤치고 한걸음 한걸음 묵묵히 가다보면 큰 꿈이 현실로 눈앞에 있을 겁니다. 힘내세요~! 사랑해요~ 울 뽀님~ ♡

ㄴ ♪뽀로꾸 12.11.06. 에효~ 너무 많이들 맘 아파하셔서 죄송하네요. 아주 쬐~금 투정을 부린 것 같은데, 이런~ 이런…. 이젠 씩씩하고 당당한 모습만 보여야겠습니다. 모나리자 님 글은 신비한 마력이 있는 것 같아요.ㅎ

2012년에는 희망통장을 장애인복지관에 기부하였습니다

리즈 | 12.12.24.

한 해 동안 여러분께서 열심히 응원해주신 점수들이 모여 2,494,640원(응원점수 기부금 2,449,470원+회원 기부금 45,170원)이라는 적립금이 만들어졌습니다. 이 적립금은 뽀님과 상의 끝에 'Daum 아고라 희망해' 프로젝트의 일환으로 쌀을 모금 중인 '천안시 장애인종합복지관'에 전달하였습니다. 이 기부금은 기초생활수급권 장애인 가정에 쌀을 전달하는 일에 사용될 예정입니다.

올 연말에도 이렇게 뽀님에 대한 강사모 회원님들의 사랑을 모아 어려운 이웃들을 도울 수 있게 되어 정말 행복합니다. 뽀님을 열심히 응원해주신 회원님들, 그리고 조용히 개인적으로 기부금을 적립해주신 회원님들… 마음 깊이 감사드립니다~♡

    ┗ **오수주** 12.12.22. 안녕하세요.^^ 천안시 장애인종합복지관 사회복지사입니다. 쌀 모금에 후원해주셔서 감사합니다! 강사모 회원님들 덕분에 저희 재가장애인분들이 이번 겨울은 쌀 걱정 없이 지낼 수 있을 것 같습니다. 진심으로 감사드립니다.^^ (꾸벅)

    ┗ **부산민초** 12.12.22. 브라보! 회원님들의 작은 정성이 이렇게나 큰 결실로 나타나다니~ 정말 멋집니다! 뽀님과 회원님들의 기쁨이자 자랑입니다!

    ┗ **♪뽀로꾸** 13.01.22. 유난히 혹독했던 겨울, 조금이나마 따뜻하셨으면 좋겠습니다. 마음 모아주신 여러분께 감사드립니다.^^

4부

환호와 열광

고마운 휴강! 뽀님과의 두 번째 만남
지민과 함께 | 08.10.18.

앗싸~~ 휴강이다. 수능 26일 전인데 휴강이라니, 그것도 경제와 한국지리가 각 2시간씩 무려 4시간이나…. 그런데 이번 휴강은 내일 수시입학 면접에 응시하는 애들이 많아서 불가피한 것이다(사실 휴강은 애들보다 선생님들이 더 좋아한다. 물론 방학도 마찬가지~).

순간 지함이의 머릿속에 한 줄기 빛이 지나간다. 아~ 오늘이구나!! 너무 좋아라하면 애들이 뭐라 하겠지… 마음을 가다듬고 면접 시 유의점, 태도 등등 한 차례 썰을 풀어주는 센스.^^

마치고 나니 8시 40분이다. 순간 갈등이 밀려온다. 여기는 개봉동, 분당까지는 적어도 한 시간은 걸릴 텐데… 차 빼고 달리고 주차하고, 10시까지 가능할까? 이런~ 오늘은 금요일, 불가능하다는 생각이 든다. 어쩔 수 없이 군포 라이브카페로 목표를 정하고 나니 못내 아쉽다. 40분(공연)은 너무 짧은데….

드디어 10시 45분 군포 도착! 꽃집을 찾아본다. 유흥가라 네온사인만 반짝인다. 다행히 제과점이 보인다. 초콜릿을 골라 포장을 부탁하고 나니 떨리기 시작한다. 정각 11시, 1층 주차장을 확인해 보니 아직 뽀님의 애마는 보이지 않는다. 휴우~~

뽀님이 알아보지 못하면 어쩌나 하는 생각을 해본다. 금요일이라 그런지 손님이 제법 많다. 전에 설감 님과 함께 앉았던 무대 앞자리는 이미 만원이

다. 무대 앞에서 방황하고 있는데, 뽀님이 먼저 인사를 한다. 순간 울컥…. 무대 바로 옆에 뽀님의 기타 가방과 함께 자리를 잡는다. 앉고 보니 최고의 자리인 듯싶다. 가장 가까이에서 뽀님을 볼 수 있는 자리~.

뽀님이 듣고 싶은 노래를 묻는다. 오면서 생각해둔 노래를 조심스레 신청해 본다. 어지러울 만큼 떨리는 순간이다. 첫 곡이 지함이의 신청곡, 박상민의 '울지마요' 다. 두 번째 울컥… 다음 곡 역시 지함이의 신청곡이…. 역시 뽀님의 노래는 감동~. 세 번째 노래가 시작될 즈음 뽀님의 뺨에 땀이 흐르기 시작한다. 40분이 너무도 빠르게 지나간다.

라이브 공연이 끝나고 다음은… 뽀님과 마주앉아 독대~. 멀리 계시는 현빈 형님, 래드김 형님, 큰형님께는 벌써 문자로 자랑을 했구요~^^ 막둥이가 형님들을 대신해서 혼자 호사를 누리고 있습니다. 또 언제가 될지는 모르지만 아쉬움을 뒤로 하고….

오늘은 가슴이 따뜻합니다.

ㄴ ♪뽀로꾸 08.10.18. 처음보다 훨씬 말끔해진 모습으로 오셨어요.ㅎㅎ 지함 님 뒷모습 보는 순간 바로 알아봤죠. 행사 땜에 10시 펑크였는데 정말 그쪽으로 오시길 너무너무 잘하셨어요. 첫 곡이 끝나고 큰 소리로 박수치다가 뻘쭘해하시는 것 보니 넘 귀여우셔라~ 왜케 땀이 많이 나는지 부끄러웠지요. 초콜렛은 언제 잡아먹을까 고심하며 미소를 띠고 있었어요. 지함 님, 정말 방가방가~ 참! 가는 길에 안개 장난 아니었죠? 저는 매일 가는 길도 잘못 들어섰었는데…

　ㄴ 지민과 함께 08.10.19. 중간에 좀 힘들더라고요. 뽀님 가시는 길도 그랬군요. 뉴스에 보니 안개 때문에 사고가 많았더군요. 뽀님&회원님들 안전운전 하세요~~

배우가 누드를 남기듯이
자마티 | 09.02.06.

오늘도 강지민 님의 동영상을 몇 개 보면서 안타깝다는 생각을 했습니다. 가수에게는 대체로 완숙기 이전에 한 번의 전성기가 있는데, 지민 님의 경우 바로 지금이 아닐까 생각해 봅니다. 3인조(드럼＋베이스＋전기기타) 정도의 밴드와 함께 전국순회 공연, 그리고 클럽 공연… 힘과 기량이 최고조일 때 밴드와 함께 〈2집〉을 발표하고 말이죠. 마치 '코즈믹 블루스 밴드'를 만난 '재니스 조플린'처럼, 전성기 때의 배우가 누드를 남기듯이, 더 늦기 전에… 말이죠.^^

ㄴ ♪**뽀로꾸** 09.02.14. 사실… 무어라 대답해 드릴 말씀이 없어서 몇날 며칠을 답하지 못했네요. 마음은 너무나 그러고 싶지만 정말 쉬운 일은 아니네요. 차라리 누드를 남기는 건 어떨지요? ㅎㅎ

ㄴ **자마티** 09.02.14. 답을 들으려고 드린 말씀은 아닙니다. 다만 제 지난날을 돌이켜 볼 때, 좀 더 많은 녹음을 못한 게 아쉽더군요. 어느 회원님 말씀처럼 천운이 불러줄지 누가 알겠습니까? 그리고 만약… 누드라면 (저를 포함한^^;) 회원님들이 대~환영할 겁니다요. ㅎㅎ

모양성 공연을 마치고

진수김 | 10.04.15.

2010년 4월 11일 고즈넉한 모양성~ 벚꽃이 활짝 피었습니다. 노래꽃이 활짝 피었습니다. 그리고 웃음꽃이 활짝 피었습니다.

강지민 공연을 준비하면서 마음고생을 조금 했습니다. 왜 있지 않습니까? 바쁠 때 일이 연달아 쏟아지는 경우가 종종 있잖아요? 제가 요즘 그랬습니다. 투잡 생활을 하는 제가 평소 존경하던 분의 선거운동에 피치 못하게 나섰답니다. 투잡에 공연 준비, 그리고 선거운동까지 몸을 서너 개로 쪼개고 싶은 심정이었다고나 할까요. 설상가상, 천안함 침몰 사건의 여파로 공연개최 여부를 두고 고심에 빠졌고, 이상기온 현상으로 벚꽃 개화 시기가 늦춰지면서 공연일정을 1주일 미루는 사태까지 이어졌습니다.

다행히 뽀님을 아끼는 분들이 적지 않아 공연을 무사히 준비할 수 있었고, 성공적으로 마칠 수 있었습니다. 재정적인 지원을 아끼지 않은 회원부터 몸과 마음으로 무대 세팅 등을 앞장서서 해결해주신 회원까지, 회원님들이 든든하게 자리하고 있었기에 공연이 가능했습니다. 다시 한번 고개 숙여 감사의 말씀을 전합니다.

이번 공연의 목적은 우리나라에서 유일하게 원형이 보전된 조선 중기 성곽인 '모양성'과 봄이면 활짝 만개한 벚꽃을 강사모 회원님들에게 직접 보여주고 싶었기 때문입니다. 어떠셨나요? 1600미터가 넘는 모양성 위에 핀 벚꽃,

한 폭의 그림 같지 않았나요? 이와 함께 고창은 대중가수의 공연을 접하기 힘든 농촌지역입니다. 따라서 공연을 보기 위해선 광주나 전주, 심지어는 서울까지 가야 하는 번거로움이 상존해 많은 분들이 공연 보기를 꺼려합니다. 농촌지역 주민들이 겪어야 하는 문화소외 현상을 다소나마 해소하기 위해 마련한 공연이었습니다.

저는 개인적으로 이번 공연이 목적한 바를 성취한 것 같아 기쁘기 그지없습니다. 외지에서 온 손님들은 모양성과 벚꽃의 정취에 흠뻑 빠졌고, 고창군민은 서정적인 가사와 포근한 공연 분위기에 심취했다는 이야기를 해 보람이 컸습니다. 공연이 주었던 여운과 행사를 무사히 마친 성취감에서 오는 뿌듯함을 이제야 느끼고 있습니다. 여러분도 지금까지 공연의 감동을 되새기며 모양성의 봄날을 떠올리고 있을지 모르겠습니다.

많은 분들이 찾아주시고 공연준비를 도와주셔서 감사합니다. 무엇보다 공연의 주인공인 우리 뽀님과 카페지기 설감 님, 우리 회원들, 모두 감사합니다. 모양성에서의 공연이 우리 강사모의 끈끈한 정을 과시해서 무엇보다 기뻤고요, 만개한 벚꽃을 보고 우리 뽀님과 강사모의 앞날이 환하다는 것을 느꼈습니다.

덧붙임: 모양성의 가을도 예쁘답니다. 모양성제가 열리는 가을에 한 번 더 뽀님 공연을 열 계획입니다. 고창의 가을 정취에 푹 빠지는 자리를 마련하겠습니다. 그때도 많은 성원과 참여 부탁드립니다.

ㄴ **리즈 10.04.17.** 진수김 님~ 수고 많으셨어요. 특히 그 멋진 자태로 주차 차단기를 치워주시던 자상한 모습, 잊지 못할 거예요~~ㅎㅎ

　ㄴ **진수김 10.04.19.** 이번 기회에 모양성 주차원으로 취직할까 합니다.

강지민 님과 우리 둘째 아이
Dance of Time | 10.06.05.

강지민 님의 음악을 쭈욱~ 한 번 훑어보았습니다. 어떤 곡을 부르실 때 좋은가 하는 나름대로의 다이얼을 갖고 들어보았는데요, 개인적으로 '여행을 떠나요'에서 정열적으로 열창하는 모습과 목소리의 톤이 좋았어요. 그리고 '거위의 꿈'에서 뜻밖에 저음으로 부르시는 부분의 목소리의 톤도 너무 좋았습니다. '사랑을 할 거야'는 다른 곡보다도 왠지 본심으로 부르는 곡 같아서 편했고요. 정모에서 부르신 '토요일은 밤이 좋아'는 정말 분위기를 띄우고 참석자들을 한꺼번에 하나로 묶는 노래였습니다.

예상을 완전히 깨는 곡은 '월량대표아적심'이란 곡이었는데, 이 곡은 눈을 감고 소리만 들으면 중국식 드레스를 곱게 입고 화장한 중국 여가수가 마이크를 다소곳이 잡고 부를 것이다 하는 분명한 환상(?)이 생기네요. 특히 이 곡은 강지민 님의 비브라토 발성에 너무 잘 어울립니다.

지민 님 언니(재롱맘 님)의 이야기가 초등학교 때 드럼으로 밴드도 하셨다고요? (저희 집에도 초3 때 3인조 밴드로 우리를 깜짝 놀라게 한 하나밖에 없는 둘째가 있어서 전후 정황을 추측 가능케 합니다. 엄청난 고집쟁이고 엄청난 재능의 소유자지요.^^) 아무튼 강지민 님의 감성과 목소리가 출력하는 원래 다이얼 주파수는 뭘까 하는 생각으로 들어 보았는데… 제 느낌으로는 밴드가 있으면 좋겠다(물론 이건 아주 주관적인 견해일 뿐입니다만)는 생각이 들었네요.

'여행을 떠나요', '토요일은 밤이 좋아' 같은 것들은 고음과 힘이 너무나 내추럴하게 나와서 그 폭발적인 에너지가 많이, 잘 느껴지는 곡이었습니다. 밴드음악에서 이런 표출이 더 자연스럽겠죠? 톤 자체가 쉽게 힘을 받을 수 있는 톤인 것 같지만, 저음과 부드러운 곡들도 잘 부르시는 것과 기타 연주도 스트러밍뿐 아니라 핑거피킹, 솔로까지 다 감당하고 계시는 것도 인상적이었어요. 딱히 뭐가 빈다고 잡아내기 힘들었단 말씀이지요. 이건 안 하겠지 하고 보면 그런 것도 다 하고 있고… 뭐 그런 것들을 발견했습니다.^^

우리 집에 하나밖에 없는 둘째가 데뷔 후 즉시 은퇴를 해서 사실 우리 가족 모두가 아주 내심 안타까워했는데… 애 엄마는 그때 둘째가 썼던 미니 일렉기타(3/4 사이즈, 레드 스트랫)를 절대 안 없애려고 하네요. 애착이 많죠.

그 후에 3학년 때 4 Square라는 학교 마당게임에서 전교 제패, 루빅스 큐브 기록 도전(했으나 워낙 중원은 넓고 고수가 많아 그냥 상위권 진입에서 중단), 농구부 MVP, 스쿠터 묘기 및 기재 개선 몇 년째 추진, 컴 게임하며 괴물들 죽이고 보물들 획득하고 동시에 셀 수 없는 많은 타인들과 상거래 및 대화하기(이거 할 때는 손가락이 안 보임) 등등에는 초월적인 열심을 보이고 있습니다. 8학년인데 성적이 그리 나쁘다고는 볼 수 없으나 공부하고 숙제하는 시간이 11학년인 형의 반의 반의 반 정도밖에 안 되는 것은 조금 우려가 됩니다.^^

둘째 아이가 밴드를 하다가 그만둔 것은 저도 음악을 하고(취미로) 형도 음악을 많이 하니까 나름 자기의 길을 찾은 것 같은데, 사실 재능으로 보면 제일 머리 좋고 건강하고 당찬 아이니까 좀 아쉽죠. 아빠로서 아이들이 자신의 할 일을 거침없이 하는 것을 보는 것은 정말 기쁜 일이거든요.

강지민 님이 하고 있는 일들, 음악성, 다방면에서 나오는 뛰어난 재능 등을 보니까 저는 우리 둘째가 자꾸 떠올라 슬며시 입가에 미소가 돕니다. 겉으로는 책도 좀 더 읽고 점수도 좀 신경 써라 하지만 속으로는 "그래~ 너 하고 싶은 대로 실컷 해보고 살아라. 파이팅~!" 하는 마음도 큽니다.

ㄴ ♪**뽀로꾸** 10.07.07. 정말 저랑 닮은 구석이 많은 것 같네요.ㅎㅎ 게다가 Dance of Time 님은 저희 부모님 같고요~^^;;

Multi-functional Player
young | 10.06.14.

엊그제 가입한 회원입니다. 동영상은 거의 다 보았습니다(다른 것은 아직 준회원이라 볼 수 없음). 그 통에 잠은 못 잤어도 너무 아름다워서 피곤한 줄 모르겠네요. 늦은 나이에 감동 받았습니다. 감사하고요, 느낀 점 말할게요.

　노래 : 모든 장르를 어찌 그렇게 소화하십니까? 그건 그냥 연습한다고 되는 게 아닙니다. '천부적'이라도 그게 잘 안 됩니다. 마음으로 부르시는 것 같네요. 감사하고 배려하는 마음으로 즐겁게 부르는…. 최고입니다. 첨언할 것은 가사 발음이 좋다는 것, 특히 빠른 영어노래도 너무 쉽게 하십니다.

　기타(guitar) : 더욱 놀란 것은 스트로크입니다. 그 소리는 하루아침에 되는 게 아닌데… 스트로크 때 나는 소리가 거의 환상적이고 강할 때나 약할 때나 부드러워요.

　결론 : 아름답습니다. 라이브하는 데 곧 가서 그 아름다움을 듣고 보고 감상하겠습니다. 아마 소름 돋을 것 같아요~~

　└ ♪뽀로꾸 10.07.07. 최고의 칭찬이란 이런 게 아닐까 싶네요.ㅎㅎ 오늘 밤 으쓱 한번 해야겠어욪~!ㅎㅎㅎㅎㅎㅎ

　　└ young 10.07.08. 드디어 친서로 답이 왔네요~ 기쁩니다. 가서 직접 들으니 예상대로입니다. 소름이 돋았습니다.ㅎㅎ

어젯밤 술 마시다 한바탕 한 건 아닐까?ㅋㅋ
교외선 | 10.10.29.

아! 이거, 꿈인가? 뽀님 답글을 받았다. 어제 꿈을 잘 꾼 듯하다. 드디어 마눌님이 뽀님의 존재를 알았다. 내 블로그에 올린 뽀님 동영상을 본 것 같다. "거 누군지 노래 잘하던데~" 하기에 "헉~!" 하고 놀랐지만 바로 정신을 가다듬고, 별거 아니라는 듯 담담하게 "그치~ 더 들어볼래?" 하면서 강사모의 영상을 몇 개 더 보여줬다. 마치 바람피우다 걸린 느낌이었다. ㅎ

"분당 라이브카페에 한번 가서 직접 보자~" 라고 했더니 마눌님 왈, "왜~? 맨앞에서 침 질질 흘리고 혼자 탄력 받아 술 먹고 기절하려고?" ㅎ 내가 그렇게 경우 없는 사람은 아닌데 어쩌다가 이렇게 됐는지. 뭐~ 그래도 함 가볼 수만 있다면…. 요즘 꿈은 이거 하나다.

어젯밤 뽀님의 '강변연가' 를 들으면서 감동의 물결에 젖고 있었다. 우리 사는 집에 여자는커녕 하다못해 강아지도 암컷은 들이기 싫어하는 우리 마나님~ 조금씩 마음을 여시면서 하는 말, "오승근의 '떠나는 님아' 는 안 불렀어?" 하기에, 재빨리 찾아서 같이 들었다. 그러다 발견한, 오른손을 깁스한 채로 기타를 치는 역동적이고 남성적(?)이고 칼있으마(카리스마) 느껴지는 뽀님 모습~!

같은 장면을 보고도 생각은 두 가지. 내가 "쿵푸(8단)를 한다니 아마 낮에 격파를 하다가 다쳤을 거야. 그럼에도 불구하고 자기 일에 최선을 다하는 모습이 아름답군"이라고 하자, 마나님 왈 "성격 있어 보이는군. 어젯밤 술 마시다 한바탕 한 건 아닐까?" 으음~ 아직 마음을 열지 못했군.

뽀님 노래를 컴 앞에서만 듣는 게 아쉬워 동영상 중에서 음원만 뽑아서 USB에 담아 운전할 때마다 듣는다. 라디오 듣는 거 좋아하는 마나님 왈, "이젠 아예 차에서까지 듣네. 어이~ 라디오 좀 듣지…." 재빨리 FM으로 돌리면서 마나님의 마음이 빨리 열리길 기도해 본다. 그래도 지난번엔 뽀님이 부르시는 장윤정의 '첫사랑'을 듣더니 "와~! 잘 부른다" 하기에, "직접 가서 들으면 얼마나 좋겠습니까? 한번 분당이나 산본으로 뜨시죠~?" 하면서 온갖 아부를 떨었다.

아~ 나는 정말 순수하게 뽀님의 노래만을 좋아하는 거다. 다른 생각은 없다. 그러니 "오해하지 말아 달라"고 말하고 싶었다. 그런데 '강변연가'를 부르시는 예전의 모습을 보면서 그게 진실이 아닐지도 모른다는 불편한 이 느낌은 뭘까? 아이 참…ㅋㅋㅋ

ㄴ **달삼 10.10.29.** 정말 열심이시네요. 10월의 마지막 날 마나님께서 마음의 문을 여시길 기대하면서… 11월에는 꼭 두 분께서 손잡고 뽀님과 만나기를 기원합니다~~

ㄴ **리즈 10.10.30.** 항상 웃게 되는 교외선 님의 글들, 잘 보고 있어요~^^

쓰다 보니 팬레터처럼 되었군요

디렉터즈컷 | 10.10.30.

안녕하세요. 어제 가입한 디렉터즈컷(이라고 불러주셨으면 하는 그저 그런 일개 무명 네티즌)입니다. 실은 저 강지민 님(여기서는 뽀님이라고 불리네요)을 처음 알게 된 것도 어제인데요, 심수봉 선생님의 '남자는 배 여자는 항구'가 뜬금없이 듣고 싶어져서 웹질 하면서 찾아보다가(평소 듣지도 않던 트로트를) 강지민 님께서 기타 치면서 노래하시는 동영상을 보게 되었는데요. 그게 굉장히 인상적이었던 터라 성함으로 열심히 찾아서 이렇게 팬카페에까지 닿게 되었습니다. 유튜브 등지에 올라와 있는 다른 공연 동영상들도 한참 보고 그랬네요.

사실 저 대학 이후부터 밴드(밴드라기보다는 그냥 딴따라… 요새는 잘 안 되네요) 하고 공연 좀 돌고 그러기도 했었거든요. 해서 노래 엔간히 하는 여자 싱어들은 그래도 꽤 접했다고 생각했었는데요, 강지민 님 노래하고 기타 치시고 하는 게 그렇게 뇌리에 남을 수가 없더라고요.

거 왜 노래 잘하는 사람, 기타 잘 치는 사람 참 많은 세상이잖아요? 전 국민이 가수인 시대라는데…. 그렇지만 정말 음악을 하는 사람, 음악을 해야 하는 사람은, 그렇게 '난' 사람은 뭐랄까, 실력도 실력이지만 아우라 같은 그런 게 있지 않을까, 그런 걸 가지고 있지 않나 생각해 보고 그랬는데요. 정말 오래간만에 그런 느낌이 아주 몹시, 굉장히, 매우, 특히 강한 가수 분을 알게 된

게 아닌가 하는 생각이 들었습니다.

그냥 노래 잘하네, 그런 게 아니라 듣는 사람의 마음을 움직이는 그런 부분 말씀이죠. 공연 동영상, 노래 동영상, 스튜디오 동영상 그런 거 엄청 많이 접하는데, 그중에서 다음에 다시 보아야겠다면서 저장해 두고 그런 건 별로 없었는데요… 뭐 암튼 그랬어요.ㅋ 해서 이런 출중한 가수 분을 알게 되어서 굉장히 반가웠습니다. 아시다시피 통기타 가수들이 점점 줄어가는 추세니까요.

해서 카페까지 와서 이렇게 팬레터를 다 쓰고 하는가 봐요. 바쁘신 가운데서도 팬카페 들러 팬들하고 어울리시는 모습도 친근하게 느껴지네요. 그런 만큼 팬카페도 활동이 활발해서 보기가 참 좋습니다. 계속해서 이렇게 재미있게 지낼 수 있으면 좋겠어요.

아~ 중언부언 말이 길었습니다. 이만 줄이는 게 좋겠어요. 겨울이 다가오니 건강에 유의하시고요(감기는 안 됨돠~ㅠ), 바람은 차가워지지만 마음은 따뜻해지는 그런 날들이 되셨으면 좋겠습니다. 그럼 다음에 다시 인사드릴게요. 안녕히 계세요~~

ㄴ ♪뽀로꾸 10.11.01. 올려주신 팬레터(?) 잘 읽었습니다. 닉네임에서 느껴지는 편집스러움(?)에 조금 긴장되는 글이었습니다.ㅎㅎ 제 자신에게 수도 없이 질문하는 부분을 다른 분이 그렇다고 말씀해주시니 감사하고 기쁩니다.ㅎㅎ 앞으로도 잘 부탁드립니다.ㅎㅎ

얘들아! 아빠가 미안타

강삿갓 | 11.02.21.

십여 년 전 god가 한참 떴을 때 그 오빠부대의 광풍 한가운데 제 딸내미도 있었습니다. 며칠에 한 번씩 새벽녘에 담요와 함께 사라지곤 했는데… 혼쭐을 내서 자백을 받아낸즉, 오후에 있을 방송국 음악프로그램 녹화 공개방송을 보려고 그랬다는 겁니다. 팬클럽의 다른 회원들은 전날 밤부터 입구에서 담요 덮고 줄을 선다네요.

야단도 치고 공갈협박도 해보았지만 결국 제가 설득을 당했습니다. 앞으로 다 잘할 테니 god 오빠들만 직접 볼 수 있게 해달라고…. 그때 저 고생 참 많았습니다. 한 달에 한두 번 콘서트 티켓 끊어줘, 모시고 가서는 기다렸다가 모시고 와, 처음엔 화병에 죽는 줄…. 아마 몇 달쯤 지났을 때 집으로 돌아오는 늦은 밤, 차안에서 딸내미가 말하더군요. 미안하고 고맙다고, 아빠 같은 다른 아빠 없을 거라고…. 그 딸이 올해 대학 졸업반입니다.

딸내미의 홍역이 끝나 집안이 조용해질 즈음, 이번엔 다섯 살 터울의 아들놈이 문제인 겁니다. 눈만 뜨면 컴, 밥 먹다가 컴, 자다 몰래 일어나 컴, 안 말리면 몇날 며칠이라도 할 놈…. "도대체 너 어쩌려고 그래, 그러려면 집에서 나갓!"(집사람이 성적이 곤두박질 친 아들놈을 컴 앞에 세워두고 하던 말) 그날 나는 그 컴을 마당에 들고 나와 던져 놓고 아들에게 망치를 찾아오라 했습니다. 그리고 겁먹은 얼굴로 울먹이고 서있는 어린 아들에게 양자택일의 선택을 강요했습니다. 물론 아들은 내가 원했던 쪽을 당연히 택했고(그 후 아들은 엄청 힘들어했음) 스스로 한 약속(사실은 절대 아니라고 난 생각하지만)을 잘 지켜 주었습니다. "애들아~ 잘 커주어서 고맙다. 당신도 고생했소~"

그런데… 오늘 아침 비몽사몽 컴의 전원을 넣는 순간, 관자놀이를 심하게 강타하고 지나가는 것… 세상에 이럴 수가… 두 녀석이 하던 짓을 내가 한꺼번에 하고 있지 않은가? 그것도 이 나이에…. 그러나 어쩔 것인가? 애들아~ 아빠가 미안타. 순전히 뽀님이라는 노래천사 때문이란다. 그래도 아빠 열심히 살게~~

⎣ 은교 11.02.21. 살면서 '이것이 정답이다'는 없는 것 같습니다. 저도 요즘 딸이 엄마 같고 엄마가 딸이 된 듯 살아가고 있답니다. 그러면 좀 어쩐대요? 저도 뽀님 때문에 담요 들고 사라지고 싶네요.

⎣ jmgoodluck 11.02.23. 그냥 마음 가는 대로 두세요. 시간 지나면 정신이 조금씩 돌아올 때도 있습니다. 이후엔 그네 탈 때 높이 올랐다가 내려올 때 느끼게 되는 싸한 가슴, 그 마음을 지민 님께 보내게 될지도 몰라요.

⎣ ♪뽀로꾸 11.02.26. 여기저기 갓삿갓 님의 재치 있는 글들에 웃음을 머금고 갑니다~~ 이따만큼요~^_^

뽀님의 '찬비'를 듣고

2시의데이트 | 11.03.16.

강지민 씨의 음색엔 따스함이 있으며, 또 축 처지지 않는 효과 같은 것이 있습니다. 다시 말해서 그냥 노래 잘하고 조용히 분위기 잡는 통기타 가수가 아니라 여겨집니다. 듣는 사람에게 '그저 좋다' 이상의 메시지를 전달하는 능력이 있습니다. 아마도 여기 계신 분들은 이미 파악하고 있겠지만요. 이런 독특함이 강지민 씨의 노래를 자꾸 듣고 싶게 만드는 것 같습니다.

    카페에 가입한 지 얼마 안 되고 또 직접 들어본 적이 아직은 없지만, 같은 노래를 다른 분이 부르는 것과 비교하여 듣고 느낀 점을 말씀드렸습니다. 물론 개인의 취향에 따라 선호하는 스타일은 얼마든지 다를 수 있습니다.

    언젠가 강지민 씨의 능력이 보다 많은 사람들에게 알려질 기회가 있겠죠. 아니 지금 그런 과정에 있는지도 모릅니다. 이 세상엔 스타로 떠올랐다가 잊혀지는 경우도 많습니다. 강지민 씨가 세상 사람들 모두에게 알려진 스타가 되는 것도 좋은 일입니다. 단, 강지민 씨가 그러한 가운데 본인이 행복하셔야 하며 오랫동안 기억되는 가수가 되시기를 바랍니다.

    ㄴ ♪뽀로꾸 11.04.01. '찬비'란 노래를 알게 된 지 삼사 년도 안 된 것 같아요~^^;;
      ㄴ 2시의데이트 11.04.02. 앗~ 직접 답글을 주시다니… 처음 가입해서 느낀 점을 썼던 글인데…. 아무튼 노래 잘 감상하고 있습니다. 감사합니다.^^

눈을 감고 들어보는 뽀님의 노래

Danny | 11.04.18.

오늘 아침은 사무실에 혼자 앉아 눈을 감고 뽀님 노래 몇 곡을 귀로만 들어봤습니다.

　뽀님 목소리가 어찌나 달콤한지요. 특별하게 타고나신 음색이더군요. 아~! 뽀님 노래의 힘은 여기에 있었구나~~ 노래 잘하는 가수는 많지만 이렇게 맑은 음색에 가슴을 파고드는, 질리지 않는 목소리를 가진 가수는 뽀님뿐이라는 걸 새삼스레 느끼게 됐습니다.

　그리고 눈을 떠 뽀님 노래영상으로 다시 들어봤습니다. 신은 보편적으로 인간의 형상을 만드셨다 하나 인간 눈으로 보면 분명 불공평하시더군요. 뽀님은 천사의 목소리에 천사의 얼굴이라니…. 4월 22일 드디어 노래천사가 그 모습을 방송(YTN 이슈&피플)에 나타내시는군요. 미소와 함께~~

　└ 달삼 11.04.18. 불공평이요? Danny 님의 그 마음 또한 아름다우세요. 암튼 금요일 (뽀님 방송출연 모습) 기대됩니다.^^
　└ jmgoodluck 11.04.18. 저는 항상 귀로만 듣습니다. 영상을 보면 지민 님 고운 모습으로 행여 아름다운 선율을 놓칠까 봐서 그렇습니다. 대니 님 마음이 하늘에 닿았나 봐요. 드디어 지민 님 TV에 나오시게 되잖아요~?

YTN 보고는 잠을 이룰 수가 없네요

뭉게구름 | 11.04.23.

방송의 위력 정말 대단하네요. 전에는 다음이나 네이버 검색창에 '강지민'을 입력하면 인물에 골프선수 '강지민'만 검색되었는데, 이제 드디어 우리의 주인공인 뽀님도 함께 검색되네요.^.^ 어제 YTN 〈이슈&피플〉 출연이 뉴스엔에서도, 한경닷컴에서도 기사화되었고요.

우리 강사모 회원님들의 응원소리에 힘입어 뽀님의 재능이 서서히 대중에게 알려지기 시작했다는 생각에 잠이 오질 않네요. 지금부터 시작이라 생각합니다. 회원님들! 더 많은 사랑과 응원 해주실 거죠? 항상 감사드립니다.^^

뉴스엔에는 "강지민은 씨엔블루의 '외톨이야' 란 곡이 좋다며 색다른 버전으로 이 곡을 열창해 이목을 집중시켰다"라는 기사가 실렸고, 한경닷컴에는 "방송을 접한 네티즌들은 '강지민 앨범 기대된다', '통기타 열풍의 원조 강지민', '이미 유튜브에서는 톱스타', '라이브 공연 많이 봤다', '흥이 난다' 등 뜨거운 반응을 보였다"라는 기사가 실렸습니다.

그리고 다음 검색에서는 오늘 새벽까지만 해도 골프선수 강지민 다음에 뽀님 사진이 나왔는데 지금은 뽀님이 먼저 나오네요.^.^

┗ 관솔 11.04.23. 수고가 참 많으십니다. 이제 시작이지요. 바람이 불고 태풍도 몰려 오겠지요. 또 작열하는 태양에 목이 탈 때도 있겠지요. 좋은 주말 보내세요~~

뽀님~! 어떻게 그 많은 곡들을 외워 부르시나요?
통키타맨 | 11.05.10.

요즘~ 토요일인가 일요일인가에 방영하는 〈도전 1,000곡〉이란 오락프로그램을 수시로 시청한답니다. 버튼 눌러서 선곡하여 가사 없이 따라 부르는 것 있잖아요. '어떻게 그 많은 곡들을 알 수 있을까?' 라고 때론 감탄을~ 그런데 그 프로그램의 출연자들보다 뽀님이 더욱 대단하고 훌륭하다는 것을 느낍니다. 뽀님 기타 다루는 솜씨도 끝내주고요~~

동영상 방에 업데이트 곡 순번을 보니 No. 4333번까지 달리고 있네요. 중복 곡 빼고 4000곡 정도의 가사를 외우고 부를 수 있다는 것이 대단합니다. 검증된 실력자이며 존경스럽습니다. 그 수많은 곡들을 가사를 외우며 어떻게 부를 수 있는지 특별한 비법이 있는지요? 저는 노래방 가면 노래책을 뒤적뒤적 한답니다. 아는 곡이 몇 곡이나 될까요? 그럼, 나는 몇 곡 정도의 가사를 외우고 부를 수가 있을까요? 두 자리 숫자 정도밖에 안 되겠죠~!ㅎㅎ

ㄴ ♪뽀로꾸 11.05.16. 에구… 정리를 정확히 해야겠네요^^;; 가사와 악보는 대부분 반주기에 의지하는 거예요.^^;; 저는 '학교종' 노래도 잘 못 외운답니다~^^ 내일이면 대전 공연에서 뵙겠네요~ 고맙습니다. 통키타맨 님~ㅎㅎ

아빠! 미안해요~ 저도 뽀님에게 반했어요

삿갓딸 | 11.06.13.

안녕하세요~ 뽀님~! 초등학교 때 god를 따라다녀 걍삿갓 아빠의 속을 썩였던, 지금은 대학생이 된 '착한' 딸, 삿갓딸 휘연이에요. 헤헷~ 오늘 가입하고 아직 팬카페 분위기에 다 적응하지 못했지만, 제가 이렇게 용기를 내어 글을 쓰는 건~~! 정모 때 뽀님에게 반해버렸기 때문이에요. ♥_♥

아빠가 미국에서 지내실 때부터 지금까지 귀가 닳아 없어지도록 뽀님의 얘기를 정말 아주 아주 아주 많이 들었었는데…. 지난 토요일에 아빠가 하나뿐인 딸을 버리고 정모에 가신다기에 얼른 따라 나섰더랬어요. 흐흣~ 그리고 저도 뽀님을 만나 인사를 하고 악수도 했지요.

아빠가 처음 뽀님을 만나고 돌아와서 만나서 악수를 했다며, 손을 잡았다며 자랑을 하셨었는데…(아빠~ 미안!) 바로 어제 친구를 만나 뽀님과 악수를 했다며, 손을 잡았다며 자랑을 하고 있는 저를 발견한 거예요. 정모 때 뽀님 보면서 내내 "정말 멋진 분이다, 닮고 싶다"고 얼마나 생각했었는지….

아직 뽀님이라는 호칭이 너무 어색해서 언니라고 쓸까 생각했지만, 버릇없다고 혼날까 싶어서 딱 한 번만 쓸게요~~ "언니~ 정말 멋져요, 최고예요!" 항상 행복한 일만 가득하셔야 해요~!♥

ㄴ 썰미 11.06.13. 삿갓 님 따님을 보니 삿갓 님이 더 멋있게 보이는 건 왜일까요?ㅋ

밝고 예쁘게 잘 커줘서 보기 좋네요. 뽀님도 응원 많이 해주고 아빠도 잘 부탁해요.^^

ㄴ **강삿갓** 11.06.13. 뉘집 따님이신지 참 예쁘게 성장했군요. 아버님이 뉘신지 모르겠지만 차~암 행복하실 것 같네요. 부럽습니다.^^ 앞으로도 뽀님 많이 응원해주시고 사랑하시길요~~ 기왕이면 용돈 아끼셔서 후원도 좀…ㅋㅋ 자주 뵙겠습니다.^^*

ㄴ **삿갓딸** 11.06.14. 뉘집 아버님이신지 참 센스가 만점이십니다. 삿갓 님 같은 아버지를 둔 따님이 더 행복하실 거예요.♥ㅋㅋ

ㄴ **♪뽀로꾸** 11.06.16. 아~ 어쩐지 그날 만났을 때 귀가 없으시더라고요.ㅋㅋ 이런 찬사를 받기보다 제가 더 찬사를 해야 할 것 같아요. 제가 본 중에 가장 아름다운 부녀의 모습이셨어요. 항상 행복하세요~!

햇사레복숭아축제 공연 후기

로사리오 | 11.08.21.

어제 충북 감곡면 햇사레복숭아축제 공연에 많이 함께해주셔서 정말 감사드립니다. 뽀님 공연으로 감곡면이 들썩 했습니다. 뽀님 초청 잘 했다고 면장님 이하 많은 분들이 저를 칭찬해주셔서 제 어깨도 들썩했습니다.

원래는 13일에 공연을 하려 했었는데 뽀님 음반작업 때문에 안되고 20일은 된다고 하셔서 공연날을 1주일 미루기도 했답니다. 뽀님 공연은 제가 꼭 보고 싶어서….ㅎㅎ 8월 27일 오후 5시 서울 청계천 광통교 공연에도 많은 분들 오셔서 함께 했으면 좋겠네요. 뽀님 파이팅~! 강사모 파이팅~!

ㄴ **울리미 11.08.21.** 로사리오 님! 많은 준비에 수고로움이 배어나더군요. 훌륭한 무대에 짜임새 있는 봉사단의 모습, 몇십 년 동안 활동을 해오셨다는 말씀 듣고 박수를 드립니다. 개인적으로 저도 잠시였지만 음악 봉사활동을 한 적이 있습니다. 지방과 수도권을 오가며 활동하시는 로사리오봉사단이 더욱 발전하기를 기원합니다~^^*

ㄴ **썰미 11.08.21.** 어제는 참석 못해서 많이 아쉬웠네요. 서울 광통교 공연에는 꼭 참석해서 응원할게요~^*^

ㄴ **히스클리프 11.08.21.** 처음으로 감곡 공연에서 뽀님의 열정적인 공연을 직접 눈으로 보니 뽀님을 사랑하지 않을 수가 없네요. 그 많은 닉네임을 다 기억하시는 놀라운 기억력에 감탄하고, CD보다도 더 작은 얼굴에 감탄하고, 청중을 사로잡는 카리스마에

감탄하고, 즉석에서 감곡면민 세 분을 신입회원으로 확보하시는 사업 확장력에 감탄하고, 결정적으로는 황진이보다 더 아름답다는 것에 감탄하고…. 앞으로 뽀님 공연에는 히스클리프 무조건 달려갈 거야~~

    ㄴ **달삼 11.08.21.** 청주에서 뽀님 응원 참석하여 주심에 감사드리며 반가웠습니다. 함께 오신 옆지기 님도 많이 좋아하셨는지요? 다음 모임 때 꼭 다시 뵙기로 해요.

갈비뼈 골절의 통증도 잠시 뒤로 하고

빼롱이 | 11.10.09.

다양한 장르의 수많은 노래를 부르신 뽀님이기에 직접 부르는 뽀님 노래에 대해 약간의 걱정을 하며 2집 앨범 발표회가 열리는 호연재에…. 그러나 그것은 기우였음을, 뽀님에 대한 믿음이 부족하였음을, 뽀님은 회원님들을 분명히 기억하고 계심을~~

    작사도 작곡도 스스로 하심에, 사랑과 혼이 담긴 그 노래들에 전율을 느끼며 갈비뼈 골절의 통증도 잠시 뒤로 미루고 왔네요. 못 오신 회원님들 앨범 구입하셔서 꼭 들어보세요. 뽀님 2집 앨범 자신 있게 홍보도 하시고요. 울 아들, 빼롱이2는 백지영 씨 광팬인데 뽀님 공연 보고는 뽀님 최고라며 장가보내 달래요. ㅎ 빼롱이2는 거짓말 모르는 착한 다운증후군 아이입니다.

   ㄴ 꽃님이 11.10.10. 정말 수고 많으셨네요. 어제 아드님이 행복해 하던 모습이 눈에 선해요. 아드님을 위해 몸이 아프신데도 불구하고…. 빨리 완쾌되시길 바랍니다~^*^

   ㄴ 나~가거든 11.10.10. 빼롱이 님! 반가웠습니다. 발표회가 끝나고 사진 찍는 시간에 빼롱이 님 바깥으로 나가실 때 뽀님께서 그냥 가시는 줄 알고 "빼롱이 님~!" 하고 크게 부르신 것 아시나요? ㅎㅎ

     ㄴ 빼롱이 11.10.10. 골절통증이 심해져 정말 나가려 했는데 뽀님이 부르신 것 같아 다시 들어왔어요. 빼롱이2한테 뽀님과 찍은 사진을 추억으로 남겨 주려고요.

새벽 1시, 설레는 마음으로 음반을 풀어보다
커피트리 | 11.10.12.

너무나 사랑스러운 우리 뽀님 파이팅이요~!^^

　열정이 가득 담긴 2집 앨범을 어제 저녁 두 손에 받을 수 있었네요. 당장이라도 들어보고 싶었지만 꾸욱~ 참고 아이들이 꿈나라로 가기만을 기다렸답니다. ㅎㅎ 그날따라 큰아이는 말도 안 듣고 작은아이는 고열로 자꾸 칭얼거리니, 저는 한숨만 나오고 그야말로 전쟁 아닌 전쟁을 겨우 끝내고서… 시계를 보니 시간은 어느새 새벽 1시를 향해 달리고 있더군요~~ㅠ

　드디어 기다리던 시간… 설레는 맘으로 포장을 풀어보니 뽀님의 감사인사 글이 펼쳐지고… 조심스레 CD 케이스를 열고 밝게 웃고 있는 뽀님의 자켓 사진을 한 장 넘기는 순간… 와~!^^ 생각지도 못했던 뽀님의 사인과 메시지가 적혀 있더군요~ 이런 감사할 데가~! 뜻밖의 선물에 감동을 받아 조금 전까지 아이들 땜에 지쳐있던 제 맘도 조금 풀리더군요. 대부분 곡들이 자작곡으로 되어 있는 것을 보고 또 한 번 놀라며, 음악에 집중하기 위해 이어폰을 꽂고 첫 곡을 플레이 했답니다~~

　끊을 수밖에 없는 인연의 끈을 못내 놓아주는… 너무 애절함이 와 닿는 듯한 '이별하는 밤', 사랑하고 싶게 만드는 '행복한 우리'와 '왜 생각날까', 파라다이스에 와 있는 듯한 기분이 들게 하는 '바다여행', 파리행 심야열차를 타고 '겨울밤'… 갠적으로 좋아하는 감성의 곡, 옛사랑이 떠오르는 '완전한 사랑', 자꾸만 듣고 싶어지는 '거짓말', 그리고 뽀님과 너무 잘 어울리는 '꿈을 찾아'와 '기타는 내 친구'. 앨범 수록곡 모두 너무나 애착이 갈 수밖에 없을 듯해요~!

팬들에 대한 사랑을 담은 큰 선물… 감사히 잘 간직할게요~!^^ 앞으로도 좋은 음악 많이많이 만들어 주실 거죠~?!^^

ㄴ ♪**뽀로꾸** 11.10.12. 이렇게 기뻐해 주시고, 이렇게 좋게 들어 주시니 저도 맘이 두둥실 날아갑니다~~ 근데 제가 워낙 악필(?)이라 창피하네요~~ 이렇게 좋아해 주시니 더 열심히 해야겠습니다.ㅎㅎ

ㄴ **커피트리** 11.10.12. 사랑의 힘인 듯해요~^^ 저도 뽀님 노래 들어서인지 조금은 착한 엄마가 되어가고 있어욤~!ㅋㅋ 뽀님은 역시 천재~!ㅎ 많은 팬들께 세심한 배려… 너무 감사해요. 항상 같은 자리에서 응원할게요~~

앗싸! 생애 첫 음반 구입
코스모스길 | 11.10.15.

제 나이 서른의 마지막 고개. 저는 스스로 팬카페 가입하고 응원하는 글 쓰고 밤늦게 노래 듣고 있을 거라고는 상상도 안 하고 살았네요. 더 큰 용기 내서 정모라는 곳도 가려고도 해보고… 서울까지 갔다가 되돌아왔지만…. 어릴 때 그렇게 예뻐했던 이선희 님 음반도 구입하지 않았는데, 뽀님 2집 음반이 제가 구입한 첫 음반이 되었네요.

집 떠나와서 사는지라 배송처를 집으로 해놓았는데, 오늘 울 각시한테서 문자가 왔습니다. "코스모스길 님~ CD 왔어요!" 회사 컴퓨터, 숙소 컴퓨터에 뽀님 사진을 깔아 놓은 걸 보고 듣고 하더니 사람이 변했답디다. 얼굴 새까맣고 도둑놈같이 생겨서 원래 닉네임이 '깍쪼사부러' 였는데 여기선 닉네임을 쪼~금 부드럽게 했더니, 울 각시 눈으로 확인하고는 전화로 혼자 죽는다고 웃는데 참~ 쪽~ㅋ 팔리데요.ㅜ.ㅜ

한 장은 파견지로 가져와 듣고 한 장은 울 각시 선물로 샀다고 했더니만 우리 차는 CD 안 된다며 차 한 대 사달라고 합니다. CD 한 장에 부록으로 차 사게 생겼네요. CD 한 장 사고 CD 들을 수 있는 카스테레오 있는 차를 사주게 생겼네… 우찌할까요? 오늘 집에 가는데 환장(?ㅋ)하겠네요. 닉네임 '코스모스길' 이 뭐냐고 놀릴 건데… 그래도 좋은 건 잡채를 해준다네요. 그리고… 뽀님 데려오라네요? 같이 먹자고… 나도 한 번도 못 봤는데(동네슈퍼 아줌마

도 아니고…) 울 각시 잡채 잘하는데 언제 한번 먹으러 오이소! 맛나게 먹읍시다~

집에 가면 솔직히 뽀님보다 예쁜(ㅋ) 세 딸이 있네요. '아름' '다은' '은별' 세 딸 이름이 합치면 '아름답고 은총이 가득 한 별~' 예쁘죠? 아마도 반강제적으로 들어야 하는 젤 어린 팬이 될 것입니다. 다음 정모엔 젤 어린 팬으로 앉아 있을지 모릅니다. 이상은 첫 음반 구입한 자랑이랑 팬 네 명 강제 가입시키는 잘난 팬, 못난 아빠의 자랑이었습니다. 항상 행복하세요.

└ ♪뽀로꾸 11.10.19. 음… 아무리 생각해봐도… 소중한 공주님들을 위해 차를 구입하셔야겠네요.ㅋㅋ 재미난 사연 주셔서 고맙습니다~~ 즐겁게 들어주시니 참 기쁘고 좋네요.ㅎㅎ

└ 이억수 11.10.19. 앨범 잘 받았습니다. 고생 하셨습니다. 1번 트랙 '이별하는 밤'은 장윤정 씨의 '첫사랑'과 느낌이 비슷하더군요. 처음 딱 들었을 때 Feel so good!!! 타이틀곡으로 추천합니다. 참고로 저는 전문가는 아니지만 취미로 컴퓨터 음악, 편집, 리믹스 하고 있습니다. 1번 트랙 '이별하는 밤' 정말 좋아요~~ 대중에게 익숙한 멜로디가 정말 승산 있습니다. 제 귀가 막귀가 아니거든요.ㅎ 앞으로 승승장구하시고 기회가 되면 동영상에 있는 가요, Old Pop도 리메이크 앨범 내시면 팬들과 대중에게 한 걸음 더 다가가는 가수 강지민이 될 거라고 믿어 의심치 않습니다.

└ ♪뽀로꾸 11.11.17. 맘에 드셨다니 다행이네요~~ 저도 제일 사랑하는 곡이랍니다.ㅎㅎ

♬~ 이별하는 밤, 라디오 전파를 타다
구름꽃 | 11.11.25.

강릉MBC '라디오가든' 26일(토) 1~2부 끝 곡으로 뽀님의 '이별하는 밤' 이 선곡되어 방송 예정입니다. 지금 막 선곡표를 확인하였습니다. 시간상으로는 오후 6:50~6:57 사이가 아닐까 합니다. 강릉MBC 홈페이지에서 인터넷 실시간 방송듣기가 가능하답니다. ㅎㅎ

   방송 진행자 김현수 아나운서의 멘트가 아주 좋네요. ㅎ
   "끝 곡은 흥겨움에 잠시 이렇게 흥이 올랐던 것을 차분하게 가라앉힐 수 있는, 아주 아름다운 노래 한 곡 준비를 했습니다. 포크가수인데, 최근에 발표한 '이별하는 밤' 이라는 노래는 멜로디가 독특하고 리듬도 독특해요. 노래를 듣고 있으면 늦가을, 초겨울 이 밤에 몸을 따뜻하게, 포근하게 감싸주는 느낌이 듭니다. 강지민의 노래입니다. '이별하는 밤' 을 들으면서 2부를 마칩니다."

   ㄴ **리즈** 11.11.26. 와우~! 벌써 강릉MBC에서만 몇 번째입니까? 구름꽃 님, 정말 감사합니다. 내일 꼭 챙겨듣도록 하겠습니다~*^^*

   ㄴ **재롱맘** 11.11.26. 구름꽃 님~! 언제나 수고가 많으세요. 우리 뽀님 앞으로도 많이 아껴주세요. ㅎㅎ

   ㄴ **허스키(김병철)** 11.11.26. '이별하는 밤' 과 '겨울밤' 은 지금 계절에 딱입니다. '이별하는 밤' 은 정말 따듯한 느낌이고 '겨울밤' 은 추운 느낌~ㅎㅎ

뽀님 노래 방송신청 재미있게 해봐요
허스키(김병철) | 11.11.29.

　이곳 강사모는 강지민 님의 팬카페이고 말 그대로 강지민 님을 아끼고 사랑하는 사람들이 모인 곳입니다. 강지민 님의 2집 앨범 발표 이후 팬카페의 열성회원들은 강지민 님의 신곡을 널리 널리 알리기 위해서 라디오 방송에 지속적으로 강지민 님의 신곡을 신청하고 있습니다. 방송신청하기 캠페인은 약 한 달 정도 진행됐고, 그 기간 동안 적지 않은 성과도 있었습니다.
　한 사람이 100번 신청곡을 올리는 것보다 백 사람이 한 번씩 신청하는 것이 훨씬 더 효율적이고 제작진의 마음을 움직이리라 생각합니다. 그래서 지금은 좀 더 많은 인원을 필요로 합니다. 최근 한 달간 이루어진 방송신청 캠페인은 좌측 메뉴의 '방송신청' 방에서 글을 보면 잘 알 수 있습니다.
　방송3사와 교통방송 홈피에 회원가입 하시면 의외로 쉽게 할 수 있습니다. 뽀님의 노래가 라디오 방송을 타고 전국 방방곡곡으로 울려 퍼지는 가슴 벅찬 순간을 좀 더 많은 회원님들과 함께 만들어가고 싶습니다. "열정이 있을 때 후회 없이 열정을 불태워라! 그것만이 인생을 후회 없이 사는 길이다." 제가 지어낸 말입니다. ㅋㅋ 여러분~! '방송신청방'에서 뵈요.

　└ 너나들이 11.12.08. 어제 경기방송에 뽀님 노래 '꿈을 찾아'를 신청했는데 선곡표를 보니 이 노래가 방송이 되었네요. 사실 전 지금 퇴근해서 못 들었거든요. ㅋ 그냥…

지났지만 봐주세요. 아무튼 기분 너무 좋습니다. 날아갈 것 같아요. 근데 참 부끄럽네요~ 사연 내용이 좀… 모른 척 해주세요. ㅎㅎ

ㄴ jmgoodluck 11.12.21. 어제 늦게까지 일하고 스트레스 안고 차 시동 거니 중국말이~ 가뜩이나 골치 아파 죽겠는데 라디오 너마저…"에라이~ 가거라"하며 채널을 이리저리 맞추다 KBS라디오에서 주현미 님이 "강지민 어쩌구저쩌구~"하더이다. "앗~ 이거 지민 님 노래 '기타는 내 친구'~" 라디오에서 지민 님 신곡을 처음 듣는 순간이었습니다. 지민 님은 내 청량제~! 집으로 오는 길이 지겹지 않았습니다. 신청 사연 주신 분이 조☆임 씨라는군요. 감사합니다~!

ㄴ 꽃님이 11.12.22. 감사합니다! 라디오 들으셨군요. 제가 조☆임입니다. 힘이 나네요~~ 방송 들으신 분이 회원님 중에 두 분이나 계시다니요~^*^

ㄴ 러브미♡ 12.02.19. 오늘 저녁에 광주mbc 라디오 '추억의 별이 빛나는 밤에' 들으면서 뽀님도 좋아하시고 회원님들도 좋아하신다는 '기타는 내 친구'를 신청곡으로 올렸어요. 그런데 바로 방금 전파를 탔네요. ㅎㅎ 아주~ 뜨끈뜨끈해요~!!! 제 손이 또 떨리네요. ㅎㅎ

ㄴ 너나들이 12.02.20. 러브미♡ 님~! 어떡하면 그렇게 자주 라디오방송에 채택이 되나요? 저는 문자로 몇 번 시도했는데 사연만 읽어주고 노래는 안 들려주던데… ㅋ

새벽기차 타고 서울 가던 날
월영 | 11.11.27.

제가 팬카페에 가입해서 이렇게 푹 빠져보긴 첨이네요. 지금까지 여러 카페에 가입해봤지만 강사모에서는 도저히 헤어나지 못하겠네요.^^; 아마도 뽀님의 목소리와 미소 때문인가 봐요.

   2집 앨범 발표기념회 때 처음으로 뽀님 보러 가던 날이 생각나네요. 밤잠을 설쳐가며 새벽기차 타고 서울 가던 날, 설렘 반 기쁨 반~ 마치 어린아이가 되어버린 나…ㅎㅎ 뽀님과 강사모 회원님들과도 만나고, 같은 울산에 사는 나무와흙 님의 차로 함께 내려가면서 정말 기뻐서 가슴이 너무너무 벅찼어요~~ 새벽에 내려가느라 차안에서 뽀님 노래 들으며 졸기도 했네요(나무와흙 님께 죄송~^^;).ㅎㅎ

   이제는 또 내년부터 매달 있을 뽀님 콘서트 때문에 가슴이 두근반 세근반~ 콩딱콩딱~^^; 회원님들 그리고 뽀님! 내년 콘서트에서 만나요. 뽀님 홧~팅요!!

   ㄴ **강삿갓** 11.11.27. 월영 님! 이번에도 나무와흙 님과 함께 오세요. 우리 내년 매달 있을 뽀님의 콘서트에서 만나요.^*^

   ㄴ **모나리자** 11.11.30. 그래서 정신없이 5층까지 올라갔군요.ㅠㅠ 뽀님 바라보며 즐거움과 기쁨으로 내내~ 행복하고 건강하세요.^^

고객과 함께 뽀님 라이브공연을 보다
황금비늘 | 11.11.29.

저는 지난 주말(11월 26일 토) 산본 라이브 레스토랑에 가서 지난 8월 청계천 공연에 이어 두 번째로 뽀님의 공연을 관람하였습니다. 그날은 저녁 6시 종각 부근에서 모임이 있어 미리 구입한 뽀님 음반(뽀님 사인이 새겨진)을 모임에 참여한 모든 회원께 전달하였습니다. 참석하신 분들 모두 매우 즐거워하였고, 제가 아는 범위 내에서 뽀님에 대해 자세히 소개를 해드렸습니다.

방금 말한 모임은 제가 한국방송대학교 문화교양학과 재학 시절 결성된 스터디모임입니다. 학업을 같이하고 졸업 후에도 모임을 지속하자는 의견에 따라 매월 1회씩 모임을 갖고 있습니다. 이런 모임의 성격상 당연히 인근 세종문화회관에서 진행 중인 FTA 비준 반대 집회에 참석, 약 30~40분 정도 구호를 외치다가 산본을 향해 출발하였습니다. 목포에서 올라오신 저의 고객님과 산본에서 면담할 계획이 있었습니다(저는 주중에는 목포에 거주하고 주말에는 서울로 옵니다). 약속시간이 되어 산본에서 고객님과 만나 뽀님께서 공연하는 라이브 레스토랑에 들어가서 미리 준비한 뽀님 음반도 전달하고 가벼운 담소를 나누면서 뽀님께서 오시기를 기다렸습니다.

드디어 뽀님이 오셔서 공연이 시작되었습니다. 저는 그냥 뽀님의 공연만 보면서 저의 신분을 밝히지 않으려고 노래를 신청하지 않으려 했으나 저의 고객님께서 노래를 신청하시는 바람에 형평성(?) 유지 차원에서 부득이 노래를 신청하였는데, 그곳에서는 원칙적으로 허용되지 않는 곡이었습니다(제가 조금 덜 떨어져서 분위기 파악을 못 합니다). 그럼에도 불구하고 뽀님께서 고민을 하시다가 저의 신청곡을 불러주셨습니다. 역시 뽀님의 노래는 단순한 노래 이상의 느낌과 삶의 활력을 줍니다. 이 글을 쓰는 지금도 저의 신청곡을 불러주시는 뽀님의 노랫소리가 귀에 맴돌고 눈을 감으면 당시 모습이 떠오릅니다.

뽀님과 잠시만이라도 이야기를 나누고 싶었지만, 고객님을 홀로 두고 싶지 않아서 꾸~욱 참았습니다. 제가 성함을 모르지만 그날 뽀님 공연을 촬영하신 님과 뽀님께 정말 죄송합니다. 내심 다음 기회를 생각하며 떨어지지 않는 발걸음을 겨우 떼어 저는 집으로(연신내역 인근), 저의 고객님은 목포를 향해 출발하였습니다.

비록 왕복하는 길이 멀지만 그래도 직접 찾아가서 뽀님의 공연 모습을 보고 나니 그날 하루 일정이 너무나도 행복하게 마무리된 것 같았습니다. 언제나 노래로 저에게 삶의 기쁨과 행복을 주시는 뽀님께 다시금 감사의 말씀을 드립니다.

ㄴ **뭉게구름** 11.11.29. 잠깐이었지만 반가웠습니다. 콘서트 때 뵈어요~^^

  ㄴ **황금비늘** 11.11.29. 그때 몰라 뵈어서 정말 죄송합니다. 꾸~벅^*^;; 다음 기회에 정식으로 인사드리겠습니다. 항상 행복하시기 바랍니다.

블랙룰을 어기면서까지… 고마운 지민 님
권태수 | 11.12.01.

제가 어제 서울에 일이 있어서 올라갔었죠. 가입인사 때 말씀드렸듯이 저는 지금 부산에 살고 있거든요. 그래서 서울에 올라가는 김에 지민 님을 만나 뵙기 위해 산본 라이브카페에 들렀습니다. 같이 간 친구의 내비게이션이 좀 말썽을 일으켰지만, 아무튼 넉넉하게 시간을 맞출 수 있었습니다.

 11시 20분쯤 강지민 님이 등장하셨습니다. 공연준비 하시고 가요, 팝송 등 서너 곡을 부르실 때쯤 뒤에서 시끄럽더군요. 술병 놓여진 곳 바로 옆의 자리가 제 자리였거든요. 어느 남자분의 목소리가 장난이 아니게 높더라고요. 그때 제가 직원을 통해 신청곡 쪽지(유상록 '그 여인', 진시몬 '애원')를 보내드렸죠.

 강지민 님이 제 신청곡 쪽지를 보시면서 여기서 트로트는 어렵다며 블랙룰을 말씀하시더라고요. 근데 오늘 사장님이 스스로 룰을 어기셨어요(물론 자기 업소이지만). ㅎㅎ 그래서 마침내 뽀님께서 "제가 사장님에게 혼나더라도 아까 들려드리지 못했던 신청곡, 진시몬의 '애원'을 불러드리겠습니다"라고 말씀하시더라고요. ㅎㅎ

 ┗ **달삼** 11.12.01. 뽀님은 마음이 참 고우십니다. 산본까지 뽀님 뵈러 가신 권태수 님께도 감사드려요.

뽀님의 마지막 라이브 공연을 보고

열정가득 | 11.12.13.

토요일(2011.12.10), 뽀님의 마지막 라이브 공연이 있었습니다. 저번에도 그랬듯이 라이브 레스토랑 맞은편 식당에서 회원님들과 식사를 하고 뽀님 공연장으로 향했습니다. 30분 일찍 도착했는데 뽀님께서 미리 와 계셨습니다. 전 기절하는 줄 알았습니다. ㅋㅋ 뽀님께서 아직 안 오셨겠지 생각했으니까 말이죠. ㅎㅎ 뽀님과 수줍게 인사를 하고 회원님들과도 인사를 나누고 자리에 앉았습니다.

뽀님의 공연이 시작되었습니다. 마지막 라이브 무대… 섭섭하기도 하고 좀 더 빨리 뽀님을 알았더라면 좋았을 텐데. ㅠㅠ 그래도 앞으로 뽀님 뵐 수 있는 날이 많으니까 행복합니다!! ^_^ 뽀님 노래하실 때 저와 걍삿갓 님은 카페 주위를 둘러보았습니다. 모두가 숨죽이면서 거의 실신상태였습니다. ㅋㅋ 저는 계속 와~ 와~ 뽀님 최고~ 이렇게 외쳤습니다. 삿갓 님이 저한테 하신 말씀, "열정 님! 그러다 목 디스크 걸립니다. 정신 차리세요~" ㅋㅋ

그날의 뽀님 노래에서는 왠지 모를 또 다른 느낌이 들었습니다. 그리고 산본 라이브 레스토랑에서는 금지되는 트로트를 두 곡이나 부르셨습니다. 그동안 뽀님께서 눈치 보며 스트레스도 받으셨을 텐데, 마지막인 날인 만큼 이 기회에 한 번에 팍~! 마지막 곡을 부르실 때는 정말 아쉬웠습니다. 시간이 너무 빨리 가고 저도 모르게 눈물이 글썽거리더라고요.

뽀님의 마지막 공연이 끝난 뒤 2집 앨범 구입해서 사인을 받았습니다. 사인을 보려고 CD를 여니, 우와~! 뽀님 사진이 바뀌었더군요~~ 정말 너무 좋았어요. 사인 시간이 끝나고 뽀님께서 내려오셔서 회원님들에게 축하를 받으셨습니다.

축하 케익에는 "뽀님~ 수고 많으셨습니다. 사랑합니다♡"라는 글귀가 쓰여 있었습니다. 뽀님은 케익을 자른 후 회원님들과 대화하면서 즐거운 시간을 보냈습니다. 그리고 뽀님과 사진을 찍고, 밖으로 나와 단체사진도 찍었습니다. 마지막 뽀님 가시는 길에 회원님들 모두 깍듯한 90도 인사(ㅋㅋ)를 드렸답니다.

최고의 가수 뽀님~! 정말 마지막 라이브 무대는 평생 잊지 못할 것입니다. 그동안 정말 고생 많으셨습니다. 앞으로 더욱 멋진 뽀님의 모습 기대할게요~! 앞으로 뽀님을 위해 더욱 응원하고 오래도록 뽀님과 함께 할 겁니다! 뽀님~ 항상 힘내세요! 저의 우상 뽀님~ 홧~팅! 사랑합니다~!^^♡

ㄴ 리리 11.12.13. 궁금했었는데… 후기 감사합니다. 뽀님은 90도 인사를 받을 만한 분 아니십니까?ㅋㅋ 뽀님, 회원님들 고생 많이 하셨습니다.^^

ㄴ Danny 11.12.13. 생생한 마지막 라이브 공연 모습과 회원님들 표정을 잘 묘사한 글입니다. 가지 않은 길은 더욱 아름다워 보인다는 말도 있고… 참석 못 하고 후기 사진과 글을 읽고 짐작하는 제 심정은…. 그 자리가 즐겁고 행복한 감동의 시간이었을 거라 생각하고 그려보며 아쉬움만 키웁니다.

뽀님과 함께 한 그 수많은 노래들

걍삿갓 | 12.01.11.

뽀님의 첫 콘서트를 앞두고 갑자기 궁금해졌습니다. 과연 뽀님은 그동안 라이브 카페와 공연에서 어떤 가수의 노래를 얼마나 불렀을까? 첫 콘서트를 기점으로 가로로 한 획을 긋는다는 의미와 궁금증을 합쳐 동영상 방의 노래들을 나름 가수별로 분류·분석해 봤습니다.

가수 이름 뒤 괄호 안의 숫자는 뽀님이 부른 횟수지만 노래는 동일한 곡일 수도 아닐 수도 있습니다. 노래 제목까지 분류하기엔 너무나 엄청난 숫자라 가수별로만 분류해봤습니다. 분류작업은 동영상 방에 기록으로 남아있는 것만 가지고 했으며, 촬영되지 못한 엄청난 수의 더 많은 노래들도 있습니다. 그리고 동영상 방에 있는 동영상 중에서 새로 편집해서 올린 동영상은 중복을 피하기 위해 제외했습니다.

제가 해놓고도 그 엄청난 가수들의 숫자에 놀라지 않을 수 없었습니다. 세상에 이렇게 많은 가수의 노래를 원곡보다 더 잘 부를 수 있는 가수가 또 있을까요? 회원님들 스스로 판단해 보시기 바랍니다. ㅎ~~

뽀님이 부른 노래의 가수 수: 국내가수 597명, 외국가수 150명, 가수 미상 곡 14곡. 물론 신청곡 위주로 부르셨겠지만, 나중에라도 뽀님이 리메이크 앨범을 제작하신다면 혹 도움이 될까 국내가수, 외국가수별로 TOP 10을 가려봤습니다.

국내가수의 노래로는 ① 조용필(102), ② 이문세(86), ③ 이승철(72), ④ 박상민(58), ⑤ 이선희(48), ⑥ 김광석(48), ⑦ 심수봉(39), ⑧ 나훈아(36), ⑨ 해바라기(30), ⑩ 양희은(27), 그 외에도 최성수(25), 김정호, 변진섭, 김현식(24), SG워너비(23), 송골매, 이은미, 최진희(22), 장윤정, 진시몬(21), 김범수, 백지영, 왁스, 이은하, 패티김(20), 변진섭, 김수희, 조관우, 정태춘, 전영록(19), 신형원(18), 박강성, 혜은이(17), 조항조(16) 등이 상위에 랭크되었습니다.

상위 가수들의 면면만 보더라도 그들은 이미 가창력으로 한 시대를 풍미했거나 지금도 인정받고 활동하는 가수들입니다. 그런 가수들의 노래를 가리지 않고 거뜬히 넘어서 원곡보다 더 잘 부른다는 평가를 받는 가수! 바로 우리의 뽀님입니다.

외국가수의 노래로는 ① 등려군, Smokie, Beatles(13), ④ John Denver(12), ⑤ Olivia Newton John, C.C.R(11), ⑦ Debby Boone, Anne Murray(8), ⑨ Simon & Garfunkel, Chan Chau Ha(陳秋霞), Kris Kristofferson, Stevie Wonder(7) 등이 상위권이었습니다.

국적, 언어, 시대, 음역, 세대, 장르를 가리지 않고 부른 노래들… 이제 동영상 방에만 남아있습니다. 이미 본인의 자작곡 2집 앨범이 출시되었고, 계속해서 3집, 4집, 5집… 앨범이 나온다면, 앞으로 새롭게 다른 가수의 노래를 부르는 뽀님의 모습은 점점 보기 힘들어질지도 모릅니다.

첫 콘서트를 며칠 앞둔 오늘, 이 많은 국내외 가수들을 만날 수 있게 해준 뽀님에게 새삼 찬사와 감사를 드리며, 오랜 시간 동안 촬영해주시고 동영상을 올려주신 많은 선배 회원님들께 다시 한번 고마움을 전합니다. 많은 사연과 질곡을 고스란히 담고 있는 지난날의 동영상들… 강사모의 역사이자 뽀님의 기록임을 상기하며, 뽀님을 사랑하는 그 마음으로 감상하겠습니다.

영화 〈벤허〉를 만든 윌리엄 와일러 감독은 〈벤허〉를 완성한 뒤 이렇게 외쳤다고 합니다. "세상에… 신이여! 제가 정말 이 영화를 만들었단 말입니까?" 우리 뽀님도 이렇게 외치셔야 할 것 같습니다. "아~ 신이여! 정말 저 많은 가수들의 노래를 제가 다 불렀단 말입니까?"

정말로 신났던 1월의 노래
운산 | 12.01.14.

많은 분들이 오셨더군요. 처음으로 콘서트에 참석한 탓에 아는 분도 없고 해서 좀 그랬습니다. 서로 반가워했어야 하는데 그러질 못했네요.

지민 님은 (첫 단독 콘서트라) 떨리고 긴장된다고 했습니다. 그러나 이건 거짓말이었습니다. 긴장 하나도 안 하더군요. 즐거워서 죽겠다는 표정~ 첫 노래할 때 조금 긴장한 것 같기도 하였지만… 아무튼 출발이 좋았습니다. 개인적으로는 1월의 노래가 전부 좋았습니다. 그야말로 예술이더군요. 연습을 얼마나 하셨는지? 'Unchained Melody'는 눈감고 들었습니다. 압권~~

체조도 시키고 율동도 시키고 막 시키더군요.ㅋㅋ 이 나이에 율동이라니…. 나로 하여금 율동을 하지 않을 수 없게 한 지민 님의 능력도 대단~ 원 없이 박수치고 소리치고 모두가 좋아 죽더군요. 다른 사람들이 보면 맛이 좀 간 사람들이라고 할 겁니다. 시간이 너무 짧더군요. 2시간이었는데, 너무 짧게 느껴진 시간~ 4시간쯤 해야 이젠 됐다고 하려나?ㅎㅎ 지민 님과 함께 한 그 시간이 참으로 행복했습니다. 여러분, 잘 지내시고 다음 달에 또 봐요.ㅎㅎ

ㄴ **제우스0** 12.01.15. 어제 뽀님 콘서트는 성황리에 잘 마쳤다 생각됩니다. 하지만 아쉬움도 많았답니다(더 보고 더 듣고 싶은 맘…). 뽀님 수고하셨고 고맙습니다. 그리고 낯설지 않게 반겨주신 여러 회원님 모두에게 감사드립니다.

뽀님 만남에 떡실신, 뽀님 고생 생각에 안쓰러움
볼매 | 12.01.15.

뽀님! 어제 '1월의 노래' 콘서트 정말 멋진 무대였습니다. 뽀님으로 인해 기쁘고 즐거웠으며 어제 하루는 제 삶에서 멋진 추억의 하나로 남을 것이라는 말씀을 감히 전합니다~~ 집에 돌아오면서 기다리고 기다렸던 그 시간, 그 콘서트가 순식간에 지나가 버리고, 또 다음을 기약할 수밖에 없다는 생각에 못내 아쉬웠고, 한순간 마음이 가라앉고 얼마나 허전하든지요.

저 또한 음악을 좋아하고 노래 부르기를 좋아 하지만 어느 한 사람, 어느 한 가수를 좋아하고, 그의 노래를 좋아하는 마음과 감정을 이렇듯 적극적으로 표현하고, 직접 콘서트에 찾아가 내가 좋아하는 가수가 열창하는 모습을 보고, 같이 노래 부르고 함께 뛰면서 즐기기는 이번이 처음이었습니다.

뽀님이 어제 콘서트에서 말씀하신 것과 같이 저 또한 뽀님을 직접 보고, 라이브로 노래를, 그것도 바로 2미터 앞에서 듣고 즐긴다는 생각에 커다란 설렘과 약간의 떨림까지 있었습니다. 역쉬~ 카페에서 듣고 보아온 대로 자그마한 체구에서 뿜어져 나오는 그 목소리와 노래, 그리고 맛깔스런 진행 솜씨는(어찌 그리 예쁘시고 말씀도 잘하셔유~) 말 그대로 '떡실신' 하기에 충분했습니다. ㅋㅋ 이미 3개월 전부터 뽀님에게 뿅~간 저로서는 이상한 일도 아니에요. 아내와 딸아이들도 이런 상태가 된 저를 잘 알고 이해하기에 아무렇지도 않아유~~ㅎㅎ 뽀님에 대한 이런 감정과 느낌은 뽀님 팬들 모두가 조금의 차이도 없이 똑같다고 생각하기에 장황하게 쓰는 게 별 의미 없다고 생각합니다.

뽀님은 어제 콘서트 무대에 올라가셔서는 첫 곡 부르기 전, 잠시 두 눈을 감고 정적의 시간을 가지셨습니다. 그 시간에 뽀님이 무슨 생각을 하고 어떤 맘이었을지 저는 마음속으로 미루어 짐작할 수 있었습니다. 단지 호흡을 가다듬는 그런 순간이 아니었을 겁니다. 그동안 통기타 가수로 살면서 겪은 힘들고 서러웠던 순간이 주마등처럼 스쳐지나갔을 것이고, 그런 순간을 견뎌내고 마침내 비록 자그마하지만 자신만의 콘서트를 하게 된 것에 대한 설렘과 가슴 벅찬 감동을 느끼셨을 테지요.

아~ 제 마음을 온전히 말로 다 표현하기에는 제 글솜씨가 부족하네요. 암튼, 뽀님 사인 받을 때 "개근상 꼭 타세요"라고 말씀하셨죠. 네! 전 앞으로도 계속 뽀님의 진실한 팬으로 남기를 진정으로 원합니다. 제가 뽀님을 위해 지금 할 수 있는 가장 쉬운 일이 콘서트에 꼬박꼬박 찾아가 함께 즐기는 것이니 당연히 개근상을 꼭 타야지요! 꼭 개근하여 뽀님이 보다 큰 무대에서, 더 많은 사람들 앞에서 맘껏 열창하고 나래를 펴는 데 일조하는 티끌이 될게요.

어제 싸인 받을 때 저를 이미 알고 계신다면서 "응원 플래카드 만드느라 고생하셨다"고 말씀하셨죠. 얼마나 고맙고 기쁘던지요. 사실 그 플래카드, 총 5장 만들어서 횐님들 다 나눠드리고 같이 응원한 거예요. 울 딸들이 넘 고생했기에, 다 알고 계시지만, 다시 한번 자랑합니다~~ㅎㅎ 뽀님으로 인해 오랜만에 가족들과 뜻 깊고 좋은 시간을 가질 수 있었기에 다시 한 번 감사드립니다.

뽀님! 며칠 푹 쉬시면서 콘서트로 인한 긴장과 피로를 풀고 다시 새롭고 힘찬 출발 하시길 기원합니다~~ 비록 뽀님과는 나이차이도 별로 안 나고 같은 세대지만(ㅋㅋ)… 점점 오버하고 감정이 고조되는 거 같아 이만 줄일게

요. 늘 건강하시고 힘 내세여!! 뽀님 곁에는 순수하고 진실한 많은 팬들이 있 잖아요~~

ㄴ **썰미 12.01.15.** 볼매 님~ 뵙게 돼서 반가웠어요. 그것도 바로 옆자리…ㅋ 화목한 가정 넘 보기 좋았어요~~ 다 볼매 님의 눈물과 땀의 결실이겠죠~~ 플래카드도 진짜 만들어 주실 줄은 생각도 못했는데… 감사합니다.^^

ㄴ **은교 12.01.15.** 만나 뵙게 되어 반가웠습니다. 이쁜 두 따님과 옆지기 님과… 단란한 모습 아주 아름다웠답니다. 옆지기 님과 칭구 맹글어 주세용~! 응원도구 맹글어 주셔서 감사했고요.^^

ㄴ ♪**뽀로꾸 12.01.21.** 응원도구를 직접 만들어 와주신 게 가장 마음에 남네요.^^ 볼매 님은 카페에서 아주 인기쟁이세요. 항상 뜨겁고 재치 있으시니까요~~ 세 여인들이 부럽습니다.^^

자랑스러운 우리의 뽀님
흙피리 | 12.01.16.

'1월의 노래' 콘서트 대박~! 가수는 본업이고 아예 작곡·작사가로 나서도 큰일 내겠어요. ㅎㅎ

언제나 사랑스럽고 좋아하는 가수지만 특별히 이번 콘서트 현장에서 얼마나 자랑스러웠는지 몰라요. 아마도 뽀님의 감성이 고스란히 노랫말과 곡으로 옮겨졌을 테지요. 약간의 외로움도 엿보이지만, 예쁘고 아름다운 생각으로 살아가는 뽀님의 삶을 느낄 수가 있었어요.

행복한 모습으로 아름다운 노래를 열창하는 콘서트 정말 좋았고요. 수고 많이 하셨어요. 예전의 무대들도 좋았지만 팬들만 가득한 무대에서 음악에 빠져있는 지금 모습… 정말 더없이 행복해 보이고, 그 모습을 보는 저도 행복합니다. 언제나 응원 보내고 있다는 거 잊지 마시고 항상 행복한 가수로 자릴 지켜주세요. 앞으로도 좋은 노래 많이 만들어서 많은 팬들을 기쁘게 해주세요. 사랑합니다.^^

ㄴ ♪뽀로꾸 12.01.21. 깜짝 출연에 정말 깜짝 놀랐네요~~ 매우 반가웠어요. 멋진 분위기 메이커 흙피리 님^^ 오래도록 뵈었음 좋겠어요. ㅎㅎ

2월의 노래 콘서트를 다녀와서

이쁘나 | 12.02.19.

이 나이쯤 되면 가끔 나를 뒤돌아보고 허허로운 빈 가슴을 쓸어내릴 때가 있다. 나를 위해 무언가를 한다는 것, 실로 오랜만의 일이다. 나이는 숫자에 불과했다. 뽀님 노래를 사랑한다는 공통점 하나만으로 숨겨두었던 열정과 환호와 설렘을 맘껏 뿜어내시던 회원님들의 모습에 빙그레 웃음이 나온다.

간장 종지만한 작은 마음속에 아직도 살아 숨쉬는 감성이 꿈틀대고 있음을 알게 해준 소중한 하루가 아니었나 싶다. 도로엔 직진 차선만 있지 않은 것처럼 좌회전도 해보고 우회전도 해보면서 내 옆에선 무슨 일들이 벌어지는지 알아가는 것도 필요한 것 같다. 때론 유턴도 해보지, 뭐~

어렸을 적 그때의 순수를 찾아 가슴 두근거리는 설렘으로… 나이를 잊고 뽀님을 향해 ♡~ 원 없이 날렸더니 감동과 행복이라는 커다란 선물로 답해주고, 정말 안 이뻐할 수 없는 뽀님이시다.^^ 이렇게… 뽀님의 2월의 노래들은 무뎌지고 녹슬어가던 내 인생의 톱니바퀴에 기름칠을 확실하게 해준 듯하다.

ㄴ 리즈 12.02.21. 닉네임처럼 이쁘고 따뜻한 첫 만남~!! 정말 반가웠답니다~♡

ㄴ 늘~처음처럼 12.02.23. 뽀님께 푹 빠지셨군요. 공연후기 정말 멋지게 잘 표현하셨네요. 그 감동과 행복감을 가감 없이 말이에요. 삶의 활력소가 따로 저 멀리 있겠어요? 맘껏 즐기십시오~!!

오르골 인연으로 뽀님과 종신계약을 맺다 ♥
니카 | 12.02.20.

(2월의 노래가 울려 퍼진 날) 바람이 꽤 차가웠어요. 태어나서 팬카페 회원이 되어본 것도 처음이고, 살면서 미니콘서트에 가본 것도 처음이었습니다. 사실 노래를 많이 좋아하고, 또 노래하는 사이트에서 즐겨 라이브를 듣고 배우는 취미가 있어서 지민님의 노래는 늘 내게 발성, 호흡, 갈무리된 감정처리 등 보이지 않는 쌤이었다는 것을 고백합니다. 가기 전에 뽀님의 1집, 2집을 몇 번씩 들어봤는데 그중에 '이별하는 밤'이란 곡이 나름 제게는 참 많이 다가왔어요. 이 노래 꼭 배워서 애창곡으로 즐겨 불러야지라고… 찜~~~

    예약도 늦어서 맨 뒷자리였는데, 잔잔한 감동으로 이어지는 한곡 한곡 애정어린 노래들이 마음을 두드립니다. 누군가 그랬죠. 노래는 마음으로 부르고 또 마음에 전해져야 한다고…. 때론 눈물이고, 때론 위안이고, 때때로는 가슴저림이기도 한 노래가 우리 삶에 없었다면 얼마나 단조로운 삶이었을까? 하고…. 그렇게 뽀님의 음성과 노래로 들려주는 모든 것들이 시가 되고, 바람이 되고, 부드러운 눈길처럼 참 좋았습니다. (그리고 100대 1을 넘는 치열한 경쟁을 뚫고 행운의 선물 오르골 당첨까지…ㅎㅎ)

    후기… 이런 거 잘 안 쓰는데 지금 이 나이에 참 해보는 것이 많아지는 제 자신을 느껴봅니다. 늦었다고 생각할 때가 가장 빠르다고 누군가 그랬나요? 배워보고 싶었던 기타에 도전해보고 있습니다. 비브라토가 많이 들어가는 내

소리를 뽀님처럼 길게 뱉어내는 연습도 가끔 해봅니다.

저는 아마추어로 노래 좋아하는 수많은 사람 중 한 사람이지만, 고운 소리로 감동을 전해줄 수 있는 뽀님의 재능과 노력에 박수를 보냅니다. 늘 낮은 자세로, 그러나 노래만큼은 혼신의 힘을 다해서 감동을 주는 멋진 아티스트가 되시길…. 노래를 사랑하고 뽀님을 응원하는 많은 님들과 함께 이제는 묵묵히 기도 중에도 함께 합니다.

2집의 5번 트랙 '겨울밤' 멜로디가 담긴 예쁜 오르골 선물을 받아서 이런 글을 쓰는 것은 아닌데… 솔직히 선물에는 약해지네요.ㅋ 음~ 다음에는 제가 뽀님께 드릴 선물 준비하겠습니다. 답례로… 3월의 노래에서 뵙겠습니다.

ㄴ **달삼 12.02.20.** 뽀님 오르골 선물의 첫 번째 주인공이신 니카 님… 너무 부러웠습니다. 3월에 뵙도록 해요.

ㄴ ♪**뽀로꾸 12.02.23.** 제가 정말 뽑기를 잘 했나 봐요~~ 이런 아름다운 분을 만나게 되다니요.^^ 아리따운 분이 오셔서 종신계약을 해주시고 가시니… 저 또한 더없는 영광이었답니다.ㅎㅎ 고맙습니다. 니카 님~!ㅎㅎ

구미에서 서울까지
카네기 | 12.02.20.

집안행사와 겹쳐 1월 콘서트에 동참하지 못한 나는 괜히 카페에 들어오는 것도 미안스럽고… 다음 달에는 어떠한 일이 있더라도 함께 하리라~ 굳게 다짐했답니다. 미리부터 이것저것 챙겨 준비도 해두고, 바쁜 것 눈치껏 처리해 버리고… 드디어 2012년 2월 18일 12시 12분, KTX 5호차 D4번~ 옆지기 떼어 놓고 가는 데 성공한 나는 기분이 날아가는 저 새보다 더~~ㅋㅋ

세상 참~ 살기 좋아졌습니다. 옛날에는 네댓 시간 걸리던 한양길이었는데, 진짜 눈 깜짝할 사이 서울역에 도착~ 불과 1시간 10여분 만에~! 먼저 나와서 기다려준 친구 덕분에 점심도 맛나게 먹고, 명동도 쉽게 찾아가고… "언냐~ 지금 오디야?" 띠링~ 문자가 왔습니다. '명동역 8번 출구' 접선 암호를 받아들고 오르고 내리고 반복하다 드디어 사랑하는 동지들을 만났습니다. 을~마나 반갑든지…. 대니, 은교, 샤론, 붕붕차, 모나리자, 올빵 님, 그리고 곡성에서 5시간 열나게 열차 타고 온 강사모 막내둥이 러브미 님이 합세했습니다. 러브미 님은 추워서 턱이 덜덜덜~ 이쁜 얼굴에 팔자주름이 생기고….ㅋㅋ

명동 어느 커피숍~ 우린 수준이 남다른지라 여기저기 골라 다니다가 제일 마음에 드는 집에서 따스한 커피와 생강차를 마셨습니다. 지하철을 탔다 내렸다 올라갔다 내려갔다… 다시 찾아가라 하면 절대로 안 찾아갈 미로 같은 길을 지나 드디어~ 장충동 '웰콤 씨어터'에 도착~!

드디어… 뽀님의 기운이 작은 문턱을 소리없이 넘어오고, 숨죽인 사람들이 눈동자를 내려놓고 가슴을 열고 있었습니다. 이제 뽀님을 통해서 나오는 모든 기억들이 어둠속에 깊게 들어 앉은 우리의 감성을 하나하나 들춰내어 웰콤 씨어터 바닥에 내동댕이치고 있었습니다. 모든 것을 들켜버려 부끄러움 없는 어린아이처럼 그녀가 우릴 위해 뛰고 있었고, 우린 함께 호흡하며 덩달아 달리고 있었습니다. 숨이 가빠와도 뽀님은 쉬지 않았고, 우린 떡실신…. 쓰러진 건 뽀님이 아니라 우리… 행복한 우리~^^ 이렇게 밀려오는 폭포 같은 행복을 글로 표현할 수 없어 부끄러울 따름입니다.

요즘 노래를 자랑하는 프로그램이 엄청 많습니다. TV, 라디오, 케이블방송 합치면 50개 정도 되는 걸로 알고 있습니다. 우연히 틀어도 노래 프로그램. 많이 보셨지요? 그러니까 노래하는 사람들도 엄청 많습니다. 그런데… 왜~ 우리는 뽀님만을 바라보는가? 뽀님은 이런 우리의 마음을 얼마만큼 알고 계실까?(갑자기 궁금…) 횐님들… 어이하여 뽀님 노래만 고집하시나요? 아~ 저는요? "에이~ 아시면서…" ㅋㅋ

두 시간의 공연시간이 구미에서 서울 오는 시간보다 더 짧은 것은 왜 그럴까? 총알처럼 지나간 시간… 뽀님~! 다음 달엔 세 시간으로 늘려주세요. ㅋㅋ 아… 진짜 돌리기 싫은 발걸음을 돌려 서울역을 떠났습니다. 서울이여 안녕이 아니고, 뽀님이여 안녕… 누가 날 좀 잡아 주세용~ ㅋㅋ

ㄴ **썰미 12.02.20.** 혹한의 날씨를 뚫고 상경하신 카님~ 몸만 오기도 무거우실 텐데 며느리 집에 오신다고 바리바리 싸들고 오신 님…. 몰래 먹는 곶감 맛은 더욱 일품~ 카님~ 조신함의 여왕으로 등극하심을 감축드리옵니다.^^

ㄴ **나무아빠 12.02.20.** 콘서트 열기가 그냥 묻어나네요~~ 카네기 님의 실시간 사진도 잘 보았고요. 뽀님 향한 열정과 사랑이 짱입니다~^^

Hotel California ♬ ~
2시의데이트 | 12.02.26.

팝송을 좋아하는 저에게 강지민 씨는 최고의 가수입니다. 이제껏 팝송을 강지민 씨보다 잘 부르는 한국 가수는 본 적이 없기 때문입니다.

가끔 미8군에서 노래를 불렀다는 가수는 들어봤지만(그것도 어려서) 강지민 씨보다는 못했을 거라는 생각이 들 정도로 강지민 씨는 팝송을 잘하십니다. 특히 'Hotel California'는 어떤 한국 가수도 강지민 씨만큼 잘하지 못할 거라는 확신이 들 정도로 잘하십니다. 또한 제가 한국에 없는 동안 히트했음직한 한국 유행가들, 예를 들어 '거짓말', '귀거래사', '애원' 같은 노래들을 강지민 씨를 통해서 알게 되었음을 감사하게 생각합니다.

비록 저는 강지민 씨가 노래하는 모습을 보며 옛 추억을 늘어놓는 지나간 세대의 한 사람일 뿐이지만, 강지민의 음색과 노래 해석력, 감정에 호소하는 능력은 어느 가수보다 월등하다고 확신합니다. 요즘은 라이브 카페에서 일하는 것을 중단하고 자기 노래를 발표해 매월 팬들의 성원을 받으며 자기곡 위주의 콘서트를 하고 있는 것으로 알고 있습니다. 언젠가는 저도 그 자리에서 조용히 강지민 씨를 지켜 볼 날을 기대합니다.

ㄴ ♪**뽀로꾸 12.02.26.** 반갑습니다 2시의데이트 님.^^ 어릴 때 팝을 무척 좋아해서 그 영향을 받은 것 같아요. 덕분에 이런 칭찬을 받아 참 행복합니다.^^ 오래도록 함께 해주세요.

뽀님 주식을 잔뜩 사서 묻어두고 싶습니다
우리들의꿈 | 12.03.23.

뽀님 주식회사가 있다면 그 주식을 잔뜩 사서 묻어두고 싶습니다.

어제 또 우연히 이문세의 '사랑이 지나가면'을 들으려 유튜브를 찾았습니다. 물론 제 페이스북 담벼락에 게시했죠. 저는 좋아하는, 또는 그날 생각나는 곡이 있으면 여러 가수들이 다른 버전으로 부른 것을 거의 다 들어봅니다. 몇 분의 가수가 부른 것을 들어본 후 마음에 드는 것이 없다고 생각한 순간 또 발견한, 강지민 님이 부른 것을 들어봅니다. 페이스북 담벼락에 게시하고 어제에서 오늘까지 한 열 번쯤 들었습니다.

감히 제가 비평할 자격은 없지만 마음에 크게 와 닿는다는 말로 대신하고 싶습니다. 굳이 묘사하자면 다른 면은 차치하고 우선 표현력이 풍부하고 진중한 느낌이 뽀님 특유의 따뜻한 미소와 함께 여러 장점들 중에서 부각되어 드러나네요. 제가 응원하지 않아도 대박 나겠습니다. 사람들은 결국 알게 되니까요~~ 대중 스타가 되어 우리에게서 멀어질까 벌써 두려워집니다~^^

┗ ♪**뽀로꾸** 12.03.25. 재미나고 독특한 표현이시네요~ 저도 몇 주 사서 묻어두고 싶어요.ㅎㅎ

강지민을 위한 기도
한양천리 | 12.04.01.

제발, 내가 처음 이곳에 온 열정이 사그라지지 않게 하소서~
제발, 회원들이 계속 늘어나 이 카페가 온 국민의 사랑을 받게 하소서~
제발, 뽀님이 늙지 않고 지금 모습으로 계속 내 마음속에 자리 잡게 하소서~
제발, 뽀님이 건강해서 이 모든 회원들이 늘 즐거운 삶을 살아가게 하소서~
제발, 운영진 여러분 건강하게 장수하여 이 카페를 계속 이끌어가게 하소서~
제발, 복권에 당첨되어 화끈하게 운영비에 보탬이 되게 하소서~
제발, 이 모든 것이 사실로 되어 내가 늘 웃는 모습으로 살아가게 하소서~
제발~ 제발~ 제발~ (저만의 욕심인가요??ㅎㅎ)

ㄴ **하얀민들레** 12.04.05. 좀 가벼워 보이지만(ㅋㅋ 죄쏭~) 넘 간절한 기도… 함께 빌어드립니다.^^ 우리 모두의 소원이고 바람인 것 맞지요? 넘 멋진 기도문, 제발~ 그리 되시옵기를~~^*^

ㄴ ♪**뽀로꾸** 12.04.10. 와아… 정말 마음이 확~ 와 닿는 기도예요. 구구절절이 와 닿았어요~~^&^ 이중에 하나만이라도 꼭 이루어지길…ㅎㅎ

청양 4인방, 드디어 4월의 홍대 거리로 진출하다
jk지아 | 12.04.29.

청양 4인!!

♣ 울리미: 왕복 6시간, 분명 지루할 수밖에 없는 시간이지만 언어란 수단으로 끊임없이 그 공간을 메워주시는, 그러나 과하지 않은 당신은 능력자이십니다.

♣ 일억조: 젊음을 좋아하고 사랑하고 그 속에서 살고 싶어 하는, 젊고 순수함을 간직한, 비록 나이는 먹었어도 시골에 살지라도 홍대거리의 젊음을 아는 당신은 홍대인입니다.

♣ 시어선: 시골의 어느 곳(청양)에 사는 이쁜 선녀! 운전이 아주 이~뻐!!

♣ 지아: 걍~ 그저 그런 평범한 인간임~ㅋㅋ

젊다는 건 좋은 거다!! (뽀님 덕분에) 홍대란 곳에 처음으로 가본다. 커피숍에서 홍대 거리를 바라본다. 수많은 젊은이들이 끊임없이 지나간다. 어찌나 많던지… 그저 바라보는 것만으로도 입가에 미소가 맺히고 기분도 덩달아 업~ 되고, 나도 그들처럼 젊어지는 것 같다. 젊음을 마신다는 것이 이런 건가? 홍대 거리의 젊은이들이여, 고맙다! 잠시나마 젊음을 느끼게 해줘서…. (선배님들보다 한참 어린 것이 좀 오버했나요? 욕하지 마세요. ㅎㅎ)

4월의 노래 콘서트 현장을 보는 순간 마음에 확~! 와 닿았다. 이렇게 좋은 데서 하는구나!! 약간 늦게 출발한 4월 콘서트! 시작은 ♪ 라 라라라 라라라라~~~, '겨울밤'을 듣는 순간 노랫말이 가슴을 툭툭 친다. 파고든다고 표현하는 것이 옳지 않을까?

　카페 가입한 지 3달째, 2번째 콘서트 현장! 이런 느낌 처음이다. 뽀님의 눈빛, 표정, 몸짓, 노랫말 하나하나 놓치지 않으려 집중하기 시작했다. 같은 노래인데 한 달 새 노래실력이 확 달라진 것은 아닐진대, 뭣 때문이지? 신기하다. 춤은 좀 느신 것 같다. 연습 좀 하셨나 보다.ㅋㅋ 2시간 동안 콘서트와 노래에 몸을 맡겼다.

　3월 콘서트와는 달리 4월 콘서트에선 강지민이란 가수의 노래에 서서히 융화되기 시작하는 나 자신을 보았다! 마음이 열리면 상대가 달리 보인다 했다. 뽀님이 달리 보인다. 멋진 가수로…. 혹 저와 같은 과정을 겪으셨나요? 회원님들~ 한 번만 더 와보실래요?

　카페지기 리즈 님을 첨 봤다. 여기는 카페지기를 미모로 뽑나 보다~ㅎㅎ 부럽습니다. 고맙습니다!! 뒷자리에 있다 앞에까지 와서 반갑게 인사해주신 속초여행 님! 오르골까지 당첨되시고 부럽습니다. 여러 횐님들이 "그 먼 데서 오셨어요? 대단한 열정이네요. 고맙습니다"라며 반가이 맞아주신다. 내가 좋아서 왔는데, 같은 회원끼리 고맙기까지야… 그렇게 생각을 했었는데, 그 맘을 조금 알 것 같다. 짧은 만남이라 더 아쉬움이 남는 푸푸른하늘 님, 인사는 못 나눴지만 빈의자 님, 청양보다 훨씬 먼 데(부산)서 오시다니 대단한 열정이시네요. 고맙습니다.

　이상, 아직 콘서트 열기에서 못 벗어나고 있는 지아였습니다.

　　ㄴ **히스클리프 12.04.29.** ㅎㅎ 생동감 있는 콘서트 후기입니다. 저도 아직 홍대 거리를 헤집고 다니는 듯한 기분입니다. 강사모 회원이면 누구나 겪는 뽀님앓이~ 뽀님에 대한 사랑 영원하시길 빕니다~^^

┗ **허스키(김병철)** 12.04.29. 와~ 재미난 글 잘 읽었습니다. 빨간 옷 입고 춤추시던 뽀님 모습이 아른거립니다. 어제의 현장으로 다시 돌아가고 싶네요.ㅋ

┗ **푸푸른하늘** 12.04.30. 역시 JK지아 님 후기는 언제나 최고입니다. 재미있고 생생하고, 정말 최고란 말밖에 안 나와요! 뒤풀이 못가고 다른 약속에 가버려 정말 죄송합니다. 어찌하다 보니 인사도 제대로 못 드리고, 시간이 애매해서 갈까 말까 하다가 빠져버렸네요. 다음엔 무조건 뒤풀이 함께 할게요.^^

┗ **Danny** 12.05.02. 성격이 시원시원하고 긍정적인 것 같아 짧은 만남의 시간이었지만 즐거운 자리였습니다. 뽀님 공연이나 응원하는 자리 늘 함께해요. 정말 반가웠습니다.ㅎㅎ

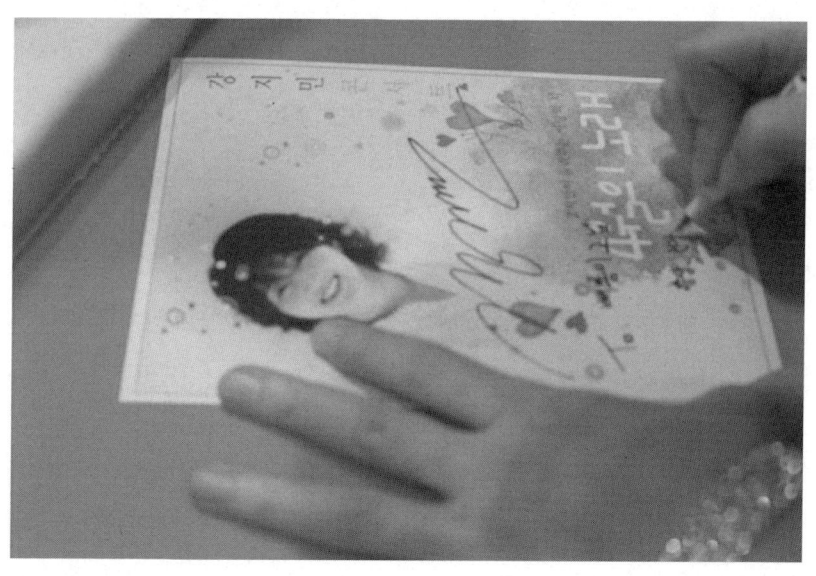

5월의 노래 일주일 전의 설렘

청산노을 | 12.05.13.

공연준비 하시느라 많이 힘드실 텐데 건강은 꼭 챙기시길 바랍니다. 앨범 감상하면서 지민 님에게 격려와 응원의 메시지 보냅니다. 4번 트랙 '완전한 사랑'이 흐르고 있군요. 직접 작사·작곡하신 곡, 반복해서 듣고 있습니다. 애절하고 가슴 저미는 목소리! 저만 혼이 빠진 걸까요? 인생의 중년기에 사춘기처럼 마음의 열병이 이렇게도 오는구나?! 자문합니다. 그동안 삶의 여유가 없었다는 것만으로는 설명이 안 되는… 그건 완전히 당신 때문입니다.

 수많은 노래를 습관적으로 듣던 일상 중에 본, 한 가수가 다양한 장르의 노래를 그 느낌 그대로 살리면서 매력을 발산하는 장면(기타 치는 모습과 노래할 때의 표정이 더해져서), 다시 생각해도 나에겐 충격입니다. 이런 생각도 해봤습니다. 나가수에 출연하면 어떨까? 단지 인지도만 아니라면 전 지민 님이 감동을 줄 것이라 믿어 의심치 않습니다.

 일주일 앞으로 다가온 공연 기대됩니다(너무 부담은 갖지 마시고 평소 하던 대로…). 그리고 카페 소식을 통해 이번 콘서트 이후 잠시 동안 리메이크 앨범 제작을 위한 공백 기간이 있는 걸 알게 되었어요. 재충전하셔서 더 좋은 작품으로 만나게 되길 바랍니다. 그동안 열심히 응원하겠습니다~! 강지민 파이팅~! 콘서트에서 뵙겠습니다. 행복하세요~!

┗ ♪뽀로꾸 12.05.14. 마음을 열 준비만 하시면 될 것 같아요. 그날 하루만큼은 행복하게 즐기는 시간 되셨으면 합니다~~ 저도 두근두근 하네요^^

┗ 청산노을 12.05.14. 바쁘신 가운데 망중한의 여유를 가지셨나 봅니다. 답글을 남겨주시니 기분이 날아갈 것 같습니다. 지민 님이 우리 곁에 있는 한 행복함이 멈추어질 수가 없겠죠. 카페 공간에서 주인장과 손님 사이에 소통의 장이 열리니 이것 또한 기쁨이 두 배네요. 감사합니다~!!

뽀님의 감미로운 노래에 빠지다

일진 | 12.05.20.

오늘은 우리 뽀님께서 '오월의 노래' 콘서트와 강사모 정기모임을 일요일 오후와 저녁으로 연이어 잡아주셨다. 팬들의 시간과 노고를 배려해주시는 섬세함에 참으로 감사를 드립니다! 인파로 북적이는 홍대입구에서 살짝 거리를 둔 장소를 선택하신 센스에도 너무도 감탄이 나온다~!

   이번 콘서트 참석이 4번째이니 초보 딱지를 떼나 하는 생각으로 참석을 했지만 매번 콘서트에서의 느낌과 감격은 다르게 전해져온다. '사랑 & 후회'라는 주제의 감미로운 노래들…. 뽀님 덕분에 이제는 음치에서 좀 업그레이드된 느낌이다. 표현력이 부족한 내가 예술적 음악을 어찌 글로 표현할 수 있을까마는… 콘서트마다 표현하기 어려운 깊은 감동을 받는다.

   그런데 이제 다음 앨범 준비에 전념하기 위하여 잠시 월례 콘서트를 중지하신다니 섭섭한 마음을 금할 길이 없다. 언제 다시 뵐 수 있으려나? 그동안은 뭉게구름 님이 올려주시는 동영상으로 만족을 해야겠네요~! 우리의 진정한 가수왕이신 강지민 님! 감사합니다! 앨범작업 잘 하시고 콘서트를 재개하셔서 우리들의 영원한 '노래신'이 되어 주세요!

   ㄴ ♪**뽀로꾸 12.05.26.** 항상 좋게 봐주셔서 감사드립니다.^^ 덕분에 더 잘해야겠다는 생각을 하고 또 하게 됩니다. 멋진 모습으로 컴백할게요. 기다려주세요.ㅎㅎ

환상적인 연등과 함께 산사음악회에서

제로나인 | 12.5.27

저의 고향 부산~ 이 아름다운 부산에 울 뽀님이 내려오셨네요.^^ 태어나서 초등학교까지 보냈던 마음의 고향 부산에 뽀님이 오신다는 소식에 넘 기뻤습니다. 마침 업무차 출장까지… 이런 행운이 또 있을까요?ㅎㅎ 여튼 쉽지 않은 업무 최대한 빨리 끝내고 직원 한 명 동행해서 초읍의 삼광사로 올랐네요.

천태종 삼광사~! 이 절을 다니시는 보살님만 35만 명… 고향이면서도 첨으로 갔고… 연등이 이렇게 아름다운지 미처 몰랐던…ㅜㅜ 올라가는 길이 너무 멋지더군요. 다양한 먹거리와 볼거리, 특히나 계단 길 따라 머리위로 주렁주렁 매달린 형형색색의 연등들… 환상적입니다. 또한 봉축하러 오신 보살님들, 관광객들, 사진사들… 각양각색의 사람들은 얼마나 많은지…. 내년엔 정말 차분하게 하루 보내면서 사진 한번 멋지게 담아봐야겠어요.

여튼~ 이 멋진 풍경들, 분위기를 뒤로하고 울 뽀님을 만나러 삼광사 대법당에 들어섭니다. 여긴 또 다른 엄숙한 분위기… 많은 분들이 이미 대법당을 꽉 메우고 있더군요. 전 1층 왼쪽의 불자들 사이에 카메라를 장착했습니다.

30여 명의 불자들로 구성된 삼광사 합창단, 남도민요, 가야금 중창단, 또한 7080노래와 춤을 선보인 줌마시대, 화끈한 춤으로 관객과 함께 한 무용단, 특이한 노래와 춤으로 분위기를 이끌던 이름 모를 가수분 등의 무대가 끝나고, 드뎌~ 울 뽀님이 씩씩하게 등장하였습니다. 9시가 넘어서야…. (10시 50

분 KTX 막차 티켓 이미 끊은 상태라 엄청 쫄았어요.ㅎ)

첫 노래, '바다여행' … 저도 이 노래 좋아라 했는데 현장에서 라이브로 들으니 넘~ 좋네요. 출장길에 뵙지는 못했지만 2층에 울 회원님들 많이 오셨나봐요. 뽀님~ 노래 중간에 따뜻한 미소와 함께 손도 한 번 흔들어 주시네요.^^ 한 가지 아쉬운 점은, 처음부터 두 분 정도가 계속 플래시를 터트리더군요. 원래 공연에서는 금기시 되어있는데 보기가 안 좋았습니다.

둘째 곡… 부산시민을 배려하는 '돌아와요 부산항에'를 선곡하셨네요. 뽀님은 센스쟁이~ 많은 분들이 따라 부르더군요(저도요.ㅎ). 세 번째 '길가에 앉아서', 네 번째 '붉은 노을'로 뽀님은 씩씩하고 활기차게 무대를 장악하시네요. 객석은 이미 뽀님의 매력에 빠져듭니다. 이제 아쉽게도 마지막 곡 '사람이 꽃보다 아름다워'를 끝으로 폭풍 같은 라이브가 드뎌~ 막을 내렸습니다. 주변의 많은 분들이 "아까 그 츠~자 노래 억수로 잘하네! 누고?"라고 묻길래, 제가 그랬어요. "강지민이라고, 요즘 잘 나가는 가수"라고요.^^

그러나 이제 환상적인 시간이 끝나고 현실로…. 공연이 저녁 9시 50분 마무리되었으니 10시 50분 막차 타려면 1시간 만에 부산역까지…. 평일이면 충분하지만 차도 없고 그 많은 인파들…. 등에 식은땀이 나더군요. 무거운 장비 이고지고 멋진 풍경들을 뒤로하고 땀은 삐질삐질…. 어렵게 택시 잡고 기사 분께 특별(?) 부탁도 드리고 해서 거의 출발시간에 맞춰 KTX를 탔습니다.

ㄴ **카네기 12.05.29** 와우~ 2층에서 내려와 잠깐 무대 쪽으로 나왔는데 그때 카메라로 찍으시던 그 분이셨군요.ㅎㅎ 저도 10시 30분 KTX 예매했거든요. 저는 그게 막차라서…. 암튼 고생하셨습니다. 담에는 꼭 만나기를~~

ㄴ **청산노을 12.05.30** 그날 영상을 보니 뭉클합니다. 처음 뵙지만 열정이 가득한 분이란 것이 글에 그대로 담겨있네요. 다음에 인사 나누어요.^^

10월 콘서트, '힐링(healing)'을 얻었습니다
보은 | 12.10.28.

10월 콘서트, 강 선생님 콘서트에 처음 가 봤습니다(지각과 함께~ㅠ). 거울쇼(?ㅋ)와 함께 주옥같은 선율 뜨겁게 받아 안았습니다. 노래가사를 음미하며 꿈과 목표에 대해 각성하는 시간이 되었고 마음의 힐링도 얻었습니다. 공연 후 CD 들으며 노래가사 음미하며 밤바람 맞으며 즐겁게 운전하고 왔습니다.

아침에 일어나니 머리가 아주 상쾌했습니다.^^ 앨범에 대한 이해도도 높아져 더욱 느낌 있게 노래를 감상할 수 있는 힘을 얻게 된 공연… 공연 내내 깨끗한 기운 받으며 즐겁고 행복한 시간 이어진 것 같아요. 관객들도 왠지 이웃 같은 친근한 느낌이 드네요.ㅎ 율동 때 파트너 해주신 옆자리 아저씨께 감사드립니다.ㅎ 객석도 무대도 포근한 느낌 그대로였습니다.

내년에는 매달 기약되지 않은 공연이기에 게으름 그만 피우고 남은 공연 부지런히 다녀 새 힘 받아가렵니다. 10월의 노래 주제가 '추억은 사랑보다 아름답다' 였던가요? 음… 무슨 뜻인지는 잘 모르겠지만(ㅋ) 암튼 안 보신 분들 담달에 어여 보러가세요. 참~ 담백하고 깔끔하고 열정가득한 공연입니다.

ㄴ **리즈 12.10.29.** 보은 님, 늦게 오셔서 잠깐 인사드리고 부랴부랴 안내해드린 게 다였지만, 정말 반가웠습니다. 진솔한 후기 잘 읽었습니다. '힐링'이라는 표현, 이번 공연과 잘 어울리는 것 같아요~ 11월에도 꼭 뵈어요! ㅎㅎ

삼광사에 출현한 뽀님 보러 갔습니다
부산민초 | 12.11.01.

 많이도 쌀쌀했던 시월의 마지막 날. 시월의 마지막 날은 가슴 아픈 기억도 많지만, 산사음악회가 있었던 어제만큼은 기대로 넘치는 날이었습니다.
 퇴근시간은 6시인데 5시쯤 사무실을 나섰습니다. 그래도 6시 반 이전에 삼광사에 도착할 수 있을지 자신이 없어서 인터넷 우스갯소리로 '따우스레스 자우르스'라고 하는 뚜레쥬르에서 샌드위치를 사서 집사람과 함께 영광도서 앞에서 마을버스를 기다리면서 먹는 걸로 저녁을 때웠습니다.
 삼광사 경내까지 들어간다던 마을버스는 경찰의 출입통제로 삼광사를 300미터쯤 남겨두고 승객을 내려주었습니다. 걸어서 삼광사 가는 길 양편으로 호떡, 옥수수, 국화빵을 파는 노점상들이 늘어서 있더군요. 우리는 그중 한 곳에서 호떡을 사 샌드위치만으로는 아쉬웠던 저녁끼니를 보충했습니다.
 공연장에 도착하니 6시 20분. 입추의 여지가 없다는 말은 이런 때 쓰는 거죠? 그야말로 바늘 하나 꽂을 틈도 없을 만큼 빽빽이 들어찬 사람들을 보면서 이 많은 사람들이 다 뽀님을 보러(?) 오신 거라 생각하니 복잡한 게 오히려 즐거웠습니다. 드디어 공연 시작. 공연 안내 팸플릿이 없어 출연 순서를 모르는 상태에서 이제나저제나 하면서 뽀님을 기다렸지만 여러 출연자가 지나가도 감감 무소식. '우리의 뽀님은 메인이니까 나중에 나올 거야!'라는 위안과 함께 기다리는데 그날따라 출연자마다 세 곡씩 부르고 내려가니까 기다리는 시

간도 그만큼 늘어난다는…ㅠㅠ

드디어 뽀님 출연! 쌀쌀한 날씨 때문에 많이 걱정됐는데 우리의 뽀님, 씩씩하고 화사한 모습으로 열창을 하십니다. 옆 사람 아랑곳하지 않고 박수치면서 뽀님 노래를 따라 부르는 행복한 시간! 낮 풍경도 괜찮은 삼광사지만 뽀님의 노래와 함께 하는 삼광사 야경은 정말 좋았습니다! 그 멋진 노래를 세 곡만 해서 너무 아쉬웠다는…ㅠㅠ

아쉬움은 음반과 카페에서 찾아 듣는 걸로 달래기로 하고, 비록 먼발치에 서이긴 하지만 뽀님 공연을 처음 접한 기쁨을 가슴 가득 안고 다시 영광도서 앞으로 와서 집사람과 수육에 소주 한 잔 하면서 공연 본 이야기를 안주에 추가하였습니다. 콘서트에 직접 가서 볼 기회를 언제나 가져볼까 하는 고민도…. 가슴 가득 행복한 느낌을 안고 하루를 마감한 어제는 참으로 즐거운 날, 행복한 날이었습니다! 뽀님의 건강과 건승을 기원하면서 우리 카페의 발전도 기원해 봅니다!

┗ **볼매 12.11.01.** 쌀쌀한 날씨에 뽀님 공연 보고 응원하시느라 수고하셨습니다. 비록 먼발치에서지만 뽀님 보니 역시 멋지고 당당하고 노래 잘 하시고 예쁘시죠~?ㅋㅋ

┗ **부산민초 12.11.01.** 오늘 보니 제가 아는 사람 중에 어제 삼광사에 왔던 사람이 생각 이상으로 많더군요! 그분들 중에 뽀님을 인상 깊게 기억하는 사람이 여럿 있었습니다. 저변이 점점 확대되는 느낌 팍팍~~

┗ **sj hwang 12.11.10.** 부럽습니다. 저도 부산사람인데요… 직장이 정관에 있고 퇴근시간이 6시 30분이어서 가지 못해 너무너무 아쉽습니다. 그래도 갔다오신 분이 있어서 정말 다행이고 감사하네요. 담에는 꼭 보러 갈게요. 부산민초 님 꼭 함 만나고 싶습니다.

지구촌 곳곳에서 전해온 환호와 격려의 메시지

가우리(말레이시아) | 09.09.19. 고국은 이제 선선해지는 가을의 길목이겠군요! 이곳은 요즘이 건기라 무척이나 더위가 맹렬하답니다. 이곳은 무슬림 국가라 내일이면 라마단이 끝나고, 사람들은 '하리라야'라는 무슬림 최대의 축제를 기다리며 들떠 있답니다. 물론 저희는 연휴라 약간의 혜택(?)을 보게 되겠지요. 뽀님께서 연이어 외부공연을 하신다니 참석은 못 하지만 늘 뿌듯한 마음입니다. 모쪼록 건강 유의하시고 늘 홧~팅 하시기 바랍니다!
 ┗ **어발** 09.09.21. 먼 곳에서도 잊지 않고 응원해주신 가우리 님~ 제가 부끄러워지는데요.

중동신사(중동) | 10.11.25. 중동에서 우리나라의 아름다운 자연을 그리워하는 사람입니다. 그리움을 달래는 방법으로 인터넷으로 서핑하며 우리 노래를 듣곤 했습니다. 그러다 유튜브에서 우연히 뽀님의 노래를 듣고 너무 좋아 팬카페 가입도 했어요. 그런데 이곳의 인터넷 사정이 아주 열악하여 이 카페의 동영상을 볼 수 없네요.ㅠㅠ 빨리 인터넷 사정이 좋아져 뽀님의 노래를 마음껏 감상할 수 있는 세월이 오기를 바랍니다.
 카페의 글들을 읽어 보며 뽀님이 성실하게 노래하며 노력하는 것, 자발적인 팬들이 늘어가는 것, 그리고 훌륭한 노래까지… 모든 것이 어우러지며 정말로 크고 아름다운 꽃을 피울 것이라 확신하게 되네요~! 기회가 된다면 뽀님의 CD를 이곳에 가져와 열사의 나라에서 무더위와 싸우고 있는 많은 산업전사들과 함께 듣고 싶네요~~

   ㄴ ♪**뽀로꾸 10.12.09.** 늦은 답 드리네요. 아마도 유튜브 쪽만 좀 빠르겠지요? 그래도 이렇게 글 남겨주시고 찾아주셔서 감사합니다. 다른 분께는 몰라도 중동신사 님께는 오실 때마다 시원한 시간 되시라고 인사드려야겠네요.ㅎㅎ

가을풍경(캐나다) | **10.12.20.** 글재주가 없어서 잘 쓰지 않는데, 캐나다에도 뽀님의 팬이 있음을 알려드리고 싶어 몇 자 적어봅니다. 유튜브에서 70~80년대 가요를 듣다 무심결에 강지민 씨 동영상을 보게 되었는데, 처음에는 노래 참 잘하는, 젊은 통키타 남자(ㅋ) 가수라고 생각했죠. 그때 들은 노래가 '비와 외로움' 이었습니다. 그 후로 시간이 나면 하나 둘 다른 동영상을 보다가 뽀님이 여자라는 것도 알게 되었고, 이곳 강사모에도 가입하게 되었습니다.

  이곳 캐나다로 이민을 온 지 15년이 되었습니다만, 항상 한국에 대한 그리움이 있고, 뽀님은 노래로 저의 그 그리움을 촉촉이 녹여주십니다. 고맙습니다. 한국 가면 출연하시는 곳에 꼭 찾아가 뵙고 싶습니다. woonyul 님도 강사모 회원이신가요? 덕분에 강지민 씨의 좋은 동영상 잘 보았습니다.

   ㄴ ♪**뽀로꾸 10.12.23.** 외국에 계시는 분이시군요. '노래 참 잘하는, 젊은 통키타~' 요기까지만 기쁘게 듣겠습니다.ㅋㅋ 근데 화면에서는 왜 더 그렇게 (미소년으로) 보일까요?ㅋ 추억 찾아가는 곳 되세요.ㅎㅎ

   ㄴ **시나브로 10.12.29.** 반갑습니다. 제가 유튜브에 영상을 올린 woonyul입니다. 여기선 시나브로이구요.^^

Lucy(필리핀) | **11.01.02.** 필리핀에서 Lucy가 인사드려요. 뽀님~ 새해 복 많

이 받으세요. 항상 뽀님 옆에 행운만 가득하길 기도할게요. 한국에 눈도 많이 오고 춥다는데 감기 조심하세요. 뽀님의 목소리는 우리의 목소리이니 감기 걸리시면 안 돼요. ㅎㅎ 항상 뒤에서 박수치고 있으니 힘내세요~! 다시 한번 2011년을 뽀님의 해로 만들어 봅시다! 강사모 홧팅~!!

  ㄴ ♪**뽀로꾸** 11.01.14. 뒤에서 박수쳐 주시는 분들께 항상 감사합니다~~ Lucy 님도 새해 복 많이 받으세요. ㅎㅎ

  ㄴ **Lucy** 11.01.26. 노래천사 뽀님! 영광이에요. 댓글도 달아주시고~~

당신을사랑합니다(중국 천진) | 11.06.13. 안녕하세요. 여기는 중국 천진입니다. 구미에서 근무하다가 회사의 권장으로 중국 출장을 온 지도 벌써 8개월이 다 되어갑니다. 그리고 두 아이의 아빠구요. 처음 중국에 와서 정말 한동안 회사 그만두고 한국으로 다시 돌아갈까 하는 생각이 하루에도 몇천 번씩 들었어요. 하지만 먹고 살아야 하니 어쩔 수 없이 그냥 근무를 하게 되네요.

  한동안 집사람과 아이들이 보고 싶어 눈물도 많이 흘렸고요. 너무 마음이 힘들어 우울증이 왔었어요. 그래서 인터넷을 검색하다가 강지민 씨의 통기타 치는 모습과 가창실력이 너무 좋아 강지민 씨의 매력에 푹 빠졌지요. 강지민 씨 노래 동영상을 계속 듣다 보니 우울증이 많이 치료가 되었어요. 요즘은 회사에서 휴식시간이나 집에서 강지민 씨 노래만 듣고 산답니다.

  정말 통기타도 잘 치시고 노래도 잘 하시고 얼굴도 예쁘시고 뭐하나 부족한 게 없는 것 같습니다. 앞으로도 좋은 노래 많이 들려주시고요. 노래를 많이 하다보면 목에 무리가 가니 건강도 챙기세요. 그럼~*‥*

  ㄴ ♪**뽀로꾸** 11.06.16. 많이 힘드시고 외로우시죠? 조금만 더 힘내시고, 밝은 모습으로 언젠가 만나기를 기대해 보겠습니다. ㅎㅎ 파이팅~!

    ㄴ **당신을사랑합니다** 11.06.16. 뽀로꾸 님~ 안녕하세요.^^ 한국에 가면 꼭 찾아가

겠습니다. 사인 해주실 거죠?^^

J제이(미국 LA) | 11.07.01. 소인 죽을죄를 지었나이다. 뽀님을 과소평가한 죄… LA에서 나만 뽀님 노래 듣는 줄 알았는데… 오늘 친구가 스마트폰 내보이며 이 가수 알아? 오~마이가쉬… 아는 친구가 가르쳐 줬다나… 그렇다면 나 말고도 이미 많은 이들이 뽀님을 안다는 것… 나는 우연히 유튜브에서 찾은 건데… 아까와라~~ 할 수 없이 팬카페 열고 다 보여줬지요. 자기도 가입 한다네요. 여기 팬 하나 추가요~~

ㄴ ♪뽀로꾸 11.07.03. 항상 오실 때마다 힘이 되고 향수가 되는 그런 곳 되었음 해요. 잉~ 나두 미국 가구싶다양~~ㅋㅋ

　ㄴ J제이 11.07.04. 아~아~니! 이게 누구세요! 뽀로꾸라면… 우~ 우리의 뽀… 뽀님? 바쁘고 힘드실 텐데 어찌 이리 어려운 걸음을… 성은이 망극하나이다!! 근데… 회원님들~ 뽀님이 미국 가고 싶다는데 뽀님 맘 편히 좀 놔두세요. 하고픈 대로 좀 하게요.ㅎㅎ OK? 비욘세, 레이디 가가, 늬들 이제 끼니 걱정해야 할 껄~!ㅋㅋ

ㄴ 허스키(김병철) 11.07.03. 출입국관리사무소와 미국 이민국에 연락해서 뽀님 미국에 장기체류하면 강제추방 하라고 조치해 놓겠습니다.^^

　ㄴ J제이 11.07.04. 정답~! (그러나… 남성) 시민권자 '확~' '팍~' 소개시켜버릴 거야~~

　ㄴ 샤론 11.07.06. J제이 니~임! 누구세요?^^ 이렇게! 갑자기! 불쑥! 우리 잔잔하고 화기애애~ 평온했던 카페를 쑥대밭(^*^) 맹글다니! 뽀님 맘 흔들면 계속 미워할 끼여요오~~ 에고~ 어지러워라.^*^

베르테르(미국 북가주) | 12.02.23. 오늘도 유튜브에서 뽀님의 노래를 들었습니다. 며칠 전엔 조용필의 '꿈'을 부르시는 모습이 너무 좋아 제 페이스북에

도 올렸습니다. 카페 글을 보면서 많은 팬들의 사랑을 받고 있는 뽀님이 행복해 보이네요. 좋은 노래 많이 많이 많이… 불러주세요. 온라인으로나마 종종 들을게요. 그리고 한국 가면 카페에 한 번 들르고 싶어요. 뽀님 파이팅~!!

    ┗ ♪**뽀로꾸 12.02.26.** 사춘기 때 심취했던 소설 주인공 이름이 닉네임이시네요^^;; 오실 때마다 행복한 카페 되셨음 해요.ㅎㅎ

리야드(사우디) | 12.04.04. 여기(사우디)에 온 지도 이번 달이면 딱 1년이네요. 가입한 지 3일 동안 들은 뽀님 노래가 무려 100곡은 되는 것 같네요. 1년 들으면 PC가 뽀사질래나요~~ㅎ 3일 연속 들은 곡 중에 '어느 60대 노부부 이야기'가 있네요. 갑자기 집사람이 보고 싶고 말 안 듣는 딸내미가 보고 싶네요. 오늘 편지를 썼습니다. 나의 마음을 담아서 꽃도 보냈습니다. 그런데 사무치게 그리움에 빠지는 나의 마음은 보내지 못하겠네요. 단지 나의 그리움을 노래와 더불어 보냈습니다.

  나를 힘들게 하는 건 마음입니다. 그런데 나를 강하게 하는 것 또한 마음입니다. 지금 이 순간 저는 행복합니다. 지금 이 순간 저의 그리움은 저 하늘과 맞닿아 있습니다. 그리고 살포시 눈을 감습니다. 그리고 저는 행복합니다. 그리움이 있기에 사랑의 힘을 더욱 알게 됩니다. 뽀님도 힘들 때가 있겠지요. 저는 행복할 때가 있습니다. 바로 당신의 노래를 들을 때….

  휴가 때 반드시 공연 보러 갈게요. 집사람과 애와 같이 행복한 뽀님의 모습을 보겠습니다. 건강하시고 행복하세요~~ 여기는 아름다운 밤입니다(새벽 2시).

    ┗ ♪**뽀로꾸 12.04.10.** 혹시 집에서 모자 쓰고 부른 '어느 60대 노부부 이야기' 그 곡을 보셨나요? 저는 그게 가장 가슴에 와 닿던데요. 가족에게 편지를 쓰셨다니 참 좋네요. 왠지 모르게 보람차고 따뜻할 것만 같고요. 멀리서도 항상 건강하시기 바랍

니다.

 ㄴ **리야드 12.04.14.** ㅎㅎ 며칠 땅 파는 일에 전념하다 보니 일케 반갑게 답변을 받았네요. 집에서 모자 쓰고 부른 거 꼭 볼게요~~ 글구 반드시, 꼭, 기필코 휴가 때는 콘서트 보러 갈게요. 울 마눌님 델꾸… 알은척 부탁드려요~~

끊임없이 싹을 틔우는 소통과 열정의 씨앗들

동천(東泉) | 09.11.13. 이름이 아름답군요. 노랜 더욱 아름답고요. 날씨도 꾸리꾸리해서 어쩌다 노랠 접하고 바로 가입했어요. 첨 느낌이 정말 좋군요. 통기타 세대는 아닌 것 같은데…(전 7080세대거든요) 여하튼 가끔 노래 듣다가 광팬이 되는 건 아닌지! 공연장 맨끝에 앉아 조용히 박수라도 칠 수 있음 행복하겠네요. 그래도 가끔 와서 카페에서나마 허둥대다 가도 되겠지요? 앞으로도 좋은 노래 불러주세요~!

　└ ♪**뽀로꾸** 09.11.14. 반갑습니다. 동천 님~^^ 예쁘게 써주신 가입인사에 기대도 즐거움도 크네요.^^ 자주 오셔서 편히 허둥대주세요~!ㅋ

　　└ **동천(東泉)** 09.11.19. 이리 직접 반겨주시니 감사~~ 바쁜 시간 쪼개어 글 주시니 고맙고요. 초심을 잃지 않도록 애써 볼게요.^^

팔달산샌님 | 10.03.17. 유난히도 더디 오는 봄날입니다. 인터넷 서핑 중 우연히 지민 님 노래를 듣고 가입합니다. 군더더기 없는 노래 실력, 수수한 모습, 외유내강형의 자태에 놀라움을 금치 못하여 자연스레 가입하게 되었습니다. 수원에 사는 40대이며, 눈팅이든 댓글이든 자주 방문하겠습니다. 모두 모두 건강하시고 지민 님 파이팅~!

　└ ♪**뽀로꾸** 11.05.10. 반갑습니다. 팔달산샌님 님~^^ 제가 (깜빡하고 1년이 지나도록)

인사를 안 해드렸군요. 이런~이런~ 정말 죄송하네요. 지금에야 답글 드립니다. 항상 지켜주셔서 감사드리고, 오늘 주신 선물도 역시 감사드리고~ㅎㅎ 고맙다는 말씀만 드리네요.ㅎㅎ

권드롱 | 11.11.03. 뽀님 오랜만에 인사드리네요. 지금 이 시각에도 어느 라이브카페에서 기타 치며 노래하는 모습이 한편의 영화처럼 새록새록 떠올려지네요. 상상만으로도 여전히 아름다우십니다. 2집 앨범도 내신 것, 늦은 감이 있지만 진심으로 축하드립니다.^^ 자주 찾아보지는 못 하지만 늘 한결같은 마음으로 응원합니다. 그리고 지민 님 곁에 언제나 함께해주시는 운영진님들, 한결같이 사랑으로 응원해주시는 회원님들… 강사모 파이팅~!
　ㄴ ♪**뽀로꾸** 11.11.17. 즐겁게 지켜봐주시고 많은 응원 부탁드려요.ㅎㅎ

순돌아빠 | 11.11.19. 질문 있습니다. 뽀님 노래에 큰 즐거움을 느끼는 순돌아빠입니다. 동영상을 보면 이쁜 옷들이 많더군요. 최근 입으신 옷 중에 노란 후드티가 너무 이쁘더군요.ㅎ 혹시 어느 제품인지, 어디서 사셨는지 알 수 없나요? 우리 애기엄마 사주고 싶습니다. 너무 엉뚱한 질문 죄송합니다.
　ㄴ ♪**뽀로꾸** 11.12.14. 흠… 제가 사랑하는 노랑 옷을 찍으셨군요. 매우 난감합니다.ㅋㅋ 옷이란 게 신상이 아니면 구할 수가 없는 건데… 이거 산 지 몇 년은 되었거든요. 그보다… 사모님께는 백화점 가서 멋진 코트 한 벌 쏴주심이 어떨지요?ㅎㅎ

속초여행 | 12.03.25. 어제 3월 콘서트 다녀왔습니다. 두 번째라 그런지 처음보다 맘이 많이 편하던데요.ㅎ 뽀님도 이젠 발동이 제대로 걸리신 것 같습니다.^^ '프리티 우먼'과 '영일만 친구'를 부르실 때는 최고란 말밖에 할 말이 없더라고요! 다음 달부터는 공연장도 더 큰 곳으로 잡으신다니 더욱 기대됩

니다. 뽀님과 같이 공연하신 밴드도 대단했습니다.^^

┗ 리즈 12.03.27. 속초여행 님~ 인사도 제대로 못 드렸습니다.ㅜㅜ 4월에는 꼭 눈도장 찍도록 하겠습니다~^^

카라멜 | 12.05.26. 오늘 친구와 함께 오랜만에 Bar에 갔었죠. 바에서 서빙 보시는 분에게 혹시 신청곡도 틀어주느냐고 물었더니 가능하다고 하더라고요. 그래서 강지민 님의 노래 중 '이별하는 밤' 과 '기타는 내 친구'를 부탁하였더니 바로 틀어주더라고요. ㅎㅎ 뽀님 노래를 들으며 마신 맥주 한 잔의 청량감이란 이루 말할 수가 없었죠. 다들 아시잖아요. 오늘은 주말이고 연휴 전이라 바에 손님이 제법 많더라고요. 다음에도 종종 틀어달라고 부탁하고 왔습니다. 많은 곳에서 뽀님 노래가 울려 퍼지기를 기원합니다.

┗ ♪**뽀로꾸** 12.05.26. 바에서 제 노래도 틀어주나요? 나도 언제 한번 해 봐야지…ㅋㅋ(음~~ 생각만 해도 오그라듦)

　　┗ **카라멜** 12.05.26. 앗~! 뽀님이 직접 답글을 주시다니… 영광입니다. 바에서 노래 제가 신청했어요.ㅎㅎ

문과선 | 12.05.28. 부산 삼광사 '부처님 오신 날' 산사음악회에서 열창하던 모습~ 역시 멋지더군요. 공연 내내 행복했습니다. 앞으로 더욱 승승장구하시길 기원 드려요~!

┗ ♪**뽀로꾸** 12.05.30. 제게 인사해주신 스님 맞으시죠? 경황이 없어서 제대로 여쭙지 못했네요.^^ 문과선 님 애쓰신 덕분에 노래도 부르고, 구경도 잘하고 재미있게 보내고 왔습니다. 감사드립니다. 성불하시길…

어발 | 12.06.09. 한참을 찾아뵙지 못 했네요. 못 뵙는 동안에도 늘 뽀님 생각

간절했습니다. 처음으로 돌아가면 뽀님과 만남이 너무나도 행복한 시간의 연속이었던 것 같은데… 지금 이 순간 다시 처음 그 순간으로 돌아간 것 같아요. 늘 건강하시고 좋은 음악 감동으로 전해주세요. 이제 자주 찾아뵙고 응원 많이 할게요~!

    ㄴ ♪뽀로꾸 12.06.13. 아… 몇 년 만에 오신 건가요? 정말 반갑고 반갑습니다. 어발님^^ 건강히 잘 계시지요? 저도 보고 싶어요. 기다리고 있어요.ㅎ

하링하링 | 12.08.03. 저 완전 뽀님 팬 됐어요.^^ 다음 콘서트에 반드시 갈 거예요.ㅎ 열정적으로 예쁘게 노래하는 천사의 모습 꼭 보고파요~!

    ㄴ ♪뽀로꾸 12.08.12. 얼마 전 2집 앨범 사인해드린 기억이 남아있네요.^^ 콘서트 오시는 것은 완전 환영인데요. 노래하는 천사는 없을 것 같아 걱정이네요. 후우~ 님의 눈에 씐 그게 큰서트까지는 버텨줘야 할 텐데….ㅋ

        ㄴ 하링하링 12.08.12. oh~ 저를 기억하시네요.^^ 너무 감사하고 기뻐요. 그 사인 앨범 출퇴근 때마다 들어요. 다음 콘서트까지 모두 외워서 참석하려고요.ㅎㅎ 아~ 참 지금 통기타 사서 맹렬히 연습 중입니다.ㅋ

달님 | 12.09.24. 첨 신랑이 알려준 동영상을 본 이후로 9월 22일 콘서트에 가게 되었는데, 정말 행복했어요. 사실은요, 지난번 콘서트에서 첫 곡 들으며 많이 울었어요.ㅎㅎ 노래 정말 좋아요. 지민 님 웃는 모습이 넘 예쁘시더라고요. 그리고 반갑게 맞아주셔서 감사드립니당~~ 담달 콘서트에서 또 뵈어요~! 아침 저녁으로 쌀쌀하네요. 감기조심하시고 편한 밤 보내세용~~

    ㄴ ♪뽀로꾸 12.10.08. 신랑 분보다 달님 님께서 더 좋아해주시니 정말 좋은 일이네요. 그런데 왜 우셨어요? 저에게는 사연이 깊은 곡이지만… 님에게도 어떤 사연이 있는지 궁금하네요. 10월에는 더 나은 모습으로 찾아 뵐게요.

이름없는새-99 | 12.10.28. 뽀님을 처음 뵙게 된 건 9월 콘서트, 그리고 어제 10월 콘서트에서 두 번째로 만났네요. 1년 동안 매달 콘서트를 열면서 뽀님은 얼마나 많은 현실적 어려움에 처하고 얼마나 많은 속앓이를 하셨을까… 공연 내내 죄송함과 아쉬움에 손수건이 젖고 있었습니다. 앞으로도 영원한 그림자로 남아 뽀님이 건강하길, 뽀님이 하시는 모든 일이 잘 되길 간절히 기원할게요. 뽀님~! 당신을 사랑합니다~^.^

ㄴ ♪**뽀로꾸** 12.11.06. 에고… 이름없는새 님도 눈물을 흘리셨군요. 어릴 때 좌우명이 '늦었다고 생각할 때가 가장 이른 때다'였어요. 매번 벼락치기 시험공부를 할 때마다 얼마나 그 명언이 마음에 와닿던지…^^ 아직 콘서트가 2번이나 더 남았잖아요. 저는 언제나 그곳에서 기다리고 있겠습니다.^^

ㄴ **이름없는새-99** 12.11.09. 와우! 울 뽀님이 다녀가셨군요. 넘~ 넘~ 좋아라~! 뽀님은 저에게 소중한 인연입니다. 언제나 건강하시고 행복하시길….

요셉(임진호) | 12.11.25. 문득 이 가을이 지나갈 무렵 웹서핑을 하던 중 통기타 가수 강지민 님의 동영상을 봤다. 화장기 없는 얼굴로 열정적으로 노래를 하는 그 모습이 무척 인상 깊어 하루 종일 mp3로 다운 받아 음악을 듣다가 팬카페에 가입하고 콘서트 소식에 부랴부랴 신청~!ㅋ 설레는 맘으로 공연장으로 달려갔다~! 듣는 내내 웃음을 머금고 어쩔 땐 보조개가 팬 모습으로 한곡 한곡~ 감정 섞인 목소리로 열정적으로 부르는 모습~! 굉장했다. 이미 스타의 모습을 보여준 그녀! 멋지고 대단합니다. 많은 활동 부탁합니다!!!

ㄴ **리즈** 12.11.25. 요셉(임진호) 님, 반갑습니다. 멋진 콘서트 후기 잘 읽고 갑니다. 앞으로도 뽀님의 음악활동 많이 응원해주세요~^^

땅이 | 12.12.12. 바쁘게 달려오신 올 한 해, 후회 없이 행복한 한 해였다고 생

각하실 줄 믿습니다. 새해에는 더 큰 나래를 펴시길…. 강원도 촌구석에서 일하느라 늘 바쁘지만 마음속으로 뽀님 노래 흥얼거리며 행복해하는 사람입니다. 언젠간 꼭 뵙고 싶다는 소망, 내년으로 미뤄야 할 것 같네요.ㅜㅜ

    ㄴ ♪뽀로꾸 12.12.31. 고맙습니다.^^ 정말 쉼 없이 자신을 채찍질하며 또 행복해하며 보낸 한 해였습니다. 내년에는 더 열심히 달려 사랑에 보답하고 싶네요. 땅이 님도 언젠가 꼭 뵙고 싶고요.^^

결의 | 12.12.18. 제가 아는 지인의 작은 행복이야기를 대신 전해드립니다.

  어제 회사 직원 환영회 겸 송별회가 있어 근처 횟집을 가게 되었습니다. 횟집 입구에 설치된 TV모니터 두 대에 누군가의 음악을 틀어놓았더라고요. 처음엔 아무 생각 없이 들어가려는데 어디선가 본 듯한 얼굴, 목소리… 다시 확인해 보니 헐~ 다름 아닌 뽀님이었습니다. 뭐~ 제가 OO님처럼 진정한 팬은 아직 못 되지만 두어 번 콘서트 다녀온 사람으로서 어찌나 반갑던지….

  종업원한테 물어보니 횟집 사장님이 틀어놓은 거라더군요. 그럼 혹시 사장님이 콘서트에 자주 갔을 거고, 그렇다면 얼굴이 기억날 수도 있겠다 싶었죠. 바로 사장님을 만나보니 전혀 모르는 분이었고, 그 분은 한 번도 뽀님을 본 적이 없지만 어찌하다가 뽀님 노래에 빠져들었답니다. 그러면서 콘서트는 어디서 하는지 등등을 물어보더라고요. 아… 주변에 이런 팬도 있구나~!

  방송에 자주 나오는 가수도 아니고, 본 적도 없고 아무 관계도 없는데 뽀님에게 빠져들었다니 진정 호모 루덴스의 삶을 아는 분이구나 하는 존경심이 들었습니다. 별것은 아니지만 주변에 저와 같은 방향을 보고 사는 사람이 있다는 것에 괜히 기분이 좋아졌습니다. 생활 속의 소소한 행복이랄까요?ㅎㅎ

    ㄴ **유랑들이** 12.12.18. 어제의 우울함에서 벗어나게 하는 기분 좋은 이야기입니다. 항상 뽀님의 노래가 세상에 많이 들려지길 소원합니다.

에필로그 1
나의 노래 나의 꿈
강지민(♪ 뽀로꾸)

처음 책을 만들자는 제안을 받고 또 훌쩍 몇 계절이 지났네요. 그동안 어린 시절 음반 실패의 아픔, 무명가수로서의 서러움, 고달픈 음악의 길 등등 힘들었던 삶의 여정에 대한 원고 요청을 받게 되었고, 덕분에 새삼 저의 지난날들을 돌아보게 되었습니다. 그러나 짧은 에필로그로 대신하렵니다.

많은 분들이 무명의 라이브 가수로서 참 힘들고 어려움이 많았을 거라 여기시는 것 같습니다. 그러나 다행히 그렇게 크게 힘든 일은 없었습니다. 1집 앨범의 실패와 그 후의 방황이 아무렇지 않은 일은 아니었지만, 지금 생각해 보면 어린 날의 자만심과 나태했던 마음이 부른 당연한 결과였고, 지금은 그 실패를 통해 많은 걸 배우고 얻었다는 생각이 듭니다.

중·고등학교 시절, 학교를 대표하여 노래하는 자리는 모두 제 차지였지요. 그러다가 고등학교 시절, 어느 유명 여가수분에게 캐스팅되어 프로의 세계에 처음 발을 들여놓게 되었습니다. 발라드 가수를 꿈꾸던 저는 10대 댄스 그룹 리더로 가요계에 데뷔하기 직전에 첫 소속사를 나오게 됩니다. 그리고 한 제작자의 솔로 데뷔 제안을 받아들여 1집 앨범을 만들어 발매했습니다. 그때 사업하시던 부모님에게 처음이자 마지막으로 꽤나 묵직한 경제적 부담을 안겨드리기도 했고요. 지금 생각해도 부모님께 너무나 죄송해요.

자신의 음악에 대한 아무런 고민도 없이, 주변의 칭찬과 부추김에 휩쓸려

다녔던 10대 후반…. 최고의 세션, 최고의 녹음실, 최고의 엔지니어와 작업한 1집 앨범이었지만, 그 안에 강지민이라는 가수는 존재하지 않았습니다. 그 시절 제가 잘한 일이 하나 있다면, 1집 앨범을 낸 뒤 활동을 중단한 결정이 아닌가 싶어요.

그 후 20대 초반은 기다림의 시간들이었습니다. 불행인지 다행인지 끊임없이 소속사 제안이 들어왔어요. 그렇게 만나게 된 3분의 대표님들… 모두 좋은 분이었고 좋은 곡을 만나 녹음하기도 했지만, 매번 그런 곡은 다른 가수의 노래가 되어 TV에 나오고….

그러던 중 집 앞에 있는 라이브카페에서 통기타 한 대 달랑 들고 아르바이트를 시작하게 되었죠. 그리고 마지막 소속사 대표님과 결별한 후 어느덧 라이브카페는 저의 삶의 터전이 되었습니다. 유명한 라이브카페에서 일해 본 적은 없습니다. 언제나 집 근처에 일자리가 있었고, 일단 일을 시작하면 그 가게가 문 닫을 때까지 꾸준히 노래하곤 했었거든요. 저의 인기가 그곳을 나름 그 지역 명소로 만들었다는 자부심도 있는 편이었고요.

그러다가 만나게 된 저의 팬클럽 '강사모'. '나에게 강사모란 무엇일까?' 저 자신에게 가끔 질문을 해봅니다만, 막상 답을 내리니 쉽지가 않습니다. 저와 강사모의 인연을 단순히 가수와 팬클럽의 관계로 규정짓기엔 강사모가 제가 생각했던 팬클럽의 모습과 많이 다른 것 같아서 말이죠.

강사모는 저에게 가장 소중한 친구이기도 하고, 든든한 버팀목이기도 하고, 따뜻한 가족 같은 곳이기도 합니다. 외로울 때는 저의 이야기를 들어주었고, 하고 싶은 일이 있을 때는 함께 해주었고, 용기가 필요할 때는 언제나 사랑을 듬뿍 주었으니까요.

사랑을 받으면 참 많은 것을 할 수 있게 되는 것 같아요. 다시는 하지 않으려고 했던 앨범 작업을 매년 계속했고, 소극장 공연이지만 매달 콘서트도 진행했어요. 이제는 3집 앨범을 준비하려고 합니다. 이 예쁜 책이 태어난 것도 그렇고요.

주어진 환경에서 최선을 다할 줄만 알던 '성실둥이' 강지민은 이제 나의 음악, 나의 공연, 나의 이야기를 만들어가는 '꿈둥이' 강지민이 되었어요. 오늘도 저는 꿈을 꿉니다. 그리 대단한 꿈은 아니지만 참으로 행복한 꿈을….

지금까지 그래 왔던 것처럼 오래도록 즐겁게 노래하는 사람이고 싶은 꿈 하나, 그리고 저의 노래를 아껴주시는 여러분들과 오래도록 다정하게 같이하고 싶다는 꿈 둘….

에필로그 2
강사모 4년의 기록을 책으로 발간하며

카페지기(리즈)

2008년 6월 8일은 강지민팬클럽 '강사모'가 탄생한 날입니다.
그리고 어느덧 4년이 넘는 시간이 흘러갔습니다.

뽀님의 만류 속에서 주인공 없이 어렵게 창설된 팬클럽.
뽀님의 노래하는 모습이 사라지는 것이 안타까운 팬심에서 시작된
매일 매일의 동영상 작업들.
뽀님과 회원님들 간의 진솔한 소통과 다정한 유대감.
그런 믿음과 사랑 속에서 탄생한,
10여 년 만의 앨범(2집)과 음반발표회,
그리고 싱어송라이터로서의 재도약.
2012년 한 해 동안 다달이 진행된 소극장 콘서트의 감동적인 대장정.
그 유례없는 행보 속에서도 묵묵히 진행된 2.5집 '리메이크1'.

큰 몸짓으로 보여주려고 한 행동들이 아님에도 불구하고,
뽀님과 18,000여 명의 팬들이 함께하는 이 아름다운 여정은
어느덧 새로운 바람마저 일으키고 있습니다.
많은 언더그라운드 가수들이 뽀님의 일거수일투족을 벤치마킹하며

그들의 음악적 행보에 박차를 가하고 있습니다.
강사모 또한, 다양한 세대들이 함께하며
보다 성숙한 팬클럽 문화의 아름다운 사례를 보여주고 있습니다.

뽀님의 노래를 통해
사람과 사람이 만나
마음과 마음으로 이어가는,
우리들이 살아가는 이야기들….
이제 한 권의 책으로 태어나게 되었네요.
여기에 담긴 소박하고 따뜻한 이야기들은
뽀님의 노래와 함께
세상을 조금이나마 더 행복하게 만들어주겠지요.

이처럼 의미 있는 작업을 같이 진행할 수 있어서 영광이었습니다.
아울러 책의 분량 관계상 강사모 회원님들 모두의 글을 실을 수 없었던 점,
너그러운 양해를 부탁드립니다.

'강지민' 과 '강사모' 가 함께하는 새로운 발걸음,
많이많이 응원해주세요~♡